渡邉義浩・髙橋康浩 編

# 全譯後漢書

第六册　志(四)　天文

汲古書院

# 目次

卷十二

# 凡例

一、本書は、宋慶元四年建安黄善夫刊『後漢書』百二十巻六十冊（国立歴史民俗博物館蔵）〔以下、通称である上杉本と称する〕を底本とする。上杉本は、汲古書院より古典研究会叢書『後漢書（一）～（三）』（一九九九～二〇〇〇年）として影印され、尾崎康先生による解題が附されている。

二、『後漢書』には、上杉本の他に優れた版本として、百衲本・中華書局本が底本とする紹興中両淮江東轉運司刊三史本がある。中華書局本は、王先謙『後漢書集解』などの成果も取り入れ、底本に校勘を施している。そこで、上杉本と中華書局本とを対校し、訂補の必要がある箇所は、上杉本の原文を（　）により、校勘後の文を〔　〕により表記した。なお、翻字に際し、字形の細かい相違を無視したところもある。底本を参照されたい。

三、本書は、かかる操作を経たうえで句読点を施した原文を掲げ、訓読を行い、訓読文に（　）で示した補注を附した後、現代文に翻訳した。現代語訳は、日本語として流麗であることよりも、訓読に合わせた現代語であることに努めた。補注は分かりやすさに重点を置いたが、錯綜する議論の部分では、繁を厭わず史料を羅列した部分もある。

四、難解な部分には、現代語訳の後に参校を設け、関連する資料を掲げた。

五、補注及び参校で取り上げた事項に関しては、巻末に索引を附した。

# 全譯後漢書

# 第六册　志（四）巻十～巻十二　天文

【原文】

後漢書志第十　　劉昭注補

天文上　王莽三　光武十二

易曰、天垂象、聖人則之。庖犧氏之王天下、仰則觀象於天、俯則觀法於地。觀象於天、謂日月・星辰。觀法於地、謂水土・州分。形成於下、象見于上。故曰、天者北辰星、合元垂燿建帝形、運機授度張百精。三階・九列、二十七大夫、八十一元士。斗衡・太微・攝提之屬、百二十官。二十八宿各布列、下應十二[1]（子）〔野〕。天地設位、星辰之象備矣〔一〕。

〔劉昭注〕

〔一〕星經曰、歲星主泰山・徐州・青州・兗州。熒惑主霍山・楊州・荊州・交州。鎭星主嵩高山・豫州。太白主華陰山・涼州・雍州・益州。辰星主恆山・冀州・幽州・幷州。歲星主角・亢・氐・房・心・尾・箕。熒惑主輿鬼・柳・七星・張・翼・軫。鎭星主東井。太白[2]〔圭〕奎・婁・胃・昴・畢・觜・參。辰星主斗・牛・女・虛・危・室・壁。琁璣者、謂北極星也。玉衡者、謂斗九星也。玉衡第一星主徐州、常以五子日候之。甲子爲東海、丙子爲琅邪、戊子爲彭城、庚子爲下邳、壬子爲廣陵、凡五郡。第二星主益州、常以五亥日候之。乙亥爲漢中、丁亥爲永昌、己亥爲巴郡・蜀郡・牂牁、辛亥爲廣漢、癸亥爲犍爲、凡七郡。第三星主冀州、常以五戌日候之。甲戌爲魏郡・勃海、丙戌爲安平、戊戌爲鉅鹿・河閒、庚戌爲淸河・趙國、壬戌爲恆山、凡八郡。第四星主荊州、常以五卯日候之。乙卯爲南陽、己卯爲零陵、辛卯爲桂陽、癸卯爲長沙、丁卯爲武陵、凡五郡。第五星主兗州、常以五辰日候之。甲辰爲東郡・陳留、丙辰爲濟北、戊辰爲山陽・泰山、庚辰爲濟陰、壬辰爲東平・任城、凡八郡。第六星主揚州、常以五巳日候之。乙巳爲豫章、辛巳爲丹陽、己巳爲廬江、丁巳爲吳郡・會稽、癸巳爲九江、凡六郡。第七星爲豫州、常以五午日候之。甲午爲潁川、壬午爲梁國、丙午爲汝南、戊午爲沛國、庚午爲魯國、凡五郡。第八星主幽州、常以五寅日候之。甲寅爲玄菟、丙寅爲遼東・遼西・漁陽、庚寅爲上谷・代郡、壬寅爲廣陽、戊寅爲涿郡、凡八郡。第九星主幷州、常以五申日候之。甲申爲五原・鴈門、丙申爲朔方・雲中、戊申爲西河、庚申爲太原・定襄、壬申爲上黨、凡八郡。琁璣・玉衡占色、春靑黃、夏赤黃、秋白黃、冬黑黃。此是常明。不如此者、所向國有兵殃起。凡有六十郡、九州所領、自有分而名焉。

〔校勘〕

1．上杉本は「子」につくるが、中華書局本の校勘記に従い「野」の字に改める。

2．中華書局本により「圭」字を補う。

《訓読》

後漢書志第十　　劉昭注補

天文上　王莽三　光武十二

易（一）に曰く、「天は象を垂れ、聖人之に則る。庖犧氏（二）の天下に王たるや、仰ぎては則ち象を天に觀、俯しては則ち法を地に見る」と。象を天に觀るとは、日月・星辰を謂ふ。法を地に觀るとは、水土・州分を謂ふ。形下に成れば、象は上に見《あら》はる。故に曰く、「天なる者は北辰星（三）なり、元を合はせ燿を垂れ帝形を建て、機を運《めぐ》らせ度を授けて百精を張る」と。三階・九列(四)、二十七大夫、八十一元士あり。斗衡(五)・太微(六)・攝提(七)の屬、百二十官あり。二十八宿(八) 各々布列し、下は十二子(九)に應ず。天地 位を設け、星辰の象 備はれり[一]。

[劉昭注]

[一] 星經(一〇)に曰く、「歲星は泰山・徐州・青州・兗州を主《つかさど》る。熒惑(一一)は霍山・楊州・荊州・交州を主る。鎭星(一二)は嵩高山・豫州を主る。太白(一三)は華陰山・涼州・雍州・益州を主る。辰星(一四)は恒山・冀州・幽州・幷州を主る。歲星(一五)は 角(一六)・亢(一七)・氐(一八)・房(一九)・心(二〇)・尾(二一)・箕(二二) を主る。熒惑は輿鬼(二三)・柳(二四)・七星(二五)・張(二六)・翼(二七)・軫(二八) を主る。鎭星は東井(二九)を主る。太白は 奎(三〇)・婁(三一)・胃(三二)・昴(三三)・畢(三四)・觜(三五)・參(三六) を主る。辰星は 斗(三七)・牛(三八)・女(三九)・虛(四〇)・危(四一)・室(四二)・壁(四三) を主る。琁璣とは、北極星を謂ふなり。玉衡とは、斗の九星を謂ふなり。玉衡の第一星は徐州を主り、常に五子日を以て之を候《うかが》ふ。甲子を東海と爲しり、丙子を琅邪と爲し、戊子を彭城と爲し、庚子を下邳と爲し、壬子を廣陵と爲し、凡そ五郡。第二星は益州を主り、常に五亥日を以て之を候ふ。乙亥を漢中と爲し、丁亥を永昌と爲し、己亥を巴郡・蜀郡・牂牁と爲し、辛亥を廣漢と爲し、癸亥を犍爲と爲し、凡そ七郡。第三星は冀州を主り、常に五戌日を以て之を候ふ。甲戌を魏郡・勃海と爲し、丙戌を安平と爲し、戊戌を鉅鹿・河閒と爲し、庚戌を清河・趙國と爲し、壬戌を恒山と爲し、凡そ八郡。第四星は荊州を主り、常に五卯日を以て之を候ふ。乙卯を南陽と爲し、己卯を零陵と爲し、辛卯を桂陽と爲し、癸卯を長沙と爲し、丁卯を武陵と爲し、凡そ五郡。第五星は兗州を主り、常に五辰日を以て之を候ふ。甲辰を東郡・陳留と爲し、丙辰を濟北と爲し、戊辰を山陽・泰山と爲し、庚辰を濟陰と爲し、壬辰を東平・任城と爲し、凡そ八郡。第六星は揚州を主り、常に五巳日を以て之を候ふ。乙巳を豫章と爲し、辛巳を丹陽と爲し、己巳を廬江と爲し、丁巳を吳郡・會稽と爲し、癸巳を九江と爲し、凡そ六郡。第七星は豫州を主り、常に五午日を以て之を候ふ。甲午を潁川と爲し、壬午を梁國と爲し、丙午を汝南と爲し、戊午を沛國と爲し、庚午を魯國と爲し、凡そ五郡。第八星は幽州を主り、常に五寅日を以て之を候ふ。甲寅を玄菟と爲し、丙寅を遼東・遼西・漁陽と爲し、庚寅を上谷・代郡と爲し、壬寅を廣陽と爲し、戊寅を涿郡と爲し、凡そ八郡。第九星は幷州を主り、常に五申日を以て之を候ふ。甲申を五原・鴈門と爲し、丙申を朔方・雲中と爲し、戊申を西河と爲し、庚申を太原・定襄と爲し、壬申を上黨と爲し、凡そ八郡。琁璣・玉衡は色を占ひ、春は青黃、夏は赤黃、秋は白黃、冬は黑黃。此れ是れ常に明らかなり。此の如くならざる者は、向ふ所の國 兵殃起こること有り。凡そ六十郡有り、九州の領する所、自づから分れて名づくこと有り」と。

（補注）

（一）易とは、書名。五經の一つ。周易・易經ともいう。經二篇、十翼十篇の十二篇からなる。經の部分は、もともとうらない・おみくじの書物であった。のちに学説・教義の拡充を目的として儒家がこれに注目し、經の理解を翼けるものとして十翼の各篇を附し、そこに儒家的な倫理・道徳と宇宙・万物の変化との関係という内容を盛り込むことで、儒家の經典に仕立て上げた。小沢文四郎『漢代易学の研究』（明徳印刷出版社、一九七〇年）を参照。なお、引用部分は、『周易』繫辭上傳に、「天垂象、見吉凶、聖人象之」

とあり、また『周易』繫辭下傳に、「古者包犧氏之王天下也、仰則觀象於天、俯則觀法於地」とあり、ともに節略されている。本文中の引用はこれらを合わせたものである。

(二) 庖犧氏は、伝説上の神で、三皇の一人。人類に狩猟と牧畜を教えたという。庖羲・伏羲など異称も多い。

(三) 北辰星は、北極星のこと。『爾雅』釋天篇に、「北極謂之北辰」とある。

(四) 三階・九列は、ここでは、三公・九卿のこと。

(五) 斗衡は、ここでは、北斗七星のこと。北辰(北極星)を中心に回転する。天帝の御車とされている。

(六) 太微は、ここでは、太微垣のこと。太微垣には、「三公」「九卿」「郎將」「郎位」「謁者」などが分布する。

(七) 攝提は、ここでは、攝提格のこと。亢宿の北にある「大角」(アークツルス)は、天王の帝座とされ、この星の左右両側に鼎のような形をした三星があり、それを左攝提・右攝提と呼ぶ。北斗七星の斗柄はその間を指すので、時節を決めることに利用され、「攝提格」と呼ばれ、それはまた大臣の象徴でもあった。

(八) 二十八宿とは、中国古代に考案された星宿の総称。天球上を東西南北の四宮に大別し、各宮をさらに七宿ずつに分けた二十八宿とした。参校三「中宮と二十八宿」を参照。

(九) 十二野は、十二分野のこと。分野説に基づいて、星宿との対応が規定された地上の地域を指す。参校四「分野説」を参照。

(一〇) 星經は、書名。『石氏星經』のこと。『石氏星經』は、戰國時代の天文学者石申に仮託された星表であり、唐の開元年間に瞿曇悉達が集成した『大唐開元占經』の中に収録されている。上田譲『石氏星經の研究』(東洋文庫、一九三〇年)は去極度数の検討により西暦四世紀半ばの観測結果であるとしたが、藪内清「唐開元占経の星経」(『東方学報』京都八、一九三七年)は『石氏星經』の成立を前一世紀の前半であるとしている。

(一一) 熒惑は、火星の別称。『史記』巻二十七 天官書の『索隱』引韋昭注に「火、熒惑也」とある。火星は、運行に不規則性を持つため、占星術の基本とされた。

(一二) 鎭星は、土星の別称。『史記』巻十二 孝武本紀 索隱に、「土曰鎭星、則漢志爲德星也」とある。土星は、五行説によって領土や五穀豊穣など、土地と結びつく占い結果をもたらした。

(一三) 太白は、金星。太陽系の第二惑星。金星は太陽と月を除くと全天でいちばん明るい天体である。その光が白銀を思わせるところから太白と呼んだ。真夜中の空に見ることはなく、日没後の西空、または日の出前の東空に見るのみである。夕空に見えるときには「宵の明星」、暁の空に見えるときには「明の明星」という。金星は金属と結びついた武器、したがって軍事と関係があるとされていた。

(一四) 辰星は、水星。五行説では「水」にあたるため、もし四時のうちいずれかの季節に見えないことがあれば、その季節は不順になるとされ、四時を通して一年中現れないことがあれば、天下は大飢饉になるとされた。

(一五) 歳星は、木星。木星は約十二年の運行周期を持つため歳星と呼ばれ、年に名前をつけるために、その運行周期が利用された。その際、木星そのものではなく、木星の影像として太歳という存在を想定し、太歳の位置によって年の干支を定めていた。これを太歳紀年法という

(一六) 角は、二十八宿の一つ。大崎正次『中国の星座の歴史』(雄山

閣、一九八七年）によれば、距星は、乙女座α星。以下の星宿については、参校三「中宮と二十八宿」を参照。
（一七）亢は、二十八宿の一つ。大崎正次『中国の星座の歴史』（雄山閣出版、一九八七年）によれば、距星は、乙女座κ星。
（一八）氐は、二十八宿の一つ。大崎正次『中国の星座の歴史』（雄山閣出版、一九八七年）によれば、距星は、天秤座α星。
（一九）房は、二十八宿の一つ。大崎正次『中国の星座の歴史』（雄山閣出版、一九八七年）によれば、距星は、さそり座π星。
（二〇）心は、二十八宿の一つ。大崎正次『中国の星座の歴史』（雄山閣出版、一九八七年）によれば、距星は、さそり座σ星。
（二一）尾は、二十八宿の一つ。大崎正次『中国の星座の歴史』（雄山閣出版、一九八七年）によれば、距星は、さそり座μ星。
（二二）箕は、二十八宿の一つ。大崎正次『中国の星座の歴史』（雄山閣出版、一九八七年）によれば、距星は、射手座γ星。
（二三）輿鬼は、二十八宿の一つ。大崎正次『中国の星座の歴史』（雄山閣出版、一九八七年）によれば、距星は、蟹座θ星。
（二四）柳は、二十八宿の一つ。大崎正次『中国の星座の歴史』（雄山閣出版、一九八七年）によれば、距星は、海蛇座δ星。
（二五）七星は、星宿。二十八宿の一つ。大崎正次『中国の星座の歴史』（雄山閣出版、一九八七年）によれば、距星は、海蛇座α星。
（二六）張は、二十八宿の一つ。大崎正次『中国の星座の歴史』（雄山閣出版、一九八七年）によれば、距星は、海蛇座υ星。
（二七）翼は、二十八宿の一つ。大崎正次『中国の星座の歴史』（雄山閣出版、一九八七年）によれば、距星は、コップ座α星。
（二八）軫は、二十八宿の一つ。大崎正次『中国の星座の歴史』（雄山閣出版、一九八七年）によれば、距星は、烏座γ星。
（二九）東井は、二十八宿の一つ。大崎正次『中国の星座の歴史』（雄山閣出版、一九八七年）によれば、距星は、双子座μ星。
（三〇）奎は、二十八宿の一つ。大崎正次『中国の星座の歴史』（雄山閣出版、一九八七年）によれば、距星は、アンドロメダ座ζ星。
（三一）婁は、二十八宿の一つ。大崎正次『中国の星座の歴史』（雄山閣出版、一九八七年）によれば、距星は、牡羊座β星。
（三二）胃は、二十八宿の一つ。大崎正次『中国の星座の歴史』（雄山閣出版、一九八七年）によれば、距星は、牡羊座35星。
（三三）昴は、二十八宿の一つ。大崎正次『中国の星座の歴史』（雄山閣出版、一九八七年）によれば、距星は、牡牛座17星。
（三四）畢は、二十八宿の一つ。大崎正次『中国の星座の歴史』（雄山閣出版、一九八七年）によれば、距星は、牡牛座ε星。
（三五）觜は、二十八宿の一つ。大崎正次『中国の星座の歴史』（雄山閣出版、一九八七年）によれば、距星は、オリオン座λ星。
（三六）參は、二十八宿の一つ。大崎正次『中国の星座の歴史』（雄山閣出版、一九八七年）によれば、距星は、オリオン座δ星。
（三七）斗は、二十八宿の一つ。大崎正次『中国の星座の歴史』（雄山閣出版、一九八七年）によれば、距星は、射手座のφ星。
（三八）牛は、二十八宿の一つ。牽牛ともいう。大崎正次『中国の星座の歴史』（雄山閣出版、一九八七年）によれば、距星は、山羊座のβ星。
（三九）女は、二十八宿の一つ。須女ともいう。大崎正次『中国の星座の歴史』（雄山閣出版、一九八七年）によれば、距星は、水瓶座ε星。
（四〇）虚は、二十八宿の一つ。大崎正次『中国の星座の歴史』（雄山閣出版、一九八七年）によれば、距星は、水瓶座β星。

(四一) 危は、二十八宿の一つ。大崎正次『中国の星座の歴史』(雄山閣出版、一九八七年) によれば、距星は、水瓶座 α星。

(四二) 室は、二十八宿の一つ。營室ともいう。大崎正次『中国の星座の歴史』(雄山閣出版、一九八七年) によれば、距星は、ペガスス座の α星。

(四三) 壁は、二十八宿の一つ。東壁ともいう。大崎正次『中国の星座の歴史』(雄山閣出版、一九八七年) によれば、距星は、ペガスス座 γ星。

[現代語訳]

後漢書志第十　　　　劉昭注補

天文上　王莽三　光武十二

『周易《しゅうえき》』(繫辭《けいじ》傳上) に、「天は (各種の自然現) 象を降して (吉凶を示し)、聖人はこれを (言行の) 準則とした。庖犧氏《ほうぎし》が天下を統治すると、上を仰いでは天文の現象を観測し、下を見ては地の理法を観察した」とある。象を天に観るとは、太陽と月や星辰 (見ること) をいう。法を地に観るとは、(地上の) 水土と周郡の区分 (を見ること) をいう。形が地に起こると、象が天に現れる。このため、「天というものは北辰星《ほくしんせい》(を枢軸とするもの) であり、元氣を合わせ輝きを発し帝王の形を建構して、天文を運行させ、(特定の) 度数を (日月星辰に) 授けてあまたの星々を張りめぐらせる」というのである。(地上では天子に仕える) 三公・九卿、二十七大夫、八十一元士 (のあわせて百二十官) がいる。(同様に、天には天帝の御車である) 斗衡《とこう》(北斗七星のめぐる北辰を中心に) 太微《たいび》(垣には「三公」「九卿」などが備わり、大臣を象徴する) 攝提《せってい》閣などの属は (地と同様に天も) 百二十官がいる。(百二十官が含まれる) 二十八宿はそれぞれ列を並べ、下は十二分野に対応している。(このように) 天地は (それぞれ) 位を設け (対応しているので)、星辰の象は備わっているのである。

[劉昭注]

[一]『星經《せいけい》』に、「歲星《さいせい》は泰山《たいざん》と徐《じょ》州・青《せい》州・兗《えん》州を管轄する。熒惑《けいわく》は霍山《かくざん》と楊《よう》州・荊《けい》州・交《こう》州を管轄する。鎭星《ちんせい》は嵩高山《すうこうざん》と豫《よ》州を管轄する。太白《たいはく》は華陰山《かいんざん》と涼《りょう》州・雍《よう》州・益《えき》州を管轄する。辰星《しんせい》は恆山《こうざん》と冀《き》州・幽《ゆう》州・幷《へい》州を管轄する。(また) 歲星は角《かく》・亢《こう》・氐《てい》・房《ぼう》・心《しん》・尾《び》・箕《き》を管轄する。熒惑は輿鬼《よき》・柳《りゅう》・七星《しちせい》・張《ちょう》・翼《よく》・軫《しん》を管轄する。鎭星は東井《とうせい》を管轄する。太白は奎《けい》・婁《ろう》・胃《い》・昴《ぼう》・畢《ひつ》・觜《し》・參《さん》を管轄する。辰星《しんせい》は斗《と》・牛《ぎゅう》・女《じょ》・虛《きょ》・危《き》・室《しつ》・壁《へき》を管轄する。琁璣《せんき》とは、北極星をいう。玉衡《ぎょくこう》とは、北斗の九星をいう。玉衡の第一星は徐州をつかさどり、常に五つの子《ね》の日にこれを測候する。甲子は東海《とうかい》郡、丙子は琅邪《ろうや》郡、戊子は彭城《ほうじょう》郡、庚子は下邳《かひ》郡、壬子は廣陵《こうりょう》郡であり、およそこの五郡である。第二星は益州をつかさどり、常に五つの亥《い》の日よりこれを測候する。乙亥は漢中《かんちゅう》郡、丁亥は永昌《えいしょう》郡、己亥は巴《は》郡・蜀《しょく》郡・牂牁《しょうか》郡、辛亥は廣漢《こうかん》郡、癸亥は犍爲《けんい》郡であり、およそこの七郡である。第三星は冀州をつかさどり、常に五つの戌《いぬ》の日よりこれを測候する。甲戌は魏《ぎ》郡・勃海《ぼっかい》郡、丙戌は安平《あんぺい》郡、戊戌は鉅鹿《きょろく》郡・河閒《かかん》郡、庚戌は淸河《せいが》郡・趙《ちょう》國、壬戌は恆山《こうざん》郡であり、およそこの八郡である。第四星は荊州をつかさどり、常に五つの卯《う》の日にこれを測候する。乙卯は南陽《なんよう》郡、己卯は零陵《れいりょう》郡、辛卯は桂陽《けいよう》郡、癸卯は長沙《ちょうさ》郡、丁卯は武陵《ぶりょう》郡であり、およそこの五郡である。第五星は兗州をつかさどり、常に五つの辰《たつ》の日にこれを測候する。甲辰は東《とう》郡・陳留《ちんりゅう》郡、丙辰は濟北《せいほく》郡、戊辰は山陽《さんよう》郡・泰山《たいざん》郡、庚辰は濟陰《せいいん》

郡、壬辰は東平《とうへい》郡・任城《にんじょう》郡であり、およそこの八郡である。第六星は揚州をつかさどり、常に五つの巳《み》の日にこれを測候する。乙巳は豫章《よしょう》郡、辛巳は丹陽《たんよう》郡、己巳は廬江《ろこう》郡、丁巳は呉《ご》郡・會稽《かいけい》郡、癸巳は九江《きゅうこう》郡であり、およそこの六郡である。第七星は豫州をつかさどり、常に五つの午《うま》の日にこれを測候する。甲午は潁川《えいせん》郡、壬午は梁《りょう》國、丙午は汝南《じょなん》郡、戊午は沛《はい》國、庚午は魯《ろ》國であり、およそこの五郡である。第八星は幽州をつかさどり、常に五つの寅《とら》の日にこれを測候する。甲寅は玄菟《げんと》郡、丙寅は遼東《りょうとう》郡・遼西《りょうせい》郡・漁陽《ぎょよう》郡、庚寅は上谷《じょうこく》郡・代《だい》郡、壬寅は廣陽《こうよう》郡、戊寅は涿《たく》郡であり、およそこの八郡である。第九星は幷州をつかさどり、常に五つの申《さる》の日にこれを測候する。甲申は五原《ごげん》郡・鴈門《がんもん》郡、丙申は朔方《さくほう》郡・雲中《うんちゅう》郡、戊申は西河《せいが》郡、庚申は太原《たいげん》郡・定襄《ていじょう》郡、壬申は上黨《じょうとう》郡であり、およそこの八郡である。琁璣・玉衡は色を占い、春は青黄、夏は赤黄、秋は白黄、冬は黒黄である。これは常に明らかなものである。このようにならないものは、向かう先の国にて軍事的な災いが起こる。およそ六十郡あり、九州が領有するものは、自ずから分かれて名づけられた」とある。

《参校》

一、天文占と占星術

中国の天文占と西欧などの占星術が、根本的に異なることは、中国の天文占が何よりも支配者のためであり、したがって統治と戦争のための占いを主体とすることにある。これに対して、西欧の占星術は、個人のために占うものであった。やがて中国にも、仏教やイスラム教の影響のもとに、出生ホロスコープが見られるようになり、個人のための占星術が行われるに至る。しかし、天文志に記されるものは、あくまでも皇帝、および一部の高級官僚のための占いであった。

それは、天文占が天人相關説に基づくことによる。「古典中國」において、天はあらゆる存在の源であり、天の意志、すなわち天命を知ることが、支配者にとって何よりも必要と考えられたからである。その背景には、天子の行動が天と相関関係にあるという天人相關説があった。天文現象を観測して現象の意味を知ることにより、支配権力を強化できると考えたのである。したがって、天の様々な現象を観測して暦を作り、民に配布する「觀象授時」は天子が独占すべきことであった。観測の結果、天の示す規則性と不規則性の間に占いによる判断が必要とされた。天子の支配の正統性を支える論理により、天文占は必要不可欠なものとされていたのである。橋本敬造『中国占星術の世界』（東方書店、一九九三年）を参照。

二、『漢書』天文志の継承

『史記』は、天官書で中国の星宿を整理しているが、「天文志」と言わず、「天官書」と称しているのは、中国の星宿はすべて官署の名を付けられているためである。ギリシア神話に基づく西欧の星座との違いである。『史記』は、このほか、太陽・月・五惑星・流星・水星、そして大気中の現象である雲氣の一般的記載とそれに対する天文占を掲げている。

これを受けたものが、『漢書』天文志であり、各星宿や天文現象に附与された性格を説くことは、『史記』と同じである。それに加えて、『漢書』天文志は、前漢時代における天体観測の具体例を挙げることを開始した。本『後漢書』天文志は、それを継承して、実際に起きた天文變異に対する解釈・占例と事應を掲げている。

『晉書』天文志は、暦法を除く中国天文学を詳細に述べており、中国古代の天文学の集大成と位置づけられる。これについては、藪内清（責任編集）『中国の科学』（中央公論社、一九七九年）に、訳注が収録されている。

## 三、中宮と二十八宿

『史記』天官書では、星宿は大きく分けて「五官」にまとめられた。「中宮」と、四神に当てられる「東宮」蒼龍・「南宮」朱鳥（朱雀）・「西宮」咸池（白虎）・「北宮」玄武の四宮である。中宮は、北極を中心とした周極星を含み天空に位置する星宿群であり、東西南北の四宮は赤道に沿って「二十八宿」を七宮ずつに分けた星宿群である。以下、橋本敬造『中国占星術の世界』（東方書店、一九九三年）に従い、概略を示しておこう。

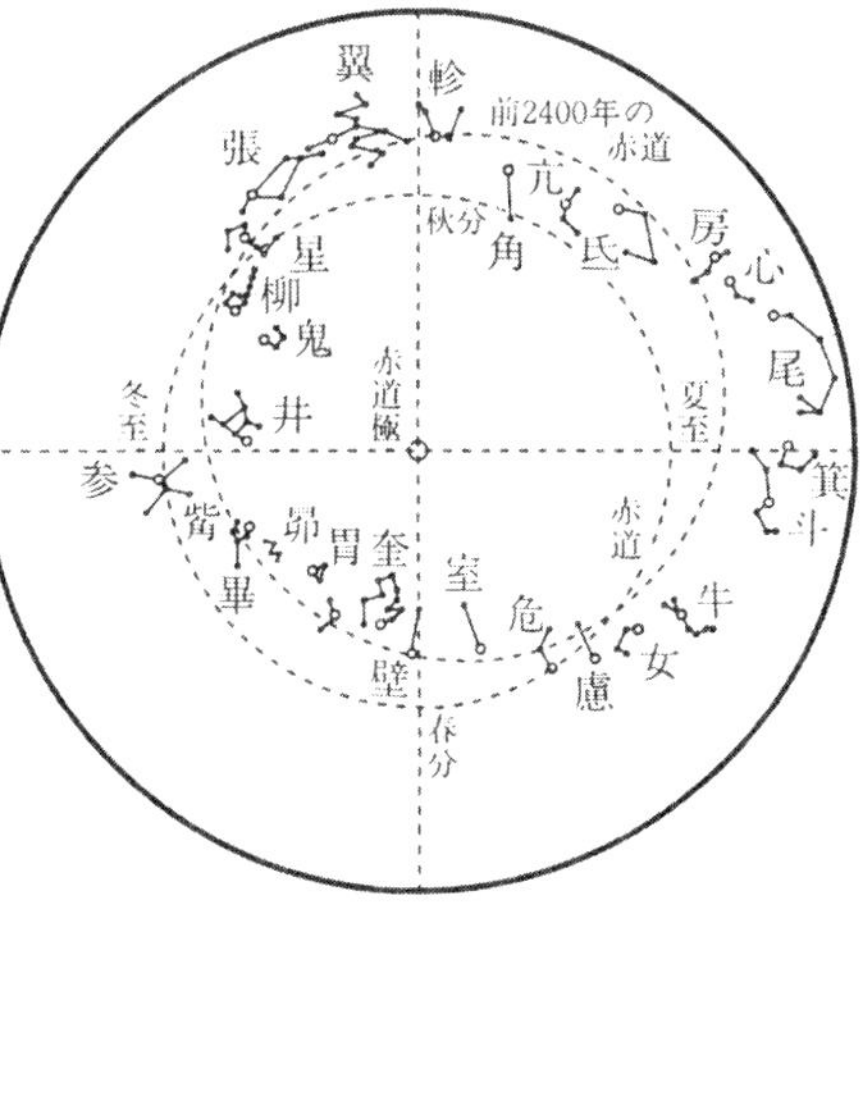


図一「二十八宿」図（劉文英、堀池信夫・菅本大二・井川義次（訳）『中国の時空論』東方書店、一九九二年、二四頁）

### （1）中宮

中宮は、紫宮垣・紫微宮（紫微垣）とも称される星宿群で、五帝座を中心とする太微垣、帝座を中心とする天市垣と並んで、「三垣」を構成する。紫微宮は宮城という意味であり、地上の紫禁城に対応していた。太微垣は、北斗七星の南に位置し、ほぼ六三度の幅をもって分布している。南は二十八宿の翼・軫・角・亢の四宿に臨む。「太微」とは行政府という意味で、宮廷にあたる紫微宮に対応する。天市垣は、天子が諸侯を率いて行幸する都市という意味を持つ。天上における都市と市場の機能を具有している。

中宮は、北極を中心とし、その東西の両側に位置する二つの弓状の左垣（東垣八星）と右垣（西垣八星）に取り囲まれたような形状になっている。その中心に位置するものが、「北辰」といわれる「北極」五星で、太子（こぐま座$\gamma$星）・帝（こぐま座$\beta$星）・庶子・后宮・天樞（北極）である。北極樞を抱え込むように、「四輔」（四弼）四星がある。現在の北極星は、こぐま座$\alpha$星であるが、それは「勾陳」六星の第一星にあたる。この「勾陳」の中に、「天皇大帝」（カシオペア座32Ｈ星）が位置する。

中宮の領域内には、「北斗七星」（天樞・天璇・天璣・天權・玉衡・開陽・搖光）が含まれる。「北斗七星」は、天文占において、最も重要な役割を果たす星宿であり、その「斗建」が二十八宿のいずれに当たるかによって、暦の各月を決める目安ともされた。なお、「斗が建《をざ》す」の「建す」とは、北斗七星の「柄」の部分に相当する「斗綱」（搖光・開陽・玉衡）の三星が、十二ヵ月の運行に応じて旋回して特定の方位を指し示すことである。このほか、中宮の領域内には、「文昌宮」「尚書」「天厨」「三師」「太尊」などの星宿が含まれている。

図二「紫微垣」図（橋本敬造『中国占星術の世界』九五頁）

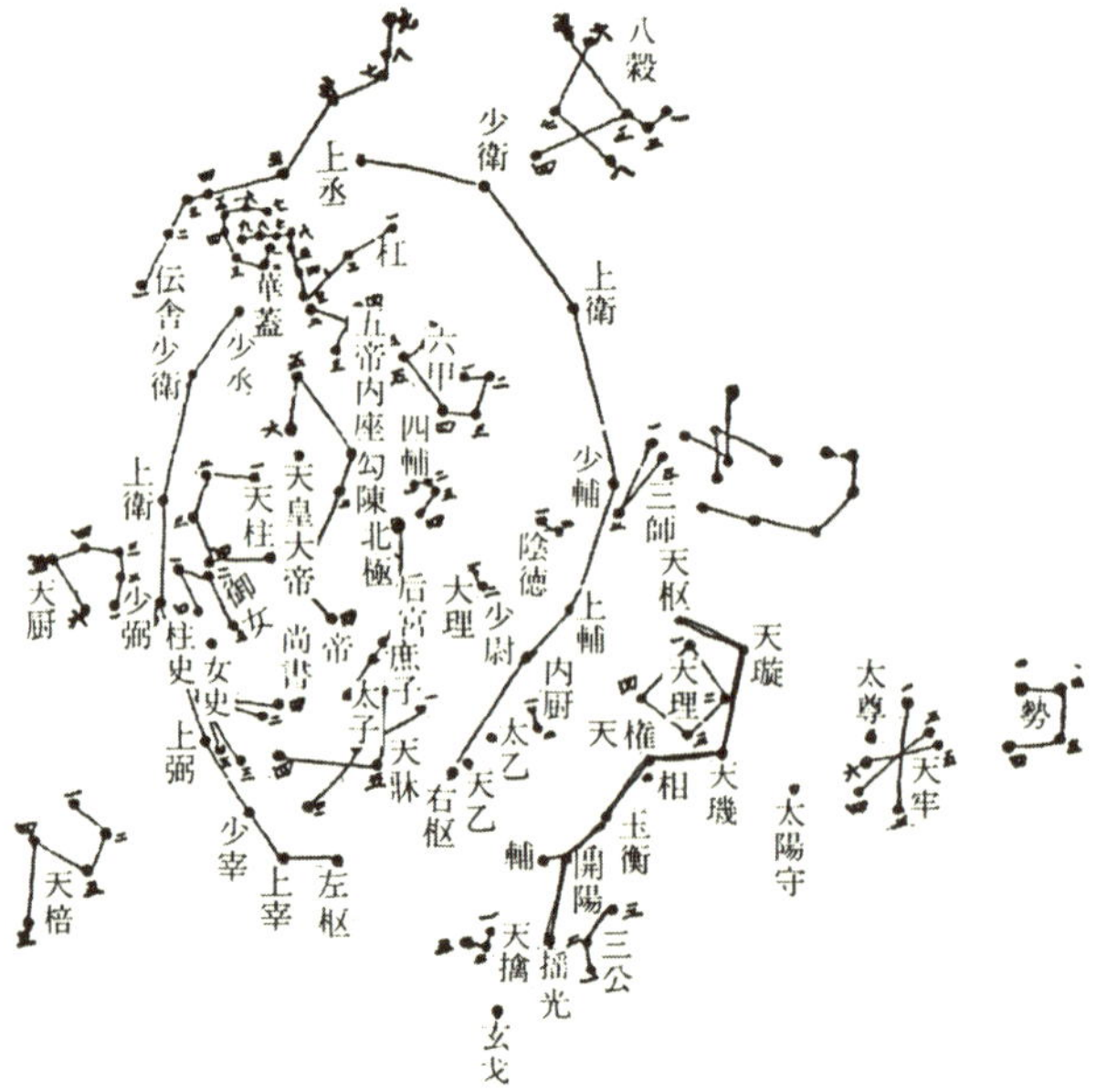


（2）東方蒼龍七宿（角・亢・氐・房・心・尾・箕）

蒼龍は、全体として龍の形に準えられている。角宿二星（おとめ座α星・ζ星）は、天の門という意味があり、これら二星の間を赤道が通過する。亢宿には、「大角」（かんむり座α星、アークツルス）が含まれ、『禮記』月令によれば、「仲夏の月、薄暮時に亢が南中する」とされている。氐宿は、『爾雅』釋天では、「天根」とされる。『禮記』月令によれば、「季冬の月、薄明時に南中する」とされている。房宿は、『石氏星經』では、龍の腹であるとされ、『爾雅』釋天では、「天駟」とされる。後者によれば、天馬のイメージとなる。心宿には、「大火」（アンタレス）が含まれる。火（アンタレス）は、『尚書』堯典に、「日は永く、星は火、以て仲夏を正す」とあり、夏至に南中する星として知られる。尾宿は、サソリ座の尾部に当たる星宿で、箕宿とともに、東方蒼龍の尾部を形成する。

図三「東官」図（橋本敬造『中国占星術の世界』一〇六頁）

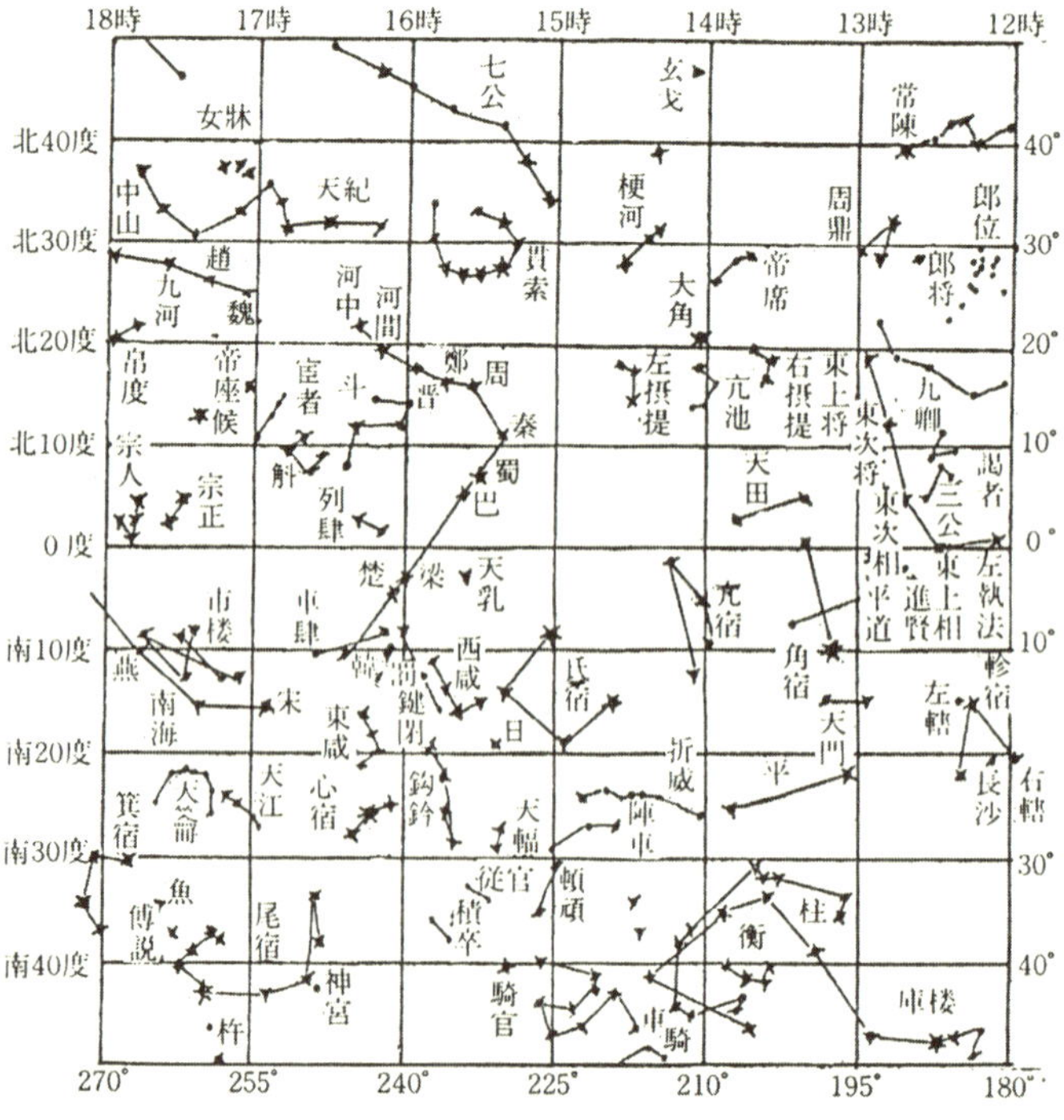

（3）北方玄武七宿（斗・牛・女・虚・危・室・壁）

蛇と亀が絡んだ形である玄武の首にあたるのが、斗宿である。いて座φ星など六星よりなる斗宿は、天市垣の南にあり、その半分は天の川のなかにある。文字どおり北斗に似た形をしているが、一星少ない。天子のみたまやという意味を持つ「天廟」という別名でも知られる。

牛宿（やぎ座α・β星など六星）は、『禮記』月令に、「季春の月、旦（夜明け）に牽牛が南中し、仲秋の月、昏（夕暮れ）に牽牛が南中する」と書かれる星宿である。牛宿に属するヴェガ（こと座α星）など四星からなる織女星と、天の川を挟んだ位置にあるアルタイル（わし座α星）など三星からなる河鼓星は、七夕伝説でよく知られる。

女宿（みずがめ座ε星など四星）は、『禮記』月令に、「孟夏の月、旦（夜明け）に婺女が南中する」と書かれる星宿である。赤道をまたぐ二星からなる虚宿（みずがめ座β星・こうま座α星）は、『尚書』堯典に、「宵に南中する星は虚宿であり、それによって仲秋を正しく置くことができる」とある星宿である。

危宿（みずがめ座α星など三星）は、『禮記』月令に、「仲夏の月、旦に危が南中する。孟冬の月、昏に危が南中する」と書かれる星宿である。

室宿（ペガサス座α・β星）は、營室とも、玄冥とも称された。『周禮』冬官に、「營室は北方玄武の宿、壁宿と體を連ねて四星となす」とある星宿である。

壁宿（ペガサス座γ星とアンドロメダ座α星）は、『禮記』月令に、「仲冬の月、昏に東壁が南中する」と書かれる星宿で、真冬を知る目印とされていた。

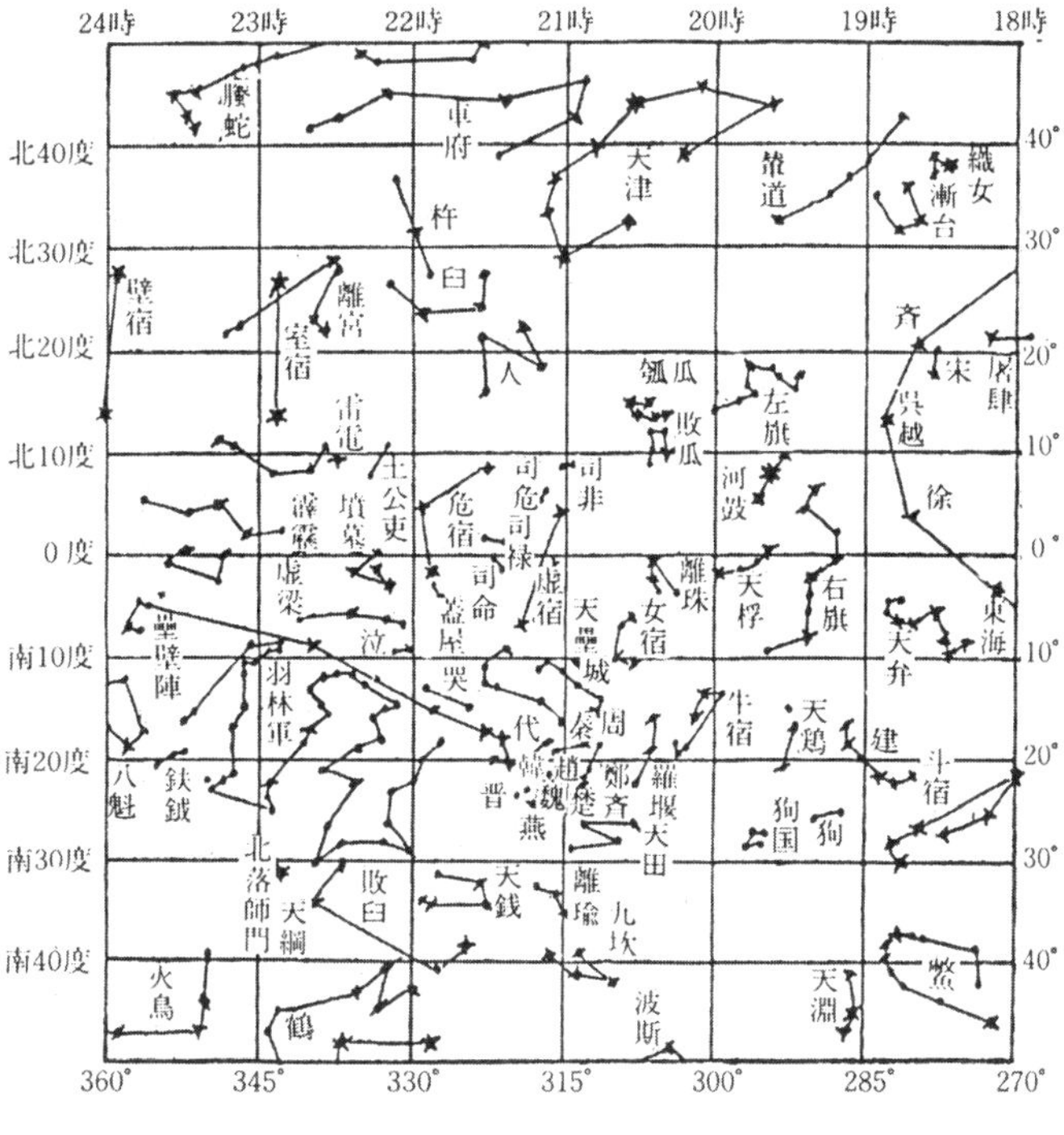

図四「北官」図（橋本敬造『中国占星術の世界』一一〇頁）

（4）西方白虎七宿（奎・婁・胃・昴・畢・觜・參）

奎宿は、『禮記』月令に、「季夏の月、旦に奎が南中する。」と書かれる星宿である。婁宿は、冬の終わりを告げる星宿で、『禮記』月令には、「季冬の月、昏に婁が南中する」と書かれている。五穀を蓄えるとされる胃宿は、おひつじ座にある。

西方七宿の中央にある昴宿は、スバル、すなわち散開星団のプレアデスである。『尚書』堯典に、「日は短く星は昴、もって仲冬を正す」とされ、古くから真冬を知らせる星宿とされていた。畢宿（おうし座ε星など八星）は、『禮記』月令に、「孟秋の月、旦に畢が南中する」と書かれる星宿であり、秋の初めを知る目印であった。

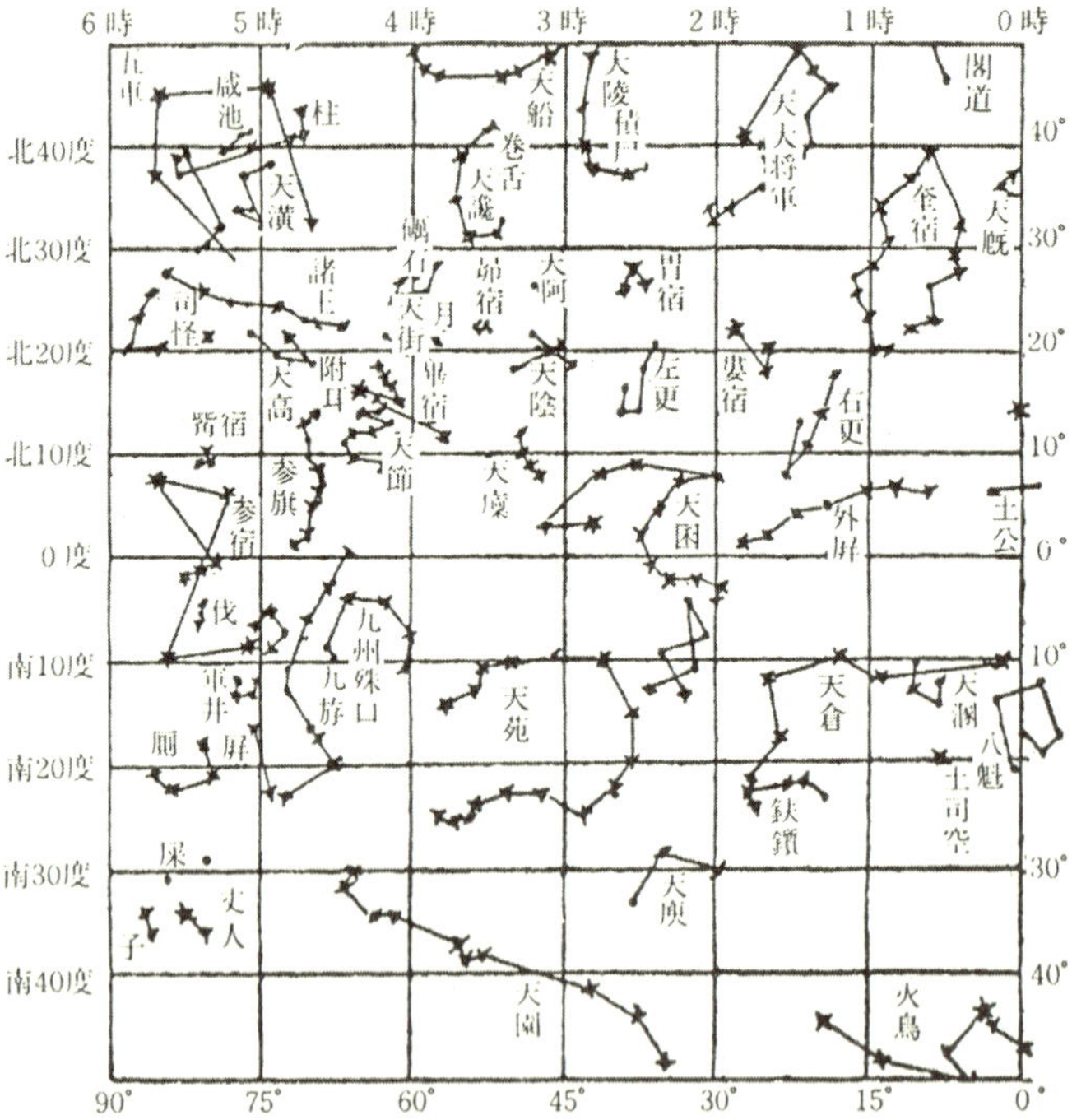

図五「西官」図（橋本敬造『中国占星術の世界』一一六頁）

（5）南方朱雀七宿（井・鬼・柳・星・張・翼・軫）

玉井の東にあることから、東井とも呼ばれる井宿は、ふたご座μ星など八星から構成される。鬼宿（かに座θ・δ星など四星）は、そのなかに積尸氣（M44星雲、プレセペ）を抱える。柳宿（うみへび座、δ星など八星）は、南方の朱雀、すなわち鳳凰のくちばしとされる。翼にあたるのが、張宿（うみへび座）を挟んだ翼宿（こっぷ座）であり、軫宿（カラス座γ星など四星）は二十八宿の最後である。

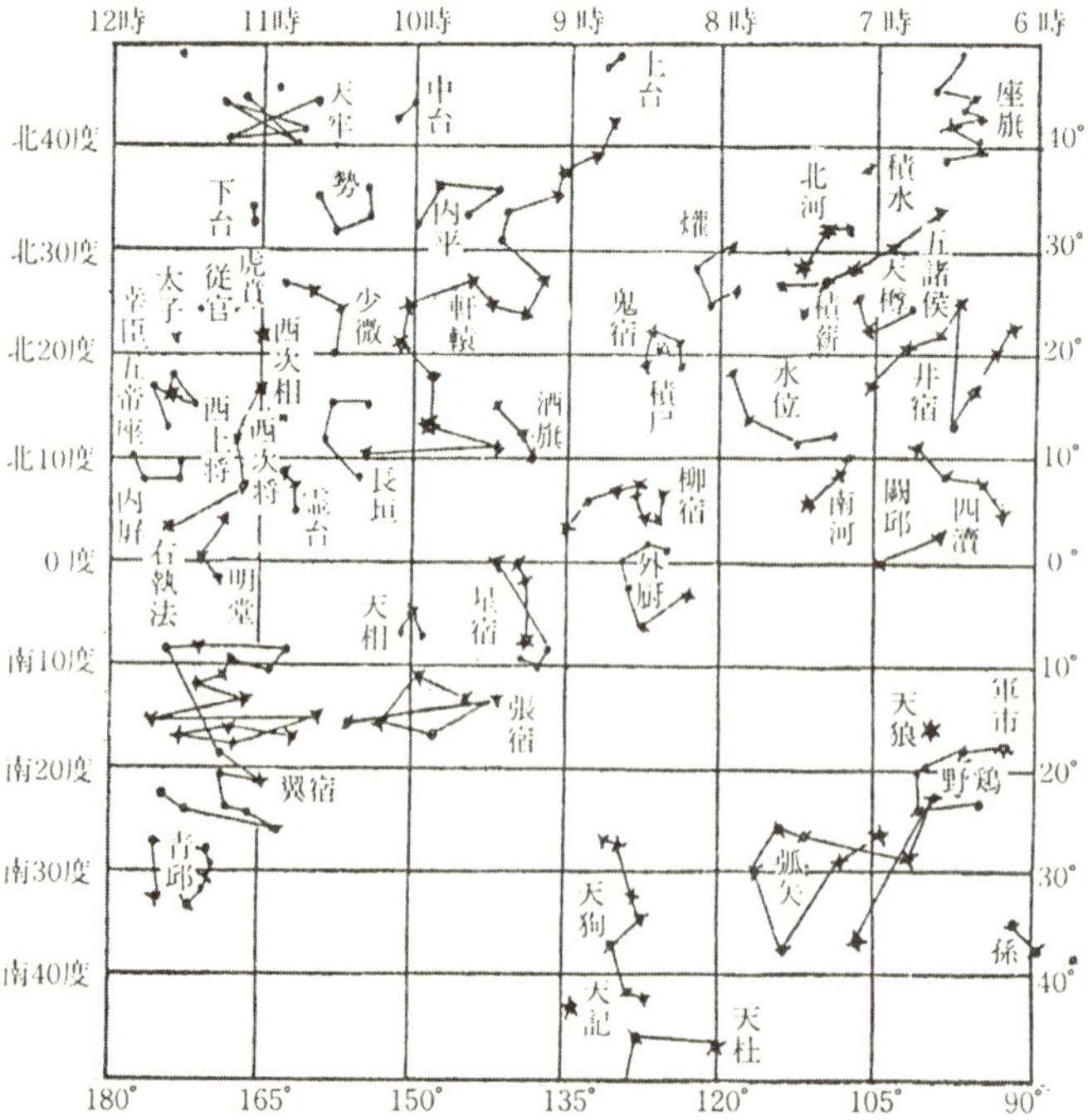

図六「南官」図（橋本敬造『中国占星術の世界』一二〇頁）

四、分野説

分野説は、天人相關説に基づき、地上の州・郡國と天の区画は対応していると考え、天で起こった天文現象によって、その位置に該当する地上の分野の吉凶を占うものである。すでに古くは戰國時代より見られ、『春秋左氏傳』には、木星の十二次の位置によって、地上の国の吉凶を占う事例が掲げられている。

『淮南子』天文訓・『史記』天官書・『漢書』地理志・『晉書』天文志にそれぞれ掲げられている天と地上との対応関係をまとめた、橋本敬造『中国占星術の世界』（前掲）六四頁の表をあげておこう。

表一「二十八宿と地理的分野との対応」

| 『淮南子』天文訓 | | 『史記』天官書 | | 『漢書』地理志 | | 『晉書』天文志 | |
|---|---|---|---|---|---|---|---|
| 角・亢 | 鄭 | 角・亢・氐 | 兗州 | 角・亢・氐 | 韓 | 角・亢・氐 | 鄭・兗州 |
| 氐・房・心 | 宋 | 房・心 | 豫州 | 房・心 | 宋 | 房・心 | 宋・豫州 |
| 尾・箕 | 燕 | 尾・箕 | 幽州 | 尾・箕 | 燕 | 尾・箕 | 燕・幽州 |
| 斗・牽牛 | 越 | 斗 | 江湖 | 牽牛・婺女 | 粵 | 斗・牽牛・須女 | 呉越・揚州 |
| 須女 | 呉 | 牽牛・婺女 | 揚州 | 斗 | 呉 | | |
| 虚・危 | 斉 | 虚・危 | 青州 | 虚・危 | 斉 | 虚・危 | 斉・青州 |
| 営室・東壁 | 衛 | 営室・東壁 | 并州 | 営室・東壁 | 衛 | 営室・東壁 | 衛・并州 |
| 奎・婁 | 魯 | 奎・婁・胃 | 徐州 | 奎・婁 | 魯 | 奎・婁・胃 | 魯・徐州 |
| 胃・昴・畢 | 魏 | 昴・畢 | 冀州 | 昴・畢 | 趙 | 昴・畢 | 趙・冀州 |
| 觜巂・参 | 趙 | 觜巂・参 | 益州 | 觜巂・参 | 魏 | 觜・参 | 魏・益州 |
| 東井・輿鬼 | 秦 | 東井・輿鬼 | 雍州 | 東井・輿鬼 | 秦 | 東井・輿鬼 | 秦・雍州 |
| 柳・七星・張 | 周 | 柳・七星・張 | 三河 | 柳・七星・張 | 周 | 柳・七星・張 | 周・三輔 |
| 翼・軫 | 楚 | 翼・軫 | 荊州 | 翼・軫 | 楚 | 翼・軫 | 楚・荊州 |

【原文】

三皇邁化、協神醇朴。謂五星如連珠、日月若合璧。化由自然、民不犯慝。至於書契之興、五帝是作。軒轅始受河圖[1]（闢）〔闓〕苞（授）〔受〕、規日月星辰之象。故星官之書自黄帝始。至高陽氏、使南正重司天、北正黎司地。唐・虞之時羲仲・和仲〔一〕、夏有昆吾、湯則巫咸、周之史佚・萇弘、宋之子韋、楚之唐蔑、魯之梓慎、鄭之裨竈、魏石申夫〔二〕、齊國甘公、皆掌天文之官。仰占俯視、以佐時政、步變擿微、通洞密至、採禍福之原、覩成敗之勢。秦燔詩・書、以愚百姓、六經典籍、殘爲灰炭、星官之書、全而不毀。故秦史書始皇之時彗孛・大角。大角以亡、有大星與小星鬬于宮中、是其廢亡之徵。至漢興、景・武之際、司馬談・談子遷、以世黎氏之後、爲太史令。遷著史記作天官書。成帝時、中壘校尉劉向廣洪範災條作五紀皇極之論、以參往行之事。孝明帝使班固敍漢書、而馬續述天文志。今紹漢書作天文志〔三〕、起王莽居攝元年、迄孝獻帝建安二十五年、二百一十五載。言其時星辰之變、表象之應、以顯天戒、明王事焉〔四〕。

〔劉昭注〕

〔一〕尚書曰、帝在琁璣玉衡、以齊七政。孔安國曰、在、察也。琁、美玉也。璣衡、王者正天文之器、可運轉者。七政、日・月・五星各異政。舜察天文、齊七政也。

〔二〕或云石申父。

〔三〕謝沈書曰、蔡邕撰建武已後星[2]（月）〔驗〕著明、以續前志、譙周接繼其下者。

〔四〕臣昭以、張衡天文之妙、冠絕一代。所著靈憲・渾儀、略具辰燿之本、今寫載以備其理焉。靈憲曰、昔在先王、將步天路、用[3]（之）〔定〕靈軌、尋緒本元。先準之于渾體、是爲正儀立度。而皇極有逌建也、樞運有逌稽也。乃建乃稽、斯經天常。聖人無心、因茲以生心、故靈憲作興。曰、太素之前、幽清玄靜、寂[4]（寞）〔漠〕冥默、不可爲象。厥中惟[5]（靈）〔虛〕、厥外惟無。如是者永久焉。斯謂溟涬、蓋乃道之根也。道根既建、自無生有。太素始萌、萌而未兆、幷氣同色、渾沌不分。故道志之言云、有物渾成、先天地生。其氣體固未可得而形、其遲速固未可得而紀也。如是者又永久焉。斯爲庬鴻、蓋乃道之幹也。道幹既育、有物成體。於是元氣剖判、剛柔始分、清濁異位。天成於外、地定於內。天體於陽、故圓以動。地體於陰、故平以靜。動以行施、靜以合化。堙鬱構精、時育庶類。斯謂太元、蓋乃道之實也。在天成象、在地成形。天有九位、地有九域。天有三辰、地有三形。有象可效、有形可度。情性萬殊、旁通感薄、自然相生、莫之能紀。於是人之精者作聖、實始紀綱而經緯之。八極之維、徑二億三萬二千三百里、南北則短減千里、東西則廣增千里。自地至天、半於八極、則地之深亦如之。通而度之、則是渾已。將覆其數、用重[6]〔差〕鉤股。懸天之景、薄地之義、皆移千里而差一寸得之。過此而往者、未之或知也。未之或知者、宇宙之謂也。宇之表無極、宙之端無窮。天有兩儀、以儛道中。其可覩、樞星是也。謂之北極。在南者不著、故聖人弗之名焉。其世之遂、九分而減二。陽道左迴、故天運左行。有驗於物、則人氣左羸、形左繚也。天以陽迴、地以陰淳。是故天致其動、稟氣舒光。地致其靜、承[7]（施候）〔候施〕明。天以順動、不失其中、則四序順至、寒暑不減、致生有節、故品物用生。地以靈靜、作合承天、清化致養、四時而後育、故品物用成。凡至大莫如天、至厚莫若地。[8]（地）至質者曰地而已。至多莫若水、水精爲漢。漢[9]（用）〔周〕於天而無列焉。思次質也。地有山獄、以宣其氣、精種爲星。星也者、體生於地、精成於天、列居錯跱、各有逌屬。紫宮爲皇極之居、太微爲五帝之廷。明堂之房、大角有席、天市有坐。蒼龍連蜷於左、白虎猛據於右、朱雀奮翼於前、靈龜圈首於後、黃神軒轅於中。六擾既畜、而狠・蚖・魚・鼈罔有不具。在野象物、在朝象官、在人象事、於是備矣。懸象著明、莫大乎日月。其徑當天周七百三十六分之一、地廣二百四十二分之一。日者、陽精之宗。積而成鳥、象鳥而有三趾。陽之類、其數奇。月者、陰精之宗。積而成獸、象兔。陰之類、其數耦。其後、有馮焉者。羿請無死之藥於西王母、[10]（恆）〔姮〕娥竊之以奔月。將往、枚筮之於有黃。有黃占之曰、吉。翩翩歸妹、獨將西行、逢天晦芒。毋驚毋恐。後其大昌。[11]（恆）〔姮〕娥遂託身于月、是爲蟾蠩。夫日譬猶火、月譬猶水。火則外光、水則含景。故月光生於日之所照、魄生於日之所蔽。當日則光盈、就日則光盡也。衆星被燿、因水轉光。當日之衝、光常不合者、蔽於[12]（他）〔地〕也。是謂闇虛。在星星微、月過則食。日之薄地、[13]〔暗〕其明也。繇暗視明、明無所屈、是以望之若火。方於中天、天地同明。繇明瞻暗、暗還自奪、故望之若水。火當夜而揚光、在晝則不明也。月之於夜、與日同而差微。星則不然、強弱之差也。衆星列布、其以神著、有五列焉、是爲三十五名。一居中央、謂之北斗。動變挺占、寔司王命。四布於方、爲二十八宿。日月運行、歷示吉凶、五緯經次、用告禍福、則天心於是見矣。中外之官、常明者百有二十四、可名者三百二十、爲星二千五百、而海人之占未存焉。微星之數、蓋萬一千五百二十。庶物蠢蠢、咸得繫命。不然、何以總而理諸。夫三光同形、有似珠玉、神守精存、麗其職而宣其明。及其衰、神歇精斁、於是乎有隕星。然則奔星之所墜、至[14]〔地〕則石[15]〔矣〕。文曜麗乎天、其動者七、日・月・五星是也。周旋右回。天道者、貴順也。近天則遲、遠天則速、行則屈、屈則留回、留回則逆、逆16（時）〔則〕遲、迫於天也。行遲者覿于東、覿于東屬陽。行速者覿于西、覿于西屬陰。日與月此配合也。攝提・熒惑・地17（侯）〔候〕見晨、附于日也。太白・辰星見昏、附于月也。二陰三陽、參天兩地、故男女取焉。方星巡鎭、必因常度、苟或盈縮、不逾於次。故有列司作使、曰、老子四星、周伯・王逢・芮各一、錯乎五緯之閒、其見無期、其行無度、寔妖經星之所。然後吉凶宣周、其祥可盡。蔡邕表志曰、言天體者有三家、一曰周髀、二曰宣夜、三曰渾天。宣夜之學絶無師法。周髀數術具存、考驗天狀、多所違失、故史官不用。唯渾天者近得其情、今史官所用候臺銅儀、則其法也。立八尺圓體之度、而具天地之象、以正黃道、以察發斂、以行日月、以步五緯。精微深妙、萬世不易之道也。官有其器而無本書、前志亦闕而不論。臣求其舊文、連年不得。在東觀、以治律未竟、未及成書。案略求索、竊不自量、卒欲寢伏儀下、思惟精意、案度成數、扶以文義、潤以道術、著成篇章。罪惡無狀、投畀有北、灰滅雨絶、世路無由。宜博問羣臣下及巖穴知渾天之意者、使述其義、以裨天文志。撰建武以來星變彗孛占驗著明者續其後。

〔校勘〕

1. 上杉本は「鬬苞授」につくるが、王先謙の『後漢書集解』に引く惠棟の説により、「闓苞受」に改める。
2. 上杉本は「月」につくるが、中華書局本により「驗」に改める。
3. 上杉本は「之」につくるが、中華書局本により「定」に改める。
4. 上杉本は「寘」につくるが、中華書局本により「漢」に改める。
5. 上杉本は「靈」につくるが、中華書局本により「虛」に改める。
6. 嚴可均の『全後漢文』に従い、「差」を補う。
7. 上杉本は「施候」につくるが、嚴可均の『全後漢文』に従い、「候施」に改める。
8. 中華書局本により「地」を刪る。
9. 上杉本は「用」につくるが、中華書局本により「周」に改める。
10. 上杉本は「恆」につくるが、中華書局本により「姮」に改める。
11. 上杉本は「恆」につくるが、中華書局本により「姮」に改める。
12. 上杉本は「他」につくるが、中華書局本により「地」に改める。
13. 嚴可均の『全後漢文』に従い、「暗」を補う。
14. 嚴可均の『全後漢文』に従い、「地」を補う。
15. 嚴可均の『全後漢文』に従い、「矣」を補う。
16. 上杉本は「時」につくるが、中華書局本により「則」に改める。
17. 上杉本は「侯」につくるが、中華書局本により「候」に改める。

《訓読》

三皇(一) 化を邁《つと》め、神を協《かな》へて醇朴なり。五星(二)の珠を連ぬるが如く、日月の璧を合はせるが若きを謂ふ。化は自然に由り、民は犯慝せず。書契の興るに至りて、五帝(三) 是れ作れり。軒轅(四) 始めて河圖闓苞受(五)を受け、日月星辰の象を規す。故に星官の書は黄帝より始まる。高陽氏(六)に至りて、南正の重(七)をして天を司らしめ、北正の黎(八)をして地を司らしむ。唐(九)・虞(一〇)の時は羲仲(一一)・和仲(一二)[二]、夏(一三)に昆吾(一四)有り、湯(一五)には則ち巫咸(一六)、周(一七)の史佚(一八)・萇弘(一九)、宋(二〇)の子韋(二一)、楚(二二)の唐蔑(二三)、魯(二四)の梓愼(二五)、鄭(二六)の裨竈(二七)、魏(二八)の石申夫(二九)[二]、齊國(三〇)の甘公(三一)は、皆 天文の官を掌る。仰占俯視して、以て時政を佐《たす》け、變を歩《たづ》ね徵を摘《つ》み、通洞にして密に至れり。禍福の原を探り、成敗の勢ひを覩る。秦(三二)は 詩(三三) ・書(三四)を燔《や》きて、以て百姓を愚かにし、六經(三五)の典籍は、殘して灰炭と爲るも、星官の書は、全くして毀たれず。故に秦の史は始皇(三六)の時の彗孛・大角(三七)を書す。大角 以て亡び、大星と小星と宮中に鬪ふ有れば、是れ其の廢亡の徵なり。漢 興るに至りて、景(三八)・武(三九)の際、司馬談(四〇)・談の子の遷(四一)、世〻黎氏の後なるを以て、太史令(四二)と爲る。遷 史記(四三)を著して天官書を作る。成帝(四四)の時、中壘校尉(四五)の劉向(四六)洪範の災條を廣げて五紀皇極の論を作りて、以て往行の事を參す。孝明帝(四七) 班固(四八)をして漢書(四九)を敍せしめ、而して馬續(五〇) 天文志を述ぶ。今漢書を紹《つ》ぎて天文志を作り[三]、王莽(五一)の居攝元年より起て、孝獻帝(五二)の建安二十五年に迄《いた》るまで、二百一十五載。其の時の星辰の變、表象の應を言ひて、以て天戒を顯らかにし、王事を明らかにす[四]。

[劉昭注]

[一] 尚書(五三)に曰く、「帝 琁璣玉衡(五四)を在《み》て、以て七政(五五)を齊《ただ》す」と。孔安國(五六)曰く、「在は、察なり。琁は、美玉なり。璣衡は、王者 天文を正すの器にして、運轉す可き者なり。七政は、日・月・五星 各〻政を異にす。舜は天文を察して、七政を齊す」と。

[二] 或ひは石申父と云ふ。

[三] 謝沈(五七)の書に曰く、「蔡邕(五八) 建武より已後の星驗の著明なるを撰して、以て前志に續ぎ、譙周(五九) 其の下の者を接繼す」と。

[四] 臣昭(六〇) 以へらく、張衡(六一)の天文の妙は、一代に冠絶すと。著す所の靈憲(六二)・渾儀(六三)、略ぼ辰燿の本を具へ、今 寫し載せて以て其の理を備ふ。靈憲に曰く、「昔在《いにしへ》の先王、將に天路を歩するに、靈軌を用ひて定め、本元を尋緒せんとす。先づ之を渾體に準《なぞら》へ、是れ儀を正し度を立つ。而して皇極 建つる逌《ところ》有るや、樞運 稽《はか》る逌《ところ》有るなり。乃ち建て乃ち稽ふれば、斯の經は天常なり。聖人は無心にして、茲《こ》れに因りて以て心を生ず、故に靈憲の作 興る。曰く、「太素(六四)の前は、幽清玄靜、寂漠冥默にして、象を爲す可からず。厥《そ》の中は惟れ虛にして、厥の外は惟れ無なり。是の如き者は永久なり。斯れ溟涬(六五)と謂ふは、蓋し乃ち道の根なればなり。道根既に建つや、無より有を生ず。太素 始めて萌《きざ》すや、萌せども未だ兆《きざ》さず、氣を幷はせて色を同じくし、渾沌として分れず。故に道志の言に云ふ、「物有りて渾 成り、先づ天地 生ず」と。其の氣體は固《もと》より未だ得て形す可からず、其の遲速なるは固より未だ得て紀す可からざるなり。是の如き者は又 永久なり。斯れ龐鴻(六六)と爲すは、蓋し乃ち道の幹なり。道の幹 既に育つや、物の體を成すこと有り。是に於て元氣は剖判し、剛柔は始めて分れ、清濁は位を異にし、天は外に成り、地は內に定まる。天は陽に體す、故に圓にして以て動く。地は陰に體す、故に平にして以て靜なり。動は行を以て施し、靜は合を以て化す。堙鬱として精を構へれば、時に庶類を育《はぐく》む。斯れ太元と謂ふは、蓋し乃ち道の實なればなり。天に在りては象を成し、地に在りては形を成す。天に九位(六七)有り、地に九域(六八)有り。天に三辰有り、地に三形有り。象有らば效《いた》すべく、形有らば度《はか》る可し。情性 萬殊にして、旁く通じて感じ薄《せま》り、自然に相 生ずるも、之を能く紀すこと莫し。是に於て人の精なる者は聖を作り、實に始めて紀綱して之を經緯す。八極の維、徑は二億(六九)三萬二千三百里、南北は則ち千里を短減し、東西は則ち千里を廣增す。地より天に至ること、八極より半ばし、則ち地の深さも亦た之の如し。通じて之を度れば、則ち是れ渾なるのみ。將に其の數を覆さんとせば、重差鉤股(七〇)を用ふ。天に懸かるの景、地に薄《せま》るの義もて、皆 千里を移して一寸を差《たが》ひて之を得たり。此れを過ぎて往く者は、未だ之れ知ること或《あ》らざるなり。未だ之れ知ること或らざる者は、宇宙の謂なり。宇の表は極まり無く、宙の端は窮まり無し。天に兩儀有りて、以て道中に儛《ま》はす。其の覩《み》

る可きは、樞星 是れなり。之を北極と謂ふ。南に在る者は著れず、故に聖人 之を名づけず。其れ世の遂ぐるや、九分にして二を減ず。陽道は左迴す、故に天運は左行す。物に驗《しる》すこと有らば、則ち人氣は左贏し、形は左繚するなり。天は陽を以て迴り、地は陰を以て淳《あつ》し。是の故に天は其の動を致し、氣を稟《う》け光を舒《の》ぶ。地は其の靜を致し、候を承け明を施す。天は順を以て動き、其の中を失はざれば、則ち四序 順ひ至り、寒暑 減ぜず、生を致し節有り、故に品物用《もつ》て生ず。地は靈を以て靜にして、合を作《な》して天に承け、化を清めて養を致し、四時にして後に育む、故に品物用て成る。凡そ至大なるは天に如《し》くは莫く、至厚なるは地に若《し》くは莫し。至質なる者は地と曰ふのみ。至多なるは水に若くは莫く、水精を漢と爲す。漢は天に用ひられて列無く、思は質に次ぐなり。地に山獄有りて、以て其の氣を宣べ、精種を星と爲す。星なる者は、體は地より生じ、精は天より成り、列居して錯跱し、各〻屬する逌有り。紫宮(七一)は皇極の居爲り、太微は五帝の廷爲り。明堂(七二)の房は、大角 席有り、天市(七三) 坐有り。蒼龍は連なりて左に蜷《うね》り、白虎は猛りて右に據り、朱雀は翼を前に奮ひ、靈龜は首を後に圏《ま》げ、黄神軒轅(七四)は中に於てするなり。六擾 既に畜はれ、而して狠・蚖《げん》・魚・鼈《へつ》 具はざること有る罔《な》し。野に在りては物を象《かたど》り、朝に在りては官を象り、人に在りては事を象り、是に於て備はれり。懸りて象の著明なるは、日月より大なるは莫し。其の徑は天周七百三十六分の一、地廣二百四十二分の一に當たる。日なる者は、陽精の宗なり。積《かさ》なりて鳥と成り、烏を象りて三趾有り。陽の類にして、其の數は奇なり。月なる者は、陰精の宗なり。積なりて獸と成り、兔を象る。陰の類にして、其の數は耦なり。其の後、焉に憑る者有り。羿(七五)は無死の藥を西王母(七六)に請ひ、姮娥(七七)は之を竊《ぬす》みて以て月に奔らんとす。將に往かんとするや、之を有黄(七八)に枚筮せしむ。有黄 之を占ひて曰く、「吉なり。翩翩として歸妹、獨り將に西に行かんとして、天の晦芒に逢はん。驚く毋《な》かれ恐るる毋かれ。後に其れ大いに昌《さか》えん」と。姮娥 遂に身を月に託し、是れ蟾蠩と爲る。夫れ日は譬《たと》ふれば猶ほ火のごとく、月は譬ふれば猶ほ水のごとし。火は則ち外に光《かがや》き、水は則ち景を含む。故に月光は日の照る所に生じ、魄は日の蔽ふ所に生ず。日に當たれば則ち光 盈ち、日に就けば則ち光 盡くなり。衆星は燿《かがや》きを被り、水に因りて光を轉ず。日に當るの衝、光の常に合せざるは、地に蔽《おほ》はるればなり。是れを闇虚と謂ふ。星に在りては星 微《かす》かにして、月 過ぐれば則ち食す。日の地に薄《せま》れば、其の明るきを暗くするなり。暗に繇《よ》りて明を視れば、明は屈する所無く、是を以て之を望めば火の若し。中天に方《あた》りて、天地は明を同じくす。明に繇りて暗を瞻《み》れば、暗は還りて自ら奪はず、故に之を望めば水の若し。火は夜に當たりて光を揚ぐも、晝に在りては則ち明ならざるなり。月の夜に於けるや、日と同じにして差《やや》微かなり。星は則ち然らず、強弱の差あるなり。衆星 列布し、其の神著なるを以て、五列有り、是れを三十五名と爲す。一は中央に居り、之を北斗と謂ふ。變動して挺占し、寔《まこと》に王命を司る。四《よも》に方を布き、二十八宿と爲す。日月運行し、歷《あまね》く吉凶を示し、五緯 經次して、用て禍福を告げば、則ち天心 是に於て見《あら》はれり。中外の官、常に明らかなる者は百有二十四、名づく可き者は三百二十、星爲るもの二千五百、而れども海人の占(七九) 未だ存せず。微星の數は、蓋し萬一千五百二十ならん。庶物 蠢蠢として、咸 命を繫ぐを得たり。然らざれば、何を以てか總じて諸《これ》を理《をさ》めんや。夫れ三光は形を同じくして、珠玉に似ること有り、神守り精存し、其の職を麗しくして其の明を宣ぶ。其の衰ふるに及んで、神歇《つ》き精數《やぶ》れ、是に於てか隕星有り。然らば則ち奔星の墜つる所、地に至りて則ち石す。文曜 天に麗しくして、其の動く者は七、日・月・五星 是れなり。周旋して右に回る。天道は、順を貴ぶなり。天に近ければ則ち遲く、天に遠ければ則ち速く、行けば則ち屈み、屈めば則ち留回し、留回すれば則ち逆し、逆すれば則ち遲く、天に迫るなり。行の遲き者は東に覿《み》え、東に覿ゆるは陽に屬す。行の速き者は西に覿え、西に覿ゆるは陰に屬す。日と月と此れ配合すればなり。攝提・熒惑・地候は晨《あした》に見え、日に附くなり。太白・辰星は昏《くれ》に見え、月に附くなり。二陰三陽、天を參にし地を天兩にす、故に男女は焉に取れり。方星 鎭を巡るや、必ず常度に因り、苟めに盈縮或れども、次を逾えず。故に列司の使を作すこと有り、曰く、「老子の（八〇）四星は、周伯・王逢・芮 各〻一にして、五緯の閒に錯《まじ》り、其の見ること期無く、其の行くこと度無く、寔に經星の所に妖し」と。然る後に吉凶 宣周し、其の祥をば盡くす可し」と。蔡邕の表志（八一）に曰く、「天體を言ふ者は三家有り、一に曰く周髀（八二）、二に曰く宣夜（八三）、三に曰く渾天（八四）。宣夜の學は絕えて師法無し。周髀は數術具さに存し、天狀を考驗するに、違失する所多し、故に史官は用ゐず。唯だ渾天は近く其の情を得、今 史官の用ひる所の候臺銅儀は、則ち其の法なり。八尺の圓體の度を立て、而して天地の象を具へ、以て黃道を正し、以て發斂を察し、以て日月を行《めぐ》らせ、以て五緯を歩《めぐ》らす。精微深妙にして、萬世不易の道なり。官に其の器有れども本書無く、前志も亦た闕きて論ぜず。臣は其の舊文を求めしも、連年にして得ず。東觀に在りて、以て律を治むも未だ竟《をは》らず、未だ成書に及ばず。案略求索し、竊かに自ら量らず、卒《つい》には儀下に寢伏し、思惟し意を精《つ》くし、度を案じ數を成し、扶《たす》くるに文義を以てし、潤すに道術を以てし、著して篇章を成さんと欲す。罪惡 無狀にして、有北に投畀《とうひ》せられ、灰滅 雨絕して、世路 由《よし》無し。宜しく博く羣臣下及び巖穴の渾天の意を知る者に問ひ、其の義を述べて、以て天文志を裨《おぎな》はしむべし。建武より以來の星變彗孛の占驗の著明なる者を撰して其の後に續けん」と。

（補注）

（一）三皇は、中国の伝説上の帝王。『史記』は天皇・地皇・人皇あるいは泰皇とし、『風俗通義』は伏羲・女媧・神農とし、『白虎通』は伏羲・神農・燧人とするなど諸説あるが、『帝王世紀』は、伏犧・神農・黃帝とする（『史記』卷一 五帝本紀 正義）。

（二）五星とは、東の歲星、南の熒惑星、西の太白星、北の辰星、中央の鎭星（『後漢書』列傳二十上 蘇竟傳所引李賢注）を指す。それぞれ今の木星・火星・金星・水星・土星にあたる。

（三）五帝とは、伝説上の五人の帝王。黃帝・顓頊・嚳・堯・舜をいう（『史記』卷一 五帝本紀）。

（四）軒轅は、黃帝のこと。皇甫謐の『帝王世紀』では三皇の一人。司馬遷の『史記』では、五帝の筆頭とする。姓は公孫、名を軒轅。炎帝を阪泉に破り、蚩尤を涿鹿で殺し、帝位に就いたとされる。司馬遷は『史記』において、中国の歴史を黃帝から始め、夏・殷・周の始祖をすべて黃帝の子孫であると説明している（『史記』卷一 五帝本紀）。六書の制定など多々の伝説を残すが、その名を冠する『黃帝內經素問』が中国最古の医学書であるように、特に医学の祖として知られる。

（五）『河圖闓苞受』は、河圖の一種。『文選』卷四十三「孫子荊爲石仲容與孫皓書」の注にも、「河圖闓苞受」につくる。

（六）高陽氏は、顓頊。五帝の一人。黄帝の孫で、高陽氏と号し、帝丘に住んだ。当時天と地は梯子で結ばれ、神や人は自由に天地を往来した。顓頊は悪神がでて、人々を悪事に扇動するのを恐れ、曾孫の重と黎に命じて、天地を引き離して梯子を除き、神や人が勝手に往来できないようにし、重に神に対する祭祀、黎に民事を管掌させたという（『史記』巻一 五帝本紀）。

（七）重は、顓頊のときの南正官で、天をつかさどったという（『史記』巻二十六 暦書）。

（八）黎は、顓頊のときの火正（北正）官で、地をつかさどったという（『史記』巻二十六 暦書）。

（九）唐は、堯のこと。堯は中国の伝説中の帝王であり、五帝の一人。舜に帝位を禪讓したことで知られる（『史記』巻一 五帝本紀）。なお、漢は火徳を有した堯の後裔で、火徳と称していた。

（一〇）虞は、舜のこと。中国の伝説中の帝王。姓は姚、名を重華。堯の禪讓により帝位につき、天下を治めたとされる（『史記』巻一 五帝本紀）。

（一一）羲仲は、人名。堯・舜のもとで暦象を掌った。和氏とともに羲和と称される（『尚書』堯典）。

（一二）和仲は、人名。堯・舜のもとで暦象を掌った。羲氏とともに「羲和」と称される（『尚書』堯典）。

（一三）夏は、中国古代の王朝で、三代（夏・殷・周）の一つ。始祖である禹は黄帝の子孫といわれ、舜のときに発生した大洪水を一三年かけて治めた。のちに舜から帝位を譲られ、夏后と称した。その死後は子孫が位を継ぎ、最初の世襲王朝となったという（『史記』巻二 夏本紀）。貝塚茂樹・伊藤道治『古代中国』（講談社、二〇〇〇年）、岡村秀典『夏王朝』（講談社、二〇〇三年）を参照。

（一四）昆吾は、夏の時の侯伯。桀の時に、湯により滅ぼされた（『史記』巻四十 楚世家）。

（一五）湯は、湯王のこと。殷王朝の創設者で、殷の始祖とされる契より十四代目にあたる。武王・成湯とも呼ばれ、卜辞には唐・成・大乙と記されている。亳に都をおき、伊尹などの賢臣を用いて、異民族をも心服させた。その徳は禽獣にも及んだという（『史記』巻三 殷本紀）。

（一六）巫咸は、殷の賢臣。中宗の相となり、はじめて巫者になったともいう（『尚書』君奭篇）。

（一七）周は、中国古代の王朝。三代（夏・殷・周）の一つ。武王が殷を滅ぼして建てた王朝で、都は鎬京。幽王のとき犬戎の侵入を受け、平王が洛邑に遷都した。これを西周といい、平王から赧王のときに秦に滅ぼされるまでを東周という（『史記』巻四 周本紀）。

（一八）史佚は、西周の人。武王に仕え、太史となった（『史記』巻四 周本紀）。

（一九）萇弘は、東周の敬王の大夫。孔子が樂を学んだという（『史記』巻二十四 樂書）。

（二〇）宋は、春秋時代の侯國。殷の紂王の異母兄である微子啓が封建されて成立する。襄公の時に勢力を蓄えて覇者となるが、襄公が泓水の戦いで楚に敗れると次第に衰退し、やがて齊の湣王に滅ぼされた（『史記』巻三十八 宋微子世家）。

（二一）子韋は、司馬子韋のこと。春秋宋國の司星。景公に仕え、熒惑の災異の転嫁の方法を助言した（『史記』巻三十八 宋微子世家）。

（二二）楚は、春秋戰國時代の国名。国都を郢に置いて長江中流域を領有し、中原諸国と争覇戦を繰り広げた。紀元前七世紀末、春秋五覇に数えられる荘王が、周王朝の「鼎の軽重を問」うた故事は有名。戰國時代にも強盛を誇り、勢力圏を長江下流域にまで拡大、戰國の七雄に数えられたが、前二二三年、秦に滅ぼされた（『史記』卷四十　楚世家）。

（一三）唐蔑は、戰國楚の人で、天文占星に通じたとされる。『史記』卷二十七　天官書は唐眛につくり、『晉書』卷十一　天文志上は唐眛につくる。なお、『荀子』義兵篇によれば、前三〇一年の垂沙の戦いで楚将の唐蔑が戦死したという記述があるが、同一人物かは不明。

（一四）魯は、中国古代の侯國。周の武王の弟である周公旦を始祖とし、山東省曲阜に都をおく。春秋時代には一二の有力諸侯の一つであったが、齊・晉・楚などの圧迫を受け、国内的にも孟孫・叔孫・季孫の三氏が政治を壟断して衰え、前二四九年、楚に滅ぼされた。孔子はこの国の人であり、孔子が編したといわれる『春秋』により、各諸侯国中、歴代君侯の在位年数が伝えられる唯一の国である（『史記』卷三十三　魯周公世家）。

（一五）梓愼は、春秋魯の大夫。天文占候に通じた（『春秋左氏傳』襄公　傳二十八年・昭公　傳十七年）。

（一六）鄭は、春秋時代の公國。武公は周の平王の東遷に勲功があった。その子の荘公の時には周と事を構えて勝利し、隆盛を迎えたが、その死後は衰えた（『春秋左氏傳』隱公　傳元年）。

（一七）裨竈は、春秋鄭の大夫。天文に精通し、占いを尽く的中させたという（『春秋左氏傳』昭公　傳三十年、『史記』卷二十七　天官書）。

（一八）魏とは、戰國の七雄の一つ。前四〇三～前二二五年。晉の一族魏桓子が勢力を蓄え、韓・趙とともに晉を三分し、前四〇三年、周王より独立を認められた。安邑に都を置き、文侯の時、政治改革に成功し、戰國第一の強国となって勢力圏を拡大した。文侯死後、秦の攻撃を受けて都を大梁に遷し、国号を梁とも称した。その後、齊にも圧迫されるようになり、前二二五年、ついには秦に滅ぼされた（『史記』卷四十四　魏世家）。

（一九）石申夫は、戰國・魏の天文学者とされ、『史記』では石申と記録されている。『天文』八卷を著したとされる（『史記』卷二十七　天官書所引注）。

（二〇）齊國は、齊。春秋戰國時代の侯国。戰國七雄の一つ。前一一世紀末、周建國の功臣である太公望呂尚が營丘に封ぜられたことに始まる。桓公の時、北の山戎や狄を撃ち、北上する楚を抑え、最初の覇者となった。しかし、春秋後半期より大夫の田氏が次第に力を蓄え、前三八六年、田和によって簒奪された。太公望の末裔が君主であった時を姜齊または呂齊、田氏の簒奪後を田齊と称して区別する（『史記』卷三十二　齊太公世家・卷四十六　田敬仲完世家）。

（二一）甘公は、戰國末の齊の史官。一説に楚の人ともいう。天文占星を掌った。張耳が敗れて項羽に降ろうとした際、漢の到来を予見して、劉邦に帰順するよう進言したとされる（『史記』卷二十七　天官書・卷八十九　張耳列傳）。『史記集解』の徐廣注によれば、名は德で、もとは魯の出身であるという。

（二二）秦は、中国古代の王朝。孝公のとき商鞅の変法により強大化し、白起が長平の戦いで趙軍を撃破するなど勢力を拡大した。嬴政のとき、李斯を丞相として国力を充実、紀元前二二一年に中国を統一した。しかし、陳勝・呉廣の乱を機に、紀元前二〇六年に滅亡した（『史記』卷五　秦本紀・卷六　秦始皇本紀）。

（三三）詩とは、書名、『詩經』のこと。中国最古の詩集で、紀元前十世紀末ごろから前六世紀はじめごろまでの歌謡三百五篇をおさめる。國風百六十篇、小雅七十四篇、大雅二十一篇、頌四十篇からなる。三千余篇の古い歌謡の中から、孔子が教化に有益なもの三百篇を選び出したと伝えられるが、孔子のころにはすでにほぼ現在と同数であったと考えられている。儒家の經典（五經）の一つとされたため諸家の解釈が生まれ、漢初には、魯の申公が伝えた「魯詩」、齊の轅固生が伝えた「齊詩」、燕の韓嬰が伝えた「韓詩」、および毛氏（毛亨・毛萇）が伝えた「毛詩」の四家があった。前漢時代においては、このうち今文でかかれた前三者が學官に立てられ優勢であったが、後漢時代に古文の学が盛んになり、馬融・鄭玄らが唯一古文でかかれた「毛詩」を尊ぶようになると、他の三家は次第に廃れた。唐初に編纂された「五經正義」が「毛詩」を採用したこともあり、「魯詩」「齊詩」は散佚し、「韓詩」は僅かに外傳を残すのみとなった。したがって、現行の『詩經』は、「毛詩」である。

（三四）書とは、書名、『尚書』のこと。古くは単に『書』と称し、漢代以後は『尚書』といい、宋から明代にかけて『書經』の名称が確立した。五經の一つで、『詩經』とならび「詩書」と併称された。堯舜以下、周公旦などの政令・言行を記載。全体は虞書・夏書・商書・周書の四つに大別され、その諸篇は、西周時代から戰國時代までの長い年月をかけて次第に形成されてきたものであり、およそ古い時代に関する部分ほど、実際には遅れて成立したと推定されている。漢から六朝にかけては、前漢文帝の時、伏生が得たとされるいわゆる今文尚書と、戰國時代以前の古い字体で書かれたもので、武帝の末年、孔安國が宮廷に献上したという古文尚書の二つのテキストが併存し、後漢末以降、鄭玄の注を通じて古文尚書が大いに行われるようになった。また、東晉の元帝の時には、梅賾が奏上した僞作による僞古文尚書が現れた。唐初に孔穎達らが『尚書正義』を編むにあたり、僞古文尚書の注釋である僞孔傳を取り上げてからは、科擧がこの正義の解釋によったこともあって、僞古文尚書のテキストと僞孔傳が残り、古文尚書及び鄭玄の注は失われることになった。小林信明『古文尚書の研究』（大修館書店、一九五九年）、加藤常賢『真古文尚書集釈』（明治書院、一九六四年）を参照。

（三五）六經は、詩・書・禮・樂・易・春秋という儒教の六つの經典。福井重雅「六経・六芸と五経—漢代における五経の成立」（『中国史学』四、一九九四年、『漢代儒教の史的研究』汲古書院、二〇〇五年に所収）を参照。

（三六）始皇とは、始皇帝。秦の初代皇帝（在位、前二二一～二一〇年）。荘襄王の子、嬴政。秦王として六國と争い戰國時代を統一、君主の称号を皇帝と定めた。郡縣制の施行、度量衡・文字・貨幣の統一、思想の統制、富豪の首都咸陽への強制移転、阿房宮・陵墓の造営などを進めた。また匈奴を討ち、長城を修築し南越を征した（『史記』巻六 秦始皇本紀）。

（三七）大角は、星の名。亢宿に含まれるかんむり座α星、アークツルスのことである。『禮記』月令によれば、「仲夏の月、薄暮時に亢が南中する」とされている。

（三八）景は、景帝。前漢の第六代皇帝（位、前一五七～前一四四年）。諱は啓。郡國制下で権力を分掌していた諸侯への抑圧を繰り返し、その反動として起こった呉楚七國の乱を平定して、前漢の皇帝権力確立の基礎を築いた（『漢書』巻五 景帝紀）。布目潮渢「呉楚

七国の乱の背景」(『和田清博士還暦記念東洋史論叢』講談社、一九五一年)を参照。

(三九) 武は、武帝。前漢の第七代の皇帝(位、前一四〇～前八七年)。諱は徹。推恩の制を進めて中央集権化を推進、郡國制を事実上の郡縣制と同質のものとする。外交的には、匈奴の挟撃のため、張騫を大月氏に派遣し、衞青・霍去病に匈奴を討伐させ、河西四郡を設置。経済的には、均輸法・平準法を制定し、物価の安定を図ったが、治世の末期には破綻し、社会不安が醸成された(『漢書』巻六 武帝紀)。吉川幸次郎『漢の武帝』(岩波書店、一九四九年)、影山剛『漢の武帝』(教育社、一九七九年)を参照。

(四〇) 司馬談は、司馬遷の父。司馬遷は、父の司馬談より修史を遺命され、託された「舊聞」を史料の一部として『史記』を完成させた(『史記』巻一百三十 太史公自序)。

(四一) 遷は、司馬遷のこと。字は子長。元封三(前一〇八)年、父である司馬談に続いて太史令となり、太初暦の作成を監督。そののち、父の遺稿を継いで『史記』の執筆を開始。天漢三(前九八)年、匈奴討伐に奮戦しながら捕虜になった李陵を弁護し、武帝の怒りに触れ、宮刑を受けたが、その屈辱を忍んで生き長らえ、ついには『史記』を完成させた。佐藤武敏『司馬遷の研究』(汲古書院、一九九七年)を参照。

(四二) 太史令は、官名。定員は一人で、秩禄は六百石。天文の観測と暦の管理を掌る。歴史を記すことは、天の郷品や災異を書き記すことより派生した職掌である(『後漢書』志二十五 百官二)。

(四三) 『史記』は、書名、司馬遷の撰。中国史上最初の紀傳體の歴史書で、歴朝編纂された「二十四正史」の筆頭に置かれる。上古の黄帝からはじめて、五帝・夏・殷・周・秦を経て、前漢武帝の晩年までの歴史を記述。本紀十二巻、表十巻、書八巻、世家三十巻、列傳七十巻から構成され全百三十巻。もとは、太史令である司馬遷の著書として『太史公書』と称されており、『史記』という呼称が一般化したのは、後漢末以降のこととされる。文献資料にとどまらず、著者自ら天下を周遊し、各地の史跡を訪ねて採集した口碑なども盛り込まれている。その記述は生彩に富み、歴史書としてのみならず文学としても高く評価されている。藤田勝久『史記戦国史料の研究』(東京大学出版会、一九九七年)などを参照。

(四四) 成帝は、前漢の第十二代皇帝(位、前三三年～前七年)。元帝と王皇后の子。酒色に耽り政治を顧みず、外戚王氏一族の台頭を招き、これが王莽の簒奪へと繋がった(『漢書』巻十 成帝紀)。

(四五) 中壘校尉は、官名。北軍の壘門の内外を掌った。官秩は二千石(『漢書』巻十九上 百官公卿表上)。

(四六) 劉向は、字を子政といい、沛國の人。前漢の政治家・学者。もとの名は更生といい、高祖劉邦の同父弟である楚元王劉交の子孫。春秋學を修めて災異の解釈に精通し、『洪範五行傳論』を著した。また、宮中の秘蔵書を校勘し、その分類目録である「別録」を作った。その事業は子の劉歆に引き継がれ、「七略」として結実し、やがて『漢書』藝文志に収録された。著書に『列女傳』などがある(『漢書』巻三十六 楚元王傳)。下見隆雄『劉向「列女伝」の研究』(東海大学出版会、一九八九年)を参照。

(四七) 孝明帝は、明帝。後漢の二代皇帝(在位、五七～七五年)。光武帝の第四子劉荘であり顯宗と称される。母は陰皇后。州牧を重んじ、内治に努める一方、北匈奴を駆逐し班超に西域諸国を招撫させて西域都護・戊己校尉を復活するなどの成果をあげた(『後漢書』本紀二 明帝紀)。

(四八) 班固は、字を孟堅。班彪の子、班超・班昭の兄。父の遺稿を受け継いで『漢書』を撰した。竇憲の与党であったため、その失脚後は官を免ぜられ、またそれまで見逃されていた旧悪によって洛陽令に捕縛されて、獄死した(『後漢書』列傳三十 班彪傳附班固傳)。

(四九) 漢書は、書名。後漢の班固の著。前漢の高祖から王莽に至る前漢の歴史を扱う正史。本紀十二巻・表八巻・志十巻・列傳七十巻の合わせて百巻。本紀と列傳の一部には父の班彪が『史記』の続編として書き継いでいた「後傳」を用い、表と「天文志」は妹の班昭と弟子の馬續が執筆したという。『漢書』は往々にして『史記』と比較されるが、断代史の形式を創始したこと、史伝の文体を確立したこと、刑法志・五行志・地理志・藝文志を設けたことなど、後世の正史に及ぼした影響は大きい。邦訳に、班固(撰)、小竹文夫・武夫(訳)『漢書』(筑摩書房、一九七七~七九年)がある。また、その史料的偏向については、渡邉義浩「『漢書』における『尚書』の継承」(『早稲田大学大学院文学研究科紀要』六〇―一、二〇一六年発行予定)を参照。

(五〇) 馬續は、人名。班固の弟子。班固の死後、班昭とともに、未完であった『漢書』の志を補ったとされる。

(五一) 王莽は、字を巨君。前漢元帝の外戚。社会不安の広がる中、儒教を利用して前漢を簒奪し、新(八~二五年)を建国。強引な復古政策を行ったことから、各地で反乱を招き、ついには更始帝の軍に敗れ、滅亡した(『漢書』巻九十九 王莽傳)。河地重造「王莽政権の出現」(『岩波講座 世界歴史』四、岩波書店、一九七〇年)、渡邉義浩『王莽―改革者の孤独』(大修館書店、二〇一二年)を参照。

(五二) 孝獻帝は、獻帝。後漢第十四代皇帝の劉協(在位、一八九~二二〇年)。靈帝の次子、少帝の弟。はじめ靈帝の生母である董太后の養子となり、陳留王に封ぜられていたが、少帝を廃位した董卓に擁立されて即位する。袁紹らの挙兵を恐れた董卓に強制され、長安への遷都を敢行した。董卓殺害後も李傕・郭汜らの傀儡に甘んじたが、建安元(一九六)年に洛陽に帰り、その翌年、曹操を頼って許に遷都した。しかし、実権は曹操に握られ、延康元(二二〇)年、曹操の子である魏王曹丕に帝位を禪讓した。その後、山陽公に封ぜられた(『後漢書』本紀九 獻帝紀)。

(五三) 引用部分は、『尚書』舜典に、「在璿璣玉衡、以齊七政」とあり、ほぼ同文である。

(五四) 琁璣玉衡は、美玉で飾った天文観測器のことである。

(五五) 七政とは、『尚書大伝』によれば、春夏秋冬の四季に天文・地理・人道を加えた、政治によって順成せしめるべきもの。一方、馬融は、『尚書』舜典に注をつけ、北斗七星の七つの星がそれぞれ司っているという星々(日・月・熒惑・塡星・辰星・歳星・太白)であるとする。ここでは、後者の解釈が適合する。

(五六) 孔安國は、字を子國といい、魯國魯縣の人。孔子の十二世の子孫。孔子の旧宅の壁中から秦以前の儒教經典を多数発見し、これを前漢武帝に献上した。のちに自らこれに注をほどこし、古文尚書の学を興したとされる(『漢書』巻八十八 儒林傳)。引用部分は、『尚書』舜典の孔安國注に、「在、察也。璿、美玉。璣衡玉者、正天文之器、可運轉者七政、日月五星各異政。舜察天文、齊七政、以審已當天心與否」とあり、節略されている。

(五七) 謝沈は、東晉時代の文人・歴史家。字は行思。太學博士、尚書度支郎、著作郎を歴任した。撰書に、『晉書』・『後漢書』・『毛詩』・

『漢書外傳』などがある（『晉書』巻八十二 謝沈傳）。謝沈の書とは、謝沈『後漢書』を指す。八十五巻、本は百二十巻であったという（『隋書』巻三十三 經籍志二）。『晉書』巻八十二 謝沈傳では、百巻に作る。散逸したが、周天游（輯注）『八家後漢書輯注』（前掲）に輯本。

（五八）蔡邕は、陳留郡圉縣の人、字を伯可。博学で文章に優れ、数術や天文に詳しく、音律に精通して琴の名手でもあった。司空の董卓に召されて祭酒となり、侍御史、尚書、左中郎將に昇進したが、董卓が王允に誅されたおり、罪に坐して獄死した。詩文を収めた『蔡中郎集』、名物制度を論じた『獨斷』などがある（『後漢書』列傳五十下 蔡邕傳下）。

（五九）譙周は、三國蜀漢の儒者（二〇一～二七〇年）。諸葛亮に抜擢されて勸學從事となり、のち典學從事・中散大夫・光祿大夫を歴任。曹魏の大軍が迫った際、衆論をとりまとめて降伏を進言、その功により、曹魏の相國であった司馬昭に重んじられ、陽城亭侯に封じられた。西晉が曹魏を簒奪して以降、出仕を拒否した。著書に『法訓』『五經論』『古史考』などがあったというが、散逸した（『三國志』巻四十二 譙周傳）。

（六〇）昭は、劉昭。劉昭は、梁の武帝の通直郎。平原郡高唐縣の人、字を宣卿。宮中の圖書を閲覧して注釋の不備を補い、范曄の『後漢書』に司馬彪の『續漢書』の志を補成して『集注後漢』百八十巻を完成した（『梁書』巻四十九 文學上 劉昭傳）。小林岳「劉昭と『集注後漢』」（『史滴』一三、一九九二年）を参照。

（六一）張衡は、南陽郡西鄂縣の人、字を平子。天文・陰陽・歴算に通じた。また文才に優れ「二京賦」を作る。『東觀漢記』の編纂にも携わった（『後漢書』列傳四十九 張衡傳）。

（六二）靈憲は、書名。張衡の作。聖人がたどった天の道（天路）をたどり、崇高な天体の軌道（靈軌）を定め、天球（渾体）を設けて儀器を正し、皇極が定められた状況、及びすべてが天の軸の周りを回転し、規則性を持つことを明らかにするために著された。散佚したが、輯本が『玉函山房輯佚書』巻七十六・『全上古秦漢三國六朝文』巻五十五に集められている。ニーダム（著）、吉田忠（他訳）『中国の科学と文明』第五巻 天の科学（思索社、一九七六年）を参照。藪内清（責任編集）『中国天文学・数学集』（朝日出版社、一九八〇年）において、橋本敬造により訳出されている。

（六三）渾儀は、張衡の著。『續漢書』律暦志の劉昭注以外に、『唐開元占經』巻一などにも残存する。清の洪頤煊は「張衡渾天儀一巻」として復元し、それが『經典集林』巻二十七に収められ、藪内清（責任編集）『中国天文学・数学集』（朝日出版社、一九八〇年）において、橋本敬造により訳出されている。また、能田忠亮「漢代論天攷」（『東洋天文学史論叢』、恆星社、一九四三年に所収）も参照。

（六四）太素は、天と地がまだ成立していない前の物質の始まりの状態。『太平御覽』巻一 天 太素に引く『易乾鑿度』に、「太素者、質之始也」とある。

（六五）溟涬は、元氣（根元の氣）が、未分化の状態をいう。『論衡』談天篇に、「元氣未分、渾沌爲一、儒書又言溟涬」とある。

（六六）庬鴻は、天の氣がはっきり分かれず混沌としている様をいう。『文選』巻十五 李善注に引く『孝經援神契』に、「天度庬鴻孳萌。宋均曰、庬鴻未分之象也」とある。

（六七）九位は、鈞天・蒼天・變天・玄天・幽天・顥天・朱天・炎天・陽天のことをいう。『淮南子』天文訓、『呂氏春秋』有始覽に基づいている。

(六八) 九域は、神州・次州・戎州・弇州・冀州・臺州・泲州・薄州・陽州の地をいう。『淮南子』天文訓は、九州とする。

(六九) 億は、十万である。

(七〇) 重差鉤股は、藪内清（責任編集）『中国天文学・数学集』（前掲）所収の橋本敬造の注によれば、日出、日入時の影の長さの測定による東西の決定法、同じ原理を用いた星の位置の観測法に用いられる方法である。

(七一) 紫宮は、三垣の一つ。天帝の居である紫微宮のこと。転じて天子の居る所を指す言葉ではあるが、ここでは前者の意（『後漢書』志十一 天文中）。

(七二) 明堂は、星宿の名。本来は、王者が国家の典礼に関する重要な行事を行う建物。政教を明らかにする堂の意。明堂では、五帝がまつられたほか、当代の皇帝の父ないし前代の皇帝が配祀された。建物の様式については、『周禮』考工記の匠人、『大戴禮記』盛徳篇などに記述があるが、詳細は不明で異説が多い（『後漢書』志八 祭祀中）。

(七三) 天市は、三垣の一つ。天子が諸侯を率いて行幸する都市という意味を持つ。帝座以下の星宿を含む。

(七四) 黄神軒轅は、軒轅星のこと。權星ともいい、黄龍の形をしている。前の大星は皇后の象徴であり、傍らの小星は女御や後宮の女たちである（『史記』巻二十七 天官書）。

(七五) 羿は、夏の有窮の君。弓射に巧みであった。夏帝の太康を放逐して夏を奪ったが、政治を顧みなかったため、臣下の寒浞に殺された（『春秋左氏傳』襄公 傳四年）。この他、太陽を射落とす話など、さまざまな伝説を持つ。

(七六) 西王母は、神仙の一人。昆侖山に住む（『列子』周穆王篇）。人面獣體であるとか、周の穆王と会談した、前漢の武帝に桃を授けたなど、さまざまな逸話がある。

(七七) 姮娥は、羿の妻。嫦娥ともいう。羿が西王母からもらった不死薬を盗み飲んで月に逃げたところ、ひきがえるになったという伝説がある（『淮南子』覽冥篇、『捜神記』巻十四）。

(七八) 有黄は、羿と姮娥の説話に登場する占い師。姮娥の逃亡について占った（『捜神記』巻十四）。

(七九) 海人の占は、未詳。『隋書』經籍志三に、「海中星占 一巻」が著録されるが、これと関わる書籍か。

(八〇) 老子は、ここでは思想家として著名な老子ではなく、星宿の名。老人星のこと。

(八一) 表志は、『蔡邕集』に収録されない逸書。『續漢書』の注や、『玉海』などに散見する。

(八二) 周髀は、ここでは、「天圓地方」を説く第一次蓋天説。蓋天説は、数学書の『周髀算經』に論じられた宇宙観である。詳細については、参校二「宇宙の形」（1）蓋天説を参照。

(八三) 宣夜は、天体がその中に大きな距離を隔てて浮かんでいる無限の広がりをもった空間としての宇宙を想定する宇宙論。詳細については、参校二「宇宙の形」（3）宣夜説を参照。

(八四) 渾天は、天も地も共に球状をしている、ということを理論的な根拠とする宇宙論。詳細については、参校二「宇宙の形」（2）渾天説を参照。

［現代語訳］

三皇《さんこう》は教化に努め、心を一つにして醇朴であった。（これは）五星《ごせい》が珠を連ねるような、また日と月が璧を合わせるのと同じであったことをいう。教化はおのずから成り、民は悪事を行わなくなった。文字が興ってからは、五帝《ごてい》が（様々な書籍を）創作するようになった。軒轅《けんえん》（黄帝《こうてい》）がはじめて『河圖闓苞受《かとかいほうじゅ》』を授かり、日・月・星辰の象を規定した。このため星官の書は黄帝より始まったのである。高陽氏《こうようし》の時に至って、南正《なんせい》の重《ちょう》に天を司らせ、北正《ほくせい》の黎《れい》に地を司らせた。唐堯《とうぎょう》・虞舜《ぐしゅん》の時には羲仲《ぎちゅう》と和仲《かちゅう》が、夏《か》には昆吾《こんご》がおり、（殷の）湯《とう》王には巫咸《ふかん》がおり、（また）周《しゅう》の史佚《しいつ》と萇弘《ちょうこう》、宋《そう》の子韋《しい》、楚《そ》の唐蔑《とうべつ》、魯《ろ》の梓愼《ししん》、鄭《てい》の裨竈《ひそう》、魏《ぎ》の石申夫《せきしんふ》、齊《せい》國の甘公《かんこう》は、いずれも天文の官を掌った。（かれらは上は天を）仰ぎ見るとともに（下は地を）俯き見て、時の政治を輔佐し、変事を推し量り（その）徴候を摘み取り、あまねく行き届いてぬかりがなかった。禍福の原因を採り、成敗の趨勢を見分けたのである。秦《しん》は（儒家の經典である）詩《し》・書《しょ》を焼いて、人々を愚かにし、六經の典籍は、損なわれて灰や炭と化したが、星官の書籍は、全く損なわれなかった。このため秦の史官は始皇帝《しこうてい》の時の彗孛《すいはい》（ほうき星）と大角《たいかく》（アークツルス）を記録した。大角が見えなくなり、大星と小星とが宮中で闘うようなことがあれば、これは廃亡の徴候である。漢《かん》が興隆するに至り、景帝《けいてい》・武帝《ぶてい》の時になると、司馬談《しばたん》とその子の司馬遷《しばせん》は、代々黎氏の後裔であることから、太史令《たいしれい》となった。司馬遷は『史記《しき》』を著して（その中に）天官書《てんかんしょ》を作った。成帝《せいてい》の時、中壘校尉《ちゅうるいこうい》の劉向《りゅうきょう》は（『尚書《しょうしょ》』の）洪範《こうはん》に見える災異の条を敷衍して五紀皇極《ごきこうきょく》の論を作り、それによって過去の出来事を照らし合わせた。孝明帝《こうめいてい》は班固《はんこ》に『漢書《かんじょ》』を叙述させ、（その弟子の）馬續《ばしょく》は「天文志《てんもんし》」を撰述した。いま（本書は）『漢書』を継承して「天文志」を作り、（その内容は）王莽《おうもう》の居攝《きょせつ》元（西暦六）年より書き始め、孝獻帝《こうけんてい》の建安《けんあん》二十五（二二〇）年に至るまで、二百一十五年となる。その時々の星辰の変化や、象の事應を言い述べ、それにより天の戒めを顕著にし、王事を明らかにするのである。

［劉昭注］

［一］『尚書』（舜典《しゅんてん》）に、「帝（舜）は（天体観測器の）琁璣玉衡《せんきぎょくこう》を（用いて天を）見て、（日・月・五星の）七つの天体の運行法則を正した」とある。孔安國《こうあんこく》は（『尚書』舜典の注で）、「在は、察という意味である。琁は、美玉という意味である。璣衡は、王者が天文を正すための器械であり、（この器械を）動かして（運行法則を）正すことができる。七政は、日・月・五星がそれぞれ（運行により）政治（への予言）を異にすることをいう。舜は天文を観察して、七政を正したのである」と言っている。

［二］（石申夫は）或いは石申父《せきしんふ》という。

［三］謝沈《しゃしん》の『後漢書』に、「蔡邕《さいよう》は建武《けんむ》年間（二五～五六年）以後の星の事應の著明なものを撰定して『漢書』天文志に続け、譙周《しょうしゅう》がそれより後の（三國《さんごく》時代の）ものを継いだ」とある。

［四］わたくし劉昭《りゅうしょう》が思うには、張衡《ちょうこう》の天文の精妙さは、一代に冠絶するものであると。（張衡が）著した『靈憲《れいけん》』と『渾儀《こんぎ》』は、およそ天体の輝きの本質を整えており、いま（ここに）写し載せてその理論を備えたい。『靈憲』に、「古《いにしえ》の先王は、天の路を計算し、（日・月・五星などの）明るい天体の軌道（霊軌）を用いて定め、その大本を探求しようとした。そのため（天の形を）天球（渾体）に準えて、観測器械を正しく天の数を整えた。こうして（大本となる正しい中枢）が定められると、樞運（要となる天の運行）が考察できるようになった。そして皇極が定められ樞運が考察されると、天の恒常たるあるさまが規則立てられるよう

になった。聖人は自然のままの精神で、（物事の）核心を導き出したため、『靈憲』（宇宙の玄妙たる大本）が作成されたのである。曰く、「（物質のはじまりである）太素《たいそ》の前は、奥深く静かで、ひっそりとして物音もせず、有形のものが存在し得なかった。その世界の中は空虚であり、その世界の外は無であった。このような状態が永久の（ごとき）長さの間続いた。これを溟涬《めいけい》（天地の元氣がまだ分かれぬさま）というのは、そもそもそれが（万物が生じる）道すじの根源だからである。（この）道の根源がやがて打ち立てられると、無から有が生じるのである。太素が兆しはじめても、その萌芽はまだしるしが表れず、（根源の）氣を合わせて同じ様子を示し、渾沌として一体をなしていた。したがって、このことを述べた言葉に、「物が存在して混成し、まずはじめに天地が生じた」というのである。天と地の氣の本体はもとより形を成すことができず、その（働きの）遅速は依然として秩序立てることもできなかった。このような状態がまた永久の（ごとき）長さも続いた。これを龐鴻《ぼうこう》（天の氣がはっきり分かれず混沌としているさま）というのは、そもそも（万物が生成する）道すじの根幹だからである。道すじの根幹がやがて生育すると、物が（それぞれ）本体を形成するようになる。こうして大本の氣が分かれ、剛《かた》いものと柔らかいものが始めて分かれ、清《す》んだものと濁ったものが層位を異にし、天はその外側に成り、地はその内側に定まったのである。天は陽（の氣）より形成されるため、円形をとって動く。地は陰（の氣）より形成されるため、平面の形をとって静止する。動くものは行為によって恵みを与え、静かなるものは交わることによって（万物を）造化する。ふさがれむすぼれた状態で精髄を組み合わせると、時に応じてあらゆる種類（の事物）が育つのである。このような状態を太元《たいげん》（万物の大本）というのは、そもそも道すじが充実するからである。天にあっては星象を成し、地にあっては地形を成す。天には（鈞天《きんてん》・蒼天《そうてん》・變天《へんてん》・玄天《げんてん》・幽天《ゆうてん》・顥天《こうてん》・朱天《しゅてん》・炎天《えんてん》・陽天《ようてん》の）九位《きゅうい》があり、地には（神州《しんしゅう》・次州《じしゅう》・戎州《じゅうしゅう》・弇州《えんしゅう》・冀州《きしゅう》・臺州《たいしゅう》・泲州《せいしゅう》・薄州《はくしゅう》・陽州《ようしゅう》の）九域《きゅういき》がある。また天には（日・月・星の）三辰《さんしん》があり、地には（高・下・平の）三形がある。星象が現れるとそれを見ることができ、地形が作られるとそれを測ることができる。（生成された事物の）本性は多くの特殊性を有し、あまねく通じて感応し迫り合って、自然に生じ合うものであるのに、これを秩序立てることができなかった。そこで人間の精髄が聖人を生み、まことに初めて綱紀を立てて事物の骨子を作り上げたのである。八方の地域の果てにある大綱は、直径が二億三万二千三百里、南北（の径）はこれより千里短く、東西（の径）はこれより千里増したものである。地から天までは、八極の（直径の）半分であり、地の深さもこれと同様である。これらを通算して測れば、渾天（の直径）となる。この数値を調べようとするには、重差鉤股《ちょうさこうこ》を用い、天から懸《か》かる影と、地に立てた器具（ノーモン）によって（観測して計算すると）、（天の場合も地の場合も）いずれも千里を移動するごとに一寸の差を生じてこの値を得る。これを超過していったものについては、まだよく分かっていない。このまだよく分からないものこそが、宇宙という意味なのである。宇の表は極まるところがなく、宙の端は（どこまで行っても）終わりがない。天には（陰と陽の氣という）二つの儀があり、それらは道中に舞うように現れる。（そこに）観測できるものは、（北斗の第一星たる）樞星《すうせい》である。これを北極という。南の天では（目印となる星が）

現れないため、聖人は名づけなかった。世の中（の巡り）が成し遂げられると、（陰陽の氣は）九分まで進んで二分減少する。陽の道すじは左回りであるため、天は左から（右へと）運行する。事物によって調べるには、人の氣は左から伸び、形は左からめぐる（ことを見ればよい）のである。天は陽（の氣）によって回り、地は陰（の氣）によって厚くなる。このため天はその運動を起こし、氣を受けて光を差しのべる。地はその静止状態をつくり、（天の）きざしを受けて明るさを与える。天は秩序だった巡りに従って動き、（偏ることなく）中立であり続けることで、四季は順序どおり訪れ、寒さ暑さ（の変化）もずれることなく、事物生成の作用は節度を保つため、（それを受けて）諸々の事物が生じるのである。地は霊妙（なる働き）により静止し、（造化の機能を）合わせて天より承け、造化（の働き）を清《す》まして養育（の機能）を成し、四時が巡行したのちに生育するため、諸々の事物はこれにより生成する。およそどれだけ大きくとも天（の大きさ）に及ぶものはなく、どれだけ厚くとも地（の厚さ）に及ぶものはない。もっとも内容のつまったものを地という。どれだけ多量でも水（の多さに）及ぶものはなく、水の精髄が漢（銀河）である。漢は天をめぐり、これに並ぶものはない。（聖人の）思惟は（地の）内容の充実ぶりにつぐものである。地には山獄があり、それにより氣を行き渡らせ、精髄の種が星となる。星とは、本体は地より生じ、精髄は天で生成され、（それが天に）列なって錯綜してとどまり、それぞれに帰属する星座がある。紫宮《しきゅう》は（帝王の居所たる）皇極《こうきょく》であり、太微《たいび》は五帝の宮廷である。明堂《めいどう》のかたわらの房宿には、大角《たいかく》の席があり、天市《てんし》の位置する所がある。（東方の）蒼龍《そうりゅう》（の七星）は連なって左にうねり、（西方の）白虎《びゃっこ》（の七星）は猛って右に寄りかかり、（南方の）朱雀《すざく》（の七星）は前方で翼を広げ、（北方の）靈龜《れいき》（の七星）は後方で首を曲げており、黄神軒轅は中央に位置している。六つの家畜（馬・牛・羊・豕・犬・雞）はすでに飼い馴らされ、狼《おおかみ》・蚖《とかげ》・魚・鼈《すっぽん》など（あらゆる動物がおり）、具わっていないものはない。野にあっては諸々の事物を象《かたど》り、朝廷にあっては官位を象り、人にあっては出来事を象り、こうして（天にはあらゆるものが）備わっているのである。天上にかかわる現象のうちで顕著なものとして、太陽と月より大きなものはない。その径は天周の七百三十六分の一、地の広さの二百四十二分の一にあたる。太陽は、陽の精の本源である。（その精が）集まって鳥となり、烏を象って三趾を持つ。それは陽の類であり、奇数に対応する。月は、陰の精の本源である。（その精が）集まって獣となり、兔《うさぎ》を象る。それは陰の類であり、偶数に対応する。その後で、太陽や月に身を寄せるものが現れたのである。羿《げい》は不死の薬を西王母《せいおうぼ》に求めたが、（羿の妻の）姮娥《こうが》はこれを盗んで月に逃げようとした。いざ向かおうとした際、この逃亡を有黄《ゆうこう》に筮竹《ぜいちく》で占わせた。有黄がこれを占ったところ、「吉です。鳥がひらひらと翻るようで帰妹《きまい》となり、ひとり西方に行こうとして、天が暗くなることに遭遇するでしょう。驚いたり恐れてはなりません。後になって大いに栄えるでしょう」と答えた。かくして姮娥は身を月にゆだね、その結果、蟾蠩《ひきがえる》となったのである。そもそも太陽は喩えるなら火のようなもので、月は喩えるなら水のようなものである。火は外に向かって輝き、水は（内に）景《ひかり》を含む。だからこそ月光は太陽の照る所に生じ、月の影の部分は太陽の蔽う所に生じるのである。太陽に真向かいになれば（月の）光は満ち、太陽に近づけば光は尽きてしまう。諸々の星は（太陽の）輝きを受け、水（の精）によって光を反射する。太陽と（真向かい）の突きあたりの位置にある時、（太陽と月の）光が常に合わさらないのは、地に覆われ（て光が遮られ）るからである。これを闇虚《あんきょ》（月食の際に地球に蔽われる暗い部分）という。星の場合は星（の光）が微《かす》かになり、月の場合はそこを通過すれば月食になる。太陽が地に迫ると、明るいものを暗くする。暗い所から明るいものを見れば、明るさは尽きることなく、そこから明るいものを望めば火のようである。（太陽が）中天に来ると、天と地は同じ明るさになる。明るい所から暗いものを見れば、暗（い所の光）はひとりでに奪われるため、これを望むと水のようである。火は夜であれば輝きを増すが、昼は明るく見えない。月は夜にあっては、太陽と同じ程度でやや微かである。星の場合はそうではなく、強弱の差がある。多くの星が列なってあまねく広がり、その神秘的かつ顕著さゆえに、五列を成し、これらには三十五の名称がある。一つは中央に位置し、これを北斗《ほくと》（七星）という。その変動ぶりによって占いを定める、（北斗七星は）まことに王命を司るものである。（また）四方には（七つの星宿が）置かれており、（これを）二十八宿とする。太陽と月は（その間を）運行し、あまねく吉凶を示し、五つの惑星は（二十八宿を）めぐったり宿ったりしながら、それによって禍福を告げるので、天の意思はここに現れるのである。（北極の周囲に分布する）中官星と（二十八宿より南の）外官星のうち、常に明るくみえるものは百二十四であり、（そのうち）名称がつけられるものは三百二十であり、星（の合計数）は二千五百個あるが、『海人の占』はまだ存在していなかった。（光の）微かな星の数は、おそらく一万一千五百二十ほどであろう。諸々の事物は蠢動し、いずれも命を（天に）繋いでいる。そうでなければ、どうしてそれらを総括して秩序だてることができようか。そもそも（日・月・星の）三光は形を同じくしており、珠玉に似て、神秘的な働きが保たれ（そこに）精髄が存在し、その作用を華やかにしてその明るさを広めていく。その（明るさが）衰えると、神秘的な働きが尽き（そこにある）精髄もなくなり、この結果として隕ちる星が現れる。そうなると流星の落ちた所には、地において石になるのである。天上で輝く文様をなし、その中に動くものが七つあり、太陽・月・五惑星がこれである。（それらは）天をめぐって右に（東から西へと）回る。天道は、順序法則を貴ぶものである。天に近ければ遅く、天に遠ければ速く、運行すれば（進路が）曲がり、曲がると留まって旋回し、留まって旋回すると逆行し、逆行すると遅くなり、天に迫るのである。運行の遅いものは東に見え、東に見えるものは陽に属する。運行の速いものは西に見え、西に見えるものは陰に属する。（これは）太陽と月とが釣り合っているからである。攝提《せってい》（木星）・熒惑《けいわく》（火星）・地候《ちこう》（土星）は明け方に、太陽に附く。太白《たいはく》（金星）・辰星《しんせい》（水星）は暮れ方に見え、月に附く。二つの陰と三つの陽があり、天を三、地を二とするため、男女はここに則っている。方星が鎮を巡る時は、必ず一定の速さによって為され、仮に増減があったとしても、次を飛び越えることはない。だから（天官である）列司（列星）が使者を立てることがあり、「老子《ろうし》の四星は、周伯《しゅうはく》・王逢《おうほう》・芮《ぜい》（・絜）のそれぞれ一星であり、（これらは）五つの惑星の間を錯綜し（て進み）、見ることのできる期間は一定しておらず、運行速度も決まっておらず、まことに恆星のいる所を惑わすものである」という。その後で吉凶をあまねく知らせ、その祥応（の詳細を）尽くすことができる」とある。蔡邕の「表志《ひょうし》」に、「天体を論じる学派には三家があり、第一に周髀《しゅうひ》といい、第二に宣夜《せんや》といい、第三に渾天《こんてん》といいます。宣夜の学問は絶えて師法が亡びています。周髀はその術が完存しますが、天の状態を（実際に）調べてみますと、食い違いが多いため、史官は用いておりません。ただ渾天だけが天の状態をほぼ把握できるもので、いま史官が用いている観測台の銅儀は、その方法（に基づいて製作されたもの）です。（それは）八尺の球体を設置して、そして天地の形状を具え、それにより黄道を正し、春夏秋冬の流れを観察し、日と月をめぐらせ、五つの惑星をめぐらせるものです。（渾天説は）精密かつ深奥であり、万世に不変の方法であります。官にはその器械（渾天儀）はありますが基づく本はなく、前志（『漢書』天文志）にもまた欠落して論じておりません。臣《わたくし》はその旧文を探し求めましたが、何年かけても得られませんでした。東観《とうかん》にあって、律暦を学んだものの未だ究めることはできず、まだ書を著すには及びませんでした。思案をめぐらせ探し求め、ひそかに自らの力量も考えず、ついには天体観測器のもとで寝ね伏し、思案し心を尽くし、法則を考え計算を成し、文義をもって支え、道術をもって潤色し、著述して篇章を作りたいと考えております。（しかし）無実の罪ながら、（わたくしの身は）北方の不毛の地に投げ与えられ、身は亡びて遠く離散し、渡世においてなすべき方法がありません。どうか広く羣臣および隠者の中で渾天の意を知る者に問い、その義を述べて、天文志を補わせるべきです。建武年間（二五～五六年）以来の星変や彗孛の占験の顕著なものを撰してその後に続けましょう」とある。

《参校》

一、天文記事の分類

『後漢書』天文志には、大別して六種の天文記事が掲載されている。斉藤国治・小沢賢二『中国古代の天文記録の検証』（雄山閣出版、一九九二年）にしたがって、整理しておこう。

（1）月星の掩犯

月は一恆星月（二七、三日）で天球を一周する。その途中で、行路上にある恆星・惑星を掩い隠すことがあり、これを「星食」または「掩食」という。『史記』天官書によれば、月星の掩犯は現象の種類に応じて各種の災害を地上にもたらすとされる。なお、星が月の裏側に隠れることを「掩食」と呼ぶことに対して、月の縁のすぐ外側を通過する現象は、その接近の度合いに応じて「犯」「合」と呼ばれる。

（2）惑星現象（惑星の犯合、逆行、停留）

地球軌道の内側を公転する水星と金星は、内惑星と呼ばれ、外側を公転する火星・木星・土星は、外惑星と呼ばれる。内惑星が、走行の途中で地球に最接近するときを「内合」と呼び、最遠になるときを「外合」と呼ぶ。また、外惑星が太陽と黄經差一八〇度になるときを「衝」といい、太陽と黄經が一致するとき（地球から最も離れるとき）を「合」という。「外合」「内合」「合」の時に、惑星は太陽と重なるため、その前後数日間は、惑星を見ることが困難になる。この時期を「伏」と呼ぶ。

惑星は、平常時には天球上を順行（東進）しているが、内合または衝の前後には、逆行（西進）して見える時期がある。順行から逆行へ、また逆行から順行へ移る際に、惑星運動は緩慢になり、ついには一時的に停留するに至る。これを「守」または「留守」といって、一つの天変と捉える。

惑星運動の異常は、国政の乱行、ひいては亡国・革命へと繋がると考えられていた。

（3）星晝見（經天）

金星は、日・月に次いで明るい天体であり、宵の明星（長庚）また は暁の明星（啓明）として知られる。内合の約四〇日間は、白昼でも金星は肉眼で認められるため、多くの記録が残された。ことに、南中の前後にわたって数日昼見した場合には、これを「經天」とよび、五行説によれば、「兵革之兆」であるという。

（4）彗孛（客星・ハレー彗星を含む）

彗星は一方向に尾を出す星のことで、孛星は「芒氣四出」する星のことである。どちらもその出現は、凶兆とされるが、孛星の方が災害が甚だしいと考えられていた。

客星とは、ある星宿の中に突然侵入してきたか、出現した見馴れない星のことである。したがって、客星は、彗星・孛星か新星のどちらかである。

彗星・孛星には、いろいろな呼称がある。「蚩尤旗」は、彗星の尾の先端が屈折して風にはためく軍旗のように見える。「天欃」は、斧に似た雲状の彗体、あるいは尖った尾のある彗体であり、「燭星」は、その位置を動かさずに輝き、やがて消滅する星である。この二つは、新星の記録である。

彗星の中で最も有名なハレー彗星は、後漢では、明帝の永平八（六五）年、順帝の永和六（一四一）年、獻帝の建安二十三（二一八）年と、三回観測されている。

（5）流隕

流星と隕石をあわせて「流隕」という。流星とは、彗星がその軌道上にばらまいた比重〇、二ほどの氷結微粒子のことであり、隕石とは比重が三～四ほどの小惑星の片割れ、つまり岩石のことである。どちらも地球大気に突入して発光する。流星は「天使」「貴使」と呼ばれ、隕石のうちとくに大きなものは「天狗」と呼ばれた。隕石の中には空中を飛翔中に音を発するものが多く「聲有如雷」などの記録がある。また、空中で分裂四散するものもあり、「星隕如雨」などの記録は、流星雨と考えられる。

（6）雜象（日中黑子・日月薄食・白虹・日暈・赤氣など）

「日中黑子」は、太陽の黒点の記録である。「日月薄食」は、西域の黄砂が舞い上がって、昼は日の光を奪い、夜は月を赤黒く見せる現象をいう。「白虹」は、太陽面を貫くときは、「白虹貫日」といい、最も凶兆とされる。後漢では、董卓が少帝を初平元（一九〇）年正月に弑殺すると、二月「白虹 日を貫」いた、と『後漢書』本紀九 獻帝紀は記している。「日暈」は太陽を取り巻いて見える光暈で、通常は半径二十二度ほどの円形である。それが半欠けしたものが、「日珥」である。「赤氣」「白氣」には、オーロラの記録が含まれるという。

二、宇宙の形

後漢時代には、宇宙の形として、前一世紀までには成立していたという蓋天説・渾天説のほか、後漢の祕書郎の郄萌にかかる宣夜説が存在していた。橋本敬造『中国古星術の世界』（前掲）にしたがって、三つの説を整理しておこう。

（1）蓋天説

蓋天説は、第一次と第二次に分かれる。

第一次蓋天説は、「天圓地方」説である。円は天の性質であるから、天は開いた傘のように円い形をしており、四角は地の性質であるから、大地は碁盤のように方形をしている。天は、碓（ひきうす）のように左（西）に回っているが、太陽や月はその上を右（東）に動いている。したがって、結局は、すべての天体は、天の回転によって西へ運ばれるのである。

図一「蓋天説（天圓地方）」（劉文英、堀池信夫・菅本大二・井川義次（訳）『中国の時空論』東方書店、一四二頁）

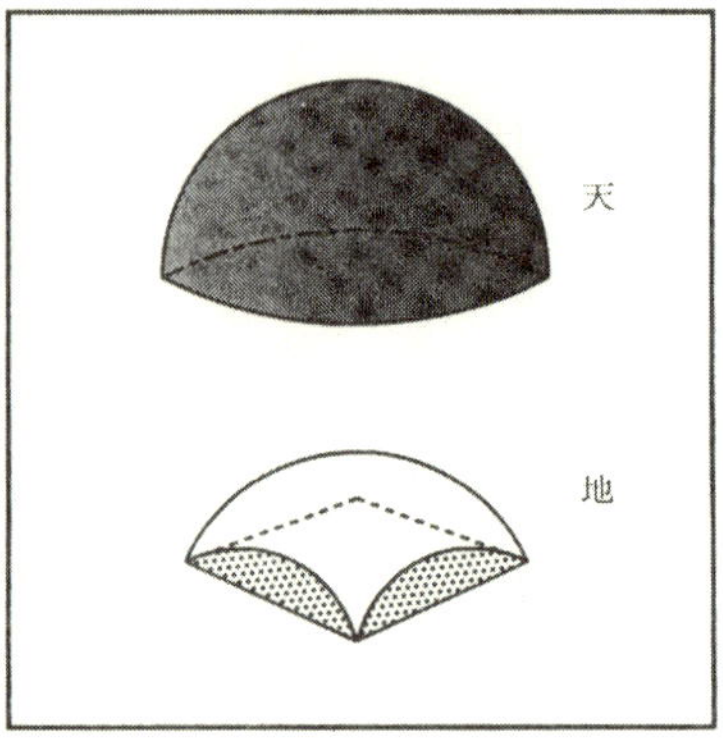

蓋天説（天円地方）

第二次蓋天説は、渾天説の影響を受け、天も地もともに半球状であり、天も地も北極点が中心であるとする。さらに、天と地との距離は、八万里であるが、天の周辺のいちばん低いところは、地上六万里の高さにあるとされた。太陽は、一年のあいだに直径の大きさの違う円軌道（「衡」）をめぐるとされ、これらの円軌道上を太陽が運行するときは、季節としては十二の中氣のときに対応し、そのちょうど中間（間）を運行するときには十二の節氣のときに対応するとされた。

夏至に対応する最も内側の軌道が第一衡であり、内衡とも呼ばれた。春分・秋分に対応する第四衡は中衡、冬至に対応する最も外側の第七衡は、外衡と呼ばれた。これら衡と衡との間が「間」と呼ばれ、合計六間あることになる。これら同心円の中心にくるのが北極となる。

図二「蓋天図（上）と第二次蓋天説（下）」（橋本敬造『中国占星術の世界』三二頁）

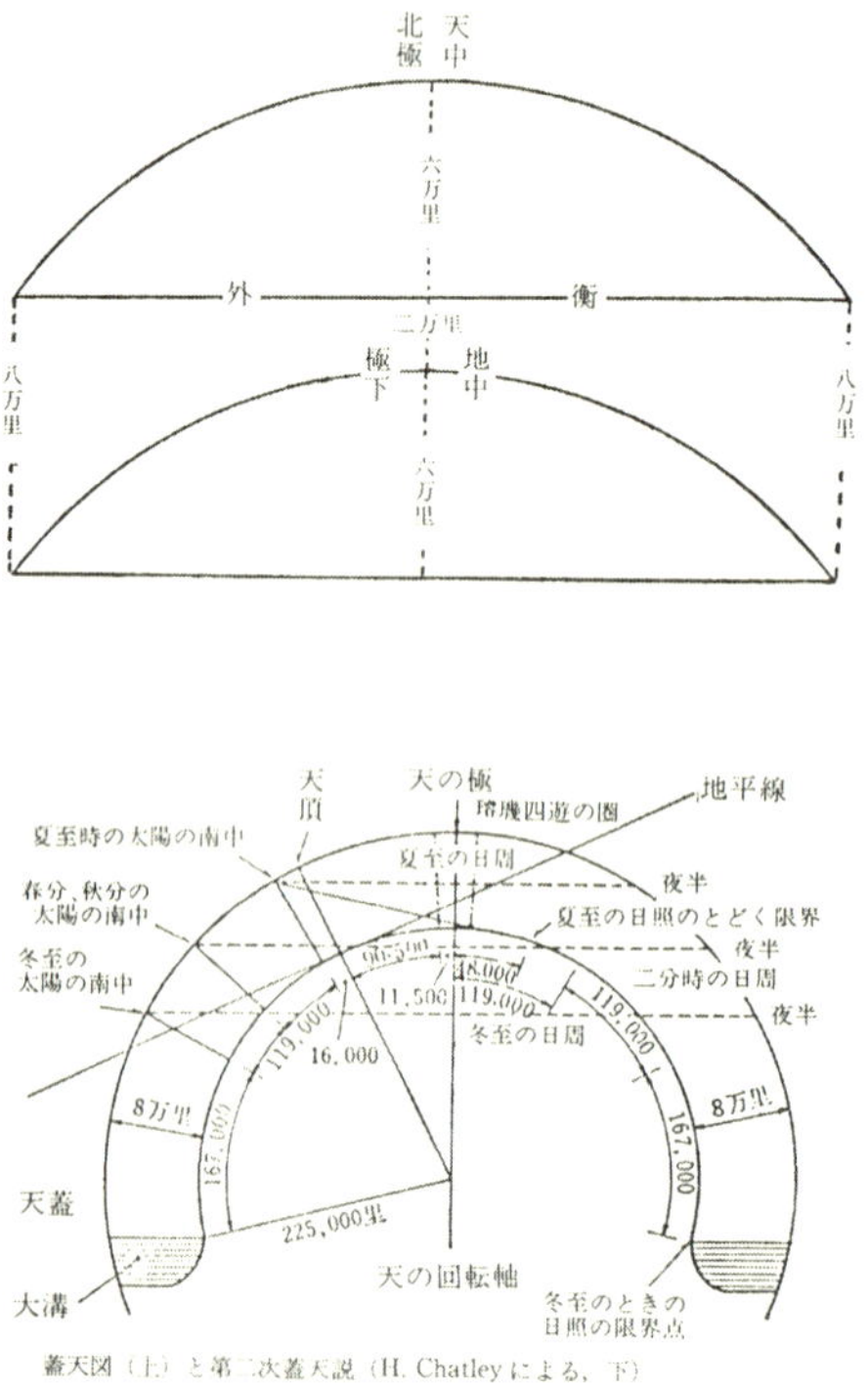

蓋天図（上）と第二次蓋天説（H. Chatley による，下）

（2）渾天説

渾天説は、天も地も共に球状をしている、ということを理論的な根拠にしている。後漢の張衡の比喩によれば、宇宙の形状は鶏卵にたとえられ、天は卵殻に、大地は卵黄にあたるとされた。太陽は黄道の上を一年間で一周するが、黄道は春分点と秋分点のときに赤道と斜交する。冬至のときは、黄道の最南点が赤道の南二十四度のところに、また夏至のときには、黄道の最北点が赤道の北二十四度のところに来る。このことから、夏至のときには、太陽は寅の方角から出て、戌の方角に沈み、冬至のときには、太陽は辰の方角から出て、申の方角に沈む、とされるのである。

図三「渾天説による太陽の運行」
（橋本敬造『中国占星術の世界』三六頁）

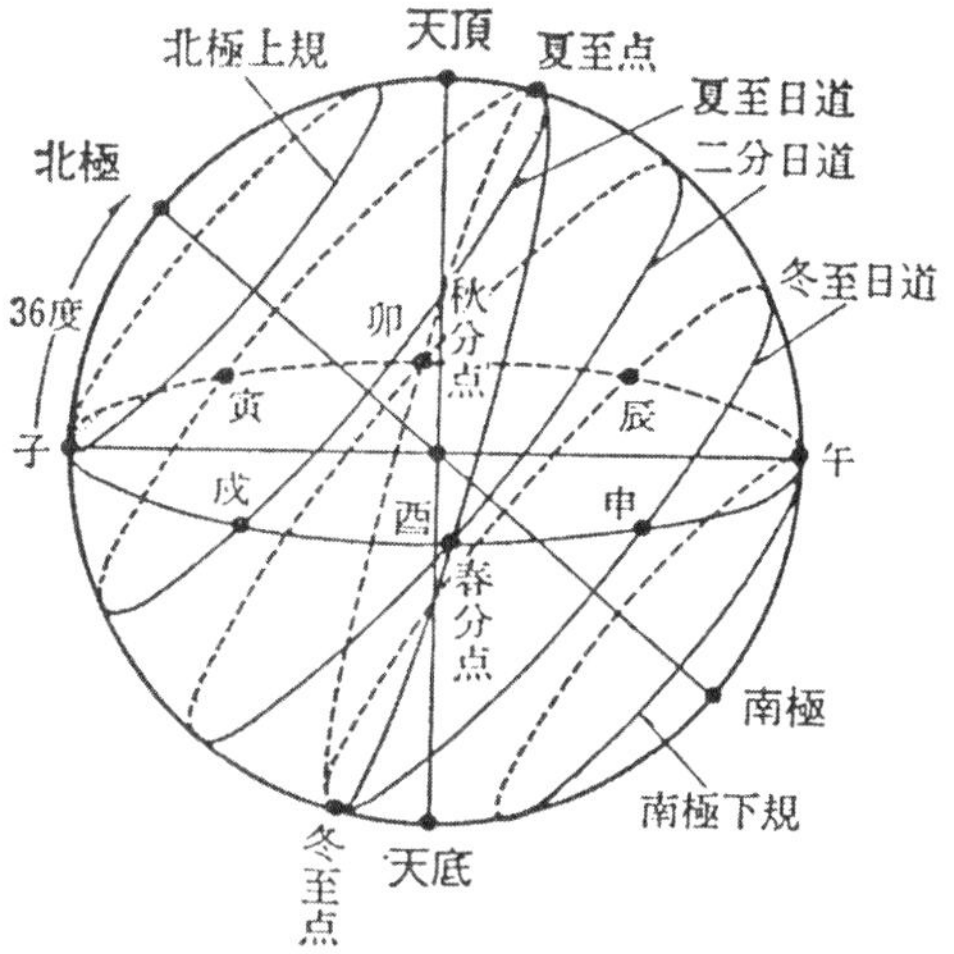


（3）宣夜説

宣夜説は、天体がその中に大きな距離を隔てて浮かんでいる無限の広がりをもった空間としての宇宙を想定する。天体は球殻のような天球につなぎとめられているという考え方はなく、天が何らかの形状を持つものとするような考え方も否定されている。天体という固定的なものが存在するという思考がなく、天が限界を持つ空間であるという概念もない宣夜説のような無限性を持った宇宙についての考え方は、ヨーロッパでは、一六世紀のジョルダーノ＝ブルーノなどの無限説が出るようになる近代的思考に属する。これに対して、宣夜説は、道家の宇宙観を背景として成立していた。

以上三つの宇宙論は、天文学的な観点からすると、渾天説が最も優れている。それでも、後漢以降になると、安天論・穹天論・昕天論という三つの宇宙構造論が展開されていく。

【原文】

王莽三

王莽地皇三年十一月、有星孛于張、東南行五日不見。孛星者、惡氣所生。爲亂兵[一]、其所以孛德。孛德者、亂之象、不明之表。又參然孛焉、兵之類也。故名之曰孛。孛之爲言、猶有所傷害、有所妨蔽。或謂之彗星、所以除穢而布新也[二]。張爲周地。星孛于張、東南行。卽翼・軫之分。翼・軫爲楚、是周・楚地將有兵亂。後一年正月、光武起兵舂陵、會下江・新市賊張卬・王常。及更始之兵亦至、倶攻破南陽、斬莽前隊大夫甄阜・屬正梁丘賜等、殺其士衆數萬人。更始爲天子、都雒陽、西入長安、敗死。光武興於河北、復都雒陽、居周地、除穢布新之象。

〔劉昭注〕

[一] 星占曰、其國内外用兵也。

[二] 宋均注鉤命決曰、彗、五彗也。蒼則王侯破、天子苦兵。赤則賊起、強國恣。黃則女害色、權奪於后妃。白則將軍逆、二年兵大作。黑則水精賊、江河決、賊處處起也。韓揚占曰、其象若竹彗・樹木條、長短無常。其長大見久、災深。短小見不久、災狹。晏子春秋曰、齊景公睹彗星、使伯常騫[1]（禳）〔攘〕之。晏子曰、不可。此

天教也。日月之氣、風雨不時、彗星之出、天爲民之亂見之。又一曰、景公彗星出而泣、晏子問之。公曰、寡人聞之、彗星出、其所向之國君當之。今彗星出而向吾國、我是以悲。晏子曰、君之行義[2]〔固應〕〔回邪〕、無德於國。穿[3]〔陂〕池、則欲其深以廣也。爲臺榭、則欲其高且大也。賦斂如撝奪、誅戮如仇讎。自是觀之、孛又將出。彗星之出、庸何[4]〔巨〕〔懼〕乎。案、如晏子之言、孛之與彗、如似匪同。

〔校勘〕

1. 上杉本は「穰」につくるが、中華書局本により「攘」に改める。
2. 上杉本は「固應」につくるが、中華書局本により「回邪」に改める。
3. 中華書局本により「陂」を補う。
4. 上杉本は「巨」につくるが、中華書局本により「懼」に改める。

《訓讀》

王莽三

王莽の地皇三年十一月、星 張に孛する有り、東南に行くこと五日にして見えず。孛星なる者は、惡氣の生ずる所なり。亂兵爲《おこ》るは[一]、其れ德に孛《もと》る所以なり。孛德なる者は、亂の象、不明の表なり。又 參然として孛し、兵の類なり。故に之を名づけて孛と曰ふ。孛の言爲《た》るや、猶ほ傷害する所有り、妨蔽する所有るがごとし。或ひは之を彗星と謂ふは、穢れを除《はら》ひて新しきを布く所以なり[二]。張は周の地爲り。星 張に孛し、東南に行く。卽ち翼・軫の分なり。翼・軫は楚爲れば、是れ周・楚の地に將に兵亂有らんとす。後一年正月、光武(一) 兵を春陵に起こし、下江(二)・新市(三)の賊たる張卬(四)・王常(五)に會す。更始(六)の兵も亦た至るに及びて、倶に攻めて南陽を破り、莽の前隊大夫(七)たる甄阜(八)・屬正(九)の梁丘賜(一〇)らを斬り、其の士衆を殺すこと數萬人。更始 天子と爲りて、雒陽に都し、西のかた長安に入りて、敗死す。光武 河北に興り、復た雒陽に都し、周の地に居るは、穢れを除き新しきを布くの象なり。

〔劉昭注〕

[一] 星占(一一)に曰く、「其の國の內外に兵を用ふ」と。

[二] 宋均(一二) 鉤命決(一三)に注して曰く、「彗は、五彗なり。蒼なれば則ち王侯 破れ、天子 兵に苦しむ。赤なれば則ち賊起こり、強國 恣《ほしいまま》にす。黃なれば則ち女害の色にして、權は后妃に奪はる。白なれば則ち將軍 逆し、二年にして兵 大いに作《おこ》る。黑なれば則ち水精賦《うご》き、江河 決し、賊 處處に起こるなり」と。韓揚占(一四)に曰く、「其の象は竹彗・樹木の條の若く、長短 常無し。其の長大にして見はること久しければ、災深し。短小にして見はること久しからざれば、災狹し」と。晏子春秋(一五)に曰く、「齊の景公(一六) 彗星を睹、伯常騫(一七)をして之を攘《はら》はしむ。晏子(一八)曰く、「不可なり。此れ天の教へなり。日月の氣、風雨 時ならず、彗星の出づるは、天 民の亂るるが爲に之を見《あら》はす」と」と。又 一(一九)に曰く、「景公 彗星の出でて泣き、晏子 之を問ふ。公曰く、「寡人 之を聞く、彗星出づるは、其の向かふ所の國君 之に當ると。今 彗星出でて吾が國に向かふ、我 是を以て悲しむ」と。晏子曰く、「君の義を行ふこと回邪《くわいじや》にして、國に德無し。陂池を穿てば、則ち其の深くして以て廣からんことを欲するなり。臺榭を爲《つく》れば、則ち其の高くして且つ大ならんことを欲するなり。賦斂すること撝奪の如く、誅戮すること仇讎の如し。是れより之を觀れば、孛 又 將に出でんとす。彗星の

出づること、庸何《なん》ぞ懼れんや」と」と。案ずるに、晏子の言の如きは、孛と彗と、似るが如くにして同じに匪《あら》ず。

（補注）

（一）光武は、光武皇帝（在位、二五〜五七年）。後漢の初代皇帝である劉秀、字は文叔で、世祖と謚された。高祖九世の孫、劉欽の子。遠祖は景帝より出で、劉欽の曾祖父の劉買は零陵郡冷道縣舂陵侯に封じられていたが、一族とともに南陽郡蔡陽縣へ住み着いた。劉秀の家は分家で侯家ではないものの相当の地主であり、南陽の名族として多くの地方豪族と親戚関係を結んでいた。劉秀は、新朝を破って王莽を敗死させ、長安を占領していた赤眉を平定し、帝位につき漢を復興した。その後数年で關中西部、四川の勢力を制圧して全土を統一した。儒教を奨励して後漢「儒教國家」の基礎を定めたほか、日本との関わりとしては、倭の奴國に金印を授けたことが有名である（『後漢書』本紀一 光武帝紀）。

（二）下江は、地名だが、ここでは王莽に対する農民叛亂軍をさす。いわゆる「緑林軍」の一部。地皇三（二二）年、王常・成丹に率いられ、緑林の兵より分かれて南郡に成立した（『漢書』巻九十九下 王莽傳下）。木村正雄「前後漢交替期の農民叛亂―その展開過程」（『東京教育大学文学部紀要』六一 史学研究、一九六七年、『中国古代農民叛乱の研究』東京大学出版会、一九七九年に所収）を参照。

（三）新市は、地名だが、ここでは王莽に対する農民叛亂軍をさす。いわゆる「緑林軍」の一部。地皇三（二二）年、王匡・王鳳・馬武・朱鮪・張卬らに率いられ、緑林の兵より分かれて南陽郡に成立した（『漢書』巻九十九下 王莽傳下）。木村正雄「前後漢交替期の農民叛亂―その展開過程」（前掲）を参照。

（四）張卬は、緑林軍の頭領の一人。衛尉大將軍より淮陽王に至った。木村正雄「前後漢交替期の農民叛亂―その展開過程」（前掲）を参照。

（五）王常は、潁川郡舞陽縣の人。はじめは緑林軍に属し、のちに更始帝の配下となった。更始帝の敗亡後、光武帝に帰順し、横野大將軍に至った（『後漢書』列傳五 王常傳）。

（六）更始は、劉玄。聖公は字。光武帝の族兄。新市・平林の兵に擁立されて帝位に就き、更始帝と称される。王莽の敗亡とともに長安に入ったが、赤眉に攻撃されて死去した（『後漢書』列傳一 劉玄傳）。

（七）前隊大夫とは、南陽太守のこと。王莽は、六隊を置き、郡ごとに大夫一人を置き、その職は太守と同様であった。南陽は前隊とされていた（『後漢書』本紀一上 光武帝紀上）。

（八）甄阜は、王莽の前隊大夫。實質的には南陽太守である。『漢書』巻九十九中 王莽傳中、巻二十八上 地理志第八にも記載がある。光武帝と戦って敗れ、斬られた（『後漢書』本紀一上 光武帝紀上）。

（九）屬正とは、都尉のこと。『漢書』巻九十九中 王莽傳中に、「屬正は、職 都尉の如し」とある。

（一〇）梁丘賜は、王莽配下の甄阜の隊の屬正。屬正は都尉にあたる。光武帝と戦って敗れ、斬られた（『後漢書』本紀一上 光武帝紀上）。

（一一）星占は、書名。黄帝星占のことか。

（一二）宋均は、三國魏の博士。後漢末に鄭玄らとならんで緯書に注をほどこした（『隋書』巻三十二 經籍志一）。

（一三）鉤命決は、書名。『孝經鉤命決』のことで、孝經緯の一つ。曹魏の博士である宋均が注を附した（『隋書』巻三十二 經籍志一）。現在は散逸したが、安居香山・中村璋八『重修 緯書集成』巻五（明徳出版社、一九八五年）に輯本がある。

（一四）韓揚占は、書名。散逸し、詳細は不明である。

（一五）晏子春秋は、書名。春秋時代の晏子に仮託されるが、戰國末から漢初にかけてまとめられた著作。内篇六巻・外篇二巻よりなり、内篇は儒家的、外篇は墨家的思想の立場から書かれる。呉則虞『晏子春秋集釈』（中華書局、一九六二年）が佚文も収録しており、便利である。引用部分は、『晏子春秋』内篇 諫上に、「……無幾何、日暮、公西面望睹彗星、召伯常騫、使禳去之。晏子曰、不可。此天教也。日月之氣、風雨不時、彗星之出、天爲民之亂見之、故詔之妖祥、以戒不敬。今君若設文而受諫、謁聖賢人、雖不去彗、星將自亡。今君嗜酒而并于樂、政不飾而寬于小人、近讒好優、惡文而疏聖賢人、何暇在彗。茀又將見矣。公忿然作色、不說」とあり、節略されている。

（一六）景公は、春秋時代の齊の君主（在位、前五四八～四九〇年）。景公の死後、權臣の田氏に齊の実権は奪われた（『史記』巻三十二 齊太公世家）。

（一七）伯常騫は、春秋時代の人。一説に伯常が字で、騫が名ともいう。天文に通じたほか、衞の靈公の謚について孔子と問答を交わした逸話がある（『晏子春秋』内篇 諫上、『莊子』則陽篇）。

（一八）晏子は、晏嬰。字を平仲といい、春秋時代の齊の宰相。晏子とも呼ばれ、一説には、平仲の平は謚、仲は字であるという。靈公・莊公・景公の三代に仕えた（『史記』巻六十二 晏子列傳）。

（一九）引用部分は、『晏子春秋』外篇上に、「公慚而更辭曰、我非爲去國而死哀也。寡人聞之、彗星出、其所向之國君當之。今彗星出而向吾國、我是以悲也。晏子曰、君之行義回邪、無德于國。穿池沼、則欲其深以廣也。爲臺榭、則欲其高且大也。賦斂如撝奪、誅僇如仇讎。自是觀之、茀又將出。天之變、彗星之出、庸可悲乎」とあり、節略されている。

［現代語訳］

王莽三

王莽《おうもう》の地皇《ちこう》三（二二）年十一月、孛星《はいせい》（彗星）が張宿《ちょう》（の方角）に現れ、東南に進んで五日経って見えなくなった。孛星というものは、悪氣が生ずるものである。兵乱がおこる（象である）のは、それが徳義に孛《もと》るためである。孛徳というものは、乱の象であり、不明の表である。また鮮やかに輝き流れるのは、兵の象である。だからこれを名づけて孛という。孛という字は、傷つけたり、妨げ蔽《おお》うというような意味である。あるいはこれを彗星というのは、穢れを払って新しいものを布くためである。張宿は周の地を示す。孛星が張宿に現れて、東南に進んだ。そこは翼宿《よく》・軫宿《しん》の分野である。翼宿・軫宿は楚（の地）を示すので、これは周と楚の地で兵乱が起ころうとしている（象である）。この後一年の正月に、光武帝《こうぶてい》は兵を舂陵郷《しょうりょうきょう》（湖南省寧遠の北東）に起こし、下江《かこう》（地区名。一般に長江下流地区を指す。現在の湖北・安徽・江蘇・浙江省を含む）・新市《しんし》縣（湖北省京山県の北東）の賊である張卬《ちょうぎょう》・王常《おうじょう》に会した。更始帝《こうしてい》の兵もまた到着するに及び、ともに南陽郡《なんよう》（河南省南陽市）を攻め破り、王莽の前隊大夫《ぜんたいたいふ》である甄《しん》阜《ふ》・屬正《しょくせい》の梁丘賜《りょうきゅうし》らを斬り、その将兵数万人を殺した。更始帝が天子となって、雒陽《らくよう》（河南省洛陽市の北東）を都とし、西にむかって長安《ちょうあん》（陝西省西安市の北西）に入ったが、敗死した（のはいずれもその事應である）。光武帝が河北で興隆し、また（かつての周の首都であった）雒陽を都として、周の地にいるのは、穢れを除き新しい徳を布き並べる象徴である。

［劉昭注］
［一］『星占《せいせん》』に、「（兵乱がおこるとは）その国の内外に兵を用いることである」とある。
［二］宋均《そうきん》は『孝經鉤命決《こうきょうこうめいけつ》』に注をつけて、「彗は、五つの彗星のことである。（彗星が）蒼色であれば王侯が敗れ、天子は兵難に苦しむ（象である）。赤色であれば賊が起こり、強国がほしいままに振る舞う（象である）。黄色であれば女の害が起こる色であり、権力を后妃に奪われる（象である）。白色であれば將軍が反逆し、二年経って大軍が起こる（象である）。黒色であれば水精が動き、長江や黄河が決壊し、賊があちこちで起こる（象である）」と言っている。『韓揚占《かんようせん》』に、「その形象は竹彗や樹木の枝のようであり、長短は一定ではない。長くて大きく長時間現れているものは、災いが甚だしい（象である）。短かく小さくて長く現れないものは、災いがそれほど大きくない（象である）」とある。『晏《あん》子春秋《ししゅんじゅう》』（内《ない》篇 諫《かん》上）に、「齊の景公《けいこう》が彗星を望み見て、伯常騫《はくじょうけん》に命じて（禍いを）はらわせた。（しかし）晏子は、「なりません。これは天の教えです。日月の氣と、風雨が時宜を得ておらず、（また）彗星が出現することは、天が民の乱れを理由にこれを表しているのです」と答えた」とある。またもう一つの話として（『晏子春秋』外《がい》篇上に）、「景公は彗星が現れたことで泣き、晏子がこれを訊ねた。景公は、「寡人《わたし》はこう聞いている。彗星が現れれば、その向かう方角の國君がこれに当たると。いま彗星が出現して我が（齊の）国に向かっている、わたしはそのために悲しんでいるのだ」と答えた。晏子は、「我が君の振る舞いはよこしまなことばかりで、国に徳を施しておりません。陂池を掘れば、深くかつ広くしようとしています。（また）高殿を造れば、高くかつ大きくしようとしています。租税の取り立ては奪い取るかのごとく、誅戮は仇を討つかのようにしております。このように見てみれば、彗星がまた現れようというものです。彗星の出現を、どうして懼れるのでしょうか」と言った」とある。考えてみるに、晏子の発言では、孛と彗とで、（意味が）似ているようであるが同じではない。

《参校》
○ 地皇三年十一月の条（『漢書』巻九十九下 王莽傳下）
（地皇三年）十一月、有星孛于張、東南行五日不見。（王）莽數召問太史令宗宣、諸術數家。皆繆對言、天文安善、羣賊且滅。莽差以自安。
・同一の天文現象が記録されている。

【原文】
四年六月、漢兵起南陽、至昆陽。莽使司徒王尋・司空王邑將諸郡兵、號曰百萬衆、已至者四十二萬人。能通兵法者六十三家、皆爲將帥、持其圖書・器械。軍出關東、牽從羣象・虎狼・猛獸、放之道路、以示富強、用怖山東。至昆陽山、作營百餘、圍城數重、或爲衝車以[1]（橦）〔撞〕城、爲雲車高十丈以瞰城中。弩矢雨集、城中負戸而汲。求降不聽、請出不得。二公之兵自以必克、不恤軍事、不協計慮。莽有覆敗之變見焉。晝有雲氣如壞山、墮軍上、軍人皆厭。所謂營頭之星也。占曰、營頭之所墮、其下覆軍、流血三千里[一]。是時、光武將兵數千人赴救昆陽、奔擊二公兵、幷力猋發。號呼聲動天地、虎豹驚怖敗振。會天大風、飛屋瓦、雨如注水。二公兵亂敗、自相賊、就死者數萬人。競赴滍水、死者委積、滍水爲之不流。殺司徒王尋。軍皆散走歸本郡。王邑還長安、莽敗、倶誅死。營頭之變、覆軍流血之應也。

[劉昭注]

[一] 袁山松書曰、怪星晝行、名曰營頭、行振大誅也。

[校勘]

1. 上杉本は「橦」につくるが、中華書局本により「撞」に改める。

《訓読》

四年六月、漢兵 南陽より起こり、昆陽に至る。莽 司徒(一)の王尋(二)・司空(三)の王邑(四)をして諸郡の兵を將ゐしめ、號して百萬の衆と曰ひ、已に至る者は四十二萬人。能く兵法に通ずる者は六十三家、皆 將帥と爲し、其の圖書・器械を持せしむ。軍 關東より出で、羣象・虎狼・猛獸を牽き從へ、之を道路に放ちて、以て富強を示し、用《もつ》て山東を怖《おど》す。昆陽に至り、營を作ること百餘、城を圍むこと數重、或ひは衝車を爲《つく》りて以て城を撞《つ》き、雲車の高さ十丈なるを爲りて以て城中を瞰《み》る。弩矢 雨のごとく集まり、城中 戸を負ひて汲む。降らんことを求むも聽《ゆる》さず、出でんことを請ふも得ず。二公の兵 自ら必ず克たんと以《おも》ふも、軍事を恤れまず、計慮を協《かな》はず。莽に覆敗の變 見《あら》はる有り。晝に雲氣の山を壞すが如き有り、軍の上に墮ち、軍人 皆 厭ふ。所謂《いはゆる》 營頭の星なり。占に曰く、「營頭の墮つる所、其の下は軍を覆され、流血すること三千里」と[一]。是の時、光武 兵數千人を將ゐて赴きて昆陽を救ひ、二公の兵を奔撃し、力を幷はせて猋発《へうはつ》す。號呼の聲は天地を動かし、虎豹 驚き怖れて敗振す。會〻天に大風あり、屋瓦を飛ばし、雨ふること水を注ぐが如し。二公の兵 亂れ敗れ、自ら相 賊《そこ》なひ、死に就く者は數萬人なり。競ひて滍水に赴き、死する者は委《い》積《し》し、滍水 之が爲に流れず。司徒の王尋を殺す。軍 皆 散り走りて本郡に歸る。王邑 長安に還り、莽 敗るるや、倶に誅死せらる。營頭の變は、軍を覆し血を流すの應なり。

[劉昭注]

[一] 袁山松(五)の書に曰く、「怪星 晝行するを、名づけて營頭と曰ひ、行きて大誅を振るふなり」と。

(補注)

(一) 司徒は、大司徒のこと。秦官の丞相。前漢の哀帝が大司徒と改めた（『漢書』卷十九上 百官公卿表上）。後漢では、大司空・大司馬とともに三公の一つとなり、民政全般を職掌とした。建武二十七（五一）年に大の字を取り、司徒と称した（『後漢書』志二十四 百官一）。

(二) 王尋は、王莽の大司徒。哀章の献じた「金匱圖」に、王莽を支える十一公の一人と記されていたことに基づき、大司徒に任命された。劉秀と昆陽に戦い、敗死した（『漢書』巻九十九 王莽傳）。
（三）司空は、大司空のこと。秦官の御史大夫。成帝が大司空とし、哀帝が御史大夫に戻し、のち再び大司空とする（『漢書』巻十九上 百官公卿表上）。後漢では、大司徒・大司馬とともに、三公の一つとなり、治水や土木工事を職掌とした。建武二十七（五一）年に大の字を取り、司空となった（『後漢書』志二十四 百官一）。
（四）王邑は、王莽の従父の兄弟。父は王商。「金匱圖」に、王莽を支える十一公の一人と記されていたことに基づき、大司空に任命された。のち、王莽を守って奮戦し、子とともに死んだ（『漢書』巻九十九 王莽傳）。
（五）袁山松は、『袁氏後漢書』百巻の撰者。晉の呉郡太守となり、孫恩の乱により殺された（『晉書』巻八十三 袁山松傳）。ここでいう袁山松の書とは、袁山松の著した『後漢書』のこと。『隋書』巻三十三 經籍二に、「後漢書、九十五卷。本一百卷、晉祕書監袁山松撰」とある。現在は散逸した。

[現代語訳]

（地皇）四（二三）年六月、漢兵が南陽郡より起こり、昆陽縣《こんよう》（河南省葉県）に到着した。王莽は司徒《しと》の王尋《おうじん》・司空《しくう》の王邑《おうゆう》に命じて諸郡の兵を率いさせ、百万の軍勢と号したが、（期日に）やって来た者は四十二万人であった。兵法に通暁した者は六十三家おり、みな將帥とし、それぞれに圖書と器械を持たせた。（王莽の）軍は關東より出て、羣象・虎狼・猛獣を引き連れ、これらを道路に放って、富強を示し、山東を威した。昆陽山に着いて、百余りの陣営を築き、幾重にも城を取り囲み、あるいは衝車を用いて城を突き、高さ十丈ばかりの雲車を用いて城内を見下ろした。弩から放たれた矢が雨のように降り集まり、城内では戸を背負って水を汲むほどであった。降ることを求めても許さず、出ることを求めても許さなかった。（王尋・王邑ら）二公の兵たちは必ず勝てると思ったが、軍事に心を砕かず、計慮を一致させなかった。（このため）王莽に敗北する変が現れたのである。昼に山を壊すかのような雲氣が立ちこめ、軍の上に落ち、軍の人々はみなこれを恐れた。いわゆる營頭《えいとう》星である。『占』に、「營頭星が落ちた所、その下では軍が転覆し、流血が三千里に及ぶ」という。この時、光武帝は数千人の兵を率い赴いて昆陽を救出し、二公の兵を馳せ撃ち、力を合わせて旋風のごとく進んだ。叫び声は天地を揺るがし、虎豹は驚き怖れて敗れた。（すると）おりしも天に大風が吹き、屋根瓦を飛ばし、水を注ぐような大雨が降った。二公の兵は敗乱し、互いに害し合い、死んだ者は数万人に及んだ。（敗残兵は）競って滍水《しすい》（河南省南西部の沙河）に赴き、死者が積み重なり、そのために滍水の流れが止まった。（光武帝は）司徒の王尋を殺した。軍はみな散り散りになって逃げて本郡に帰った。王邑は長安に戻り、王莽が敗れると、ともに誅殺された。營頭星の異変は、軍を転覆し血を流すことを示す事應である。

[劉昭注]

［一］袁山松《えんざんしょう》の『後漢書』に、「あやしい星が昼に進む、（これを）名づけて營頭といい、（營頭星は天を）進んで大誅を振う（象である）」とある。

【原文】

四年秋、太白在太微中、燭地如月光。太白爲兵、太微爲天廷。太白贏而北入太微、是大兵將入天子廷也。是時、莽遣二公之兵至昆陽、已爲光武所破。莽又拜九人爲將軍、皆以虎爲號。九虎將軍至華陰、皆爲漢將鄧曄・李松所破。進攻京師倉、將軍韓臣至長門。十月戊申、漢兵自宣平城門入。二日己酉、城中少年朱弟・張魚等數千人起兵攻莽、燒作室[1]〔門〕、斧敬法闥。商人杜吳殺莽漸臺之上、校尉公賓就斬莽首。大兵蹈藉宮廷之中。仍以更始入長安、赤眉賊立劉盆子爲天子、皆以大兵入宮廷。是其應也。

〔校勘〕

1．中華書局本により「門」を補う。

《訓読》

四年秋、太白 太微の中に在り、地を燭《て》らすこと月光の如し。太白は兵爲り、太微は天廷爲り。太白 贏《すす》みて北のかた太微に入るは、是れ大兵の將に天子の廷に入らんとすればなり。是の時、莽 二公の兵を遣はして昆陽に至らしむるも、已に光武の破る所と爲る。莽 又 九人を拜して將軍と爲し、皆 虎を以て號と爲す。九虎將軍 華陰に至るも、皆 漢將の鄧曄（一）・李松（二）の破る所と爲る。進みて京師の倉を攻め、將軍の韓臣（三） 長門に至る。十月戊申、漢兵 宣平城門より入る。二日己酉、城中の少年たる朱弟（四）・張魚（五）ら數千人 兵を起こして莽を攻め、作室門を燒き、敬法の闥《たつ》を斧《き》る。商人の杜吳（六） 莽を漸臺の上に殺し、校尉（七）の公賓就（八） 莽の首を斬る。大兵 宮廷の中を蹈藉す。仍りて更始と以《とも》に長安に入り、赤眉（九）の賊は劉盆子（一〇）を立てて天子と爲し、皆 大兵を以て宮廷に入る。是れ其の應なり。

〔補注〕

（一）鄧曄は、もと更始帝の復漢將軍。光武帝に降伏したのちも復漢將軍に任じられ、于匡とともに延岑討伐に功をあげた（『後漢書』列傳七 馮異傳）。

（二）李松は、更始帝の丞相。光武帝配下の李通の一族。赤眉が更始帝を裏切って長安を攻め、諸将が離反してこれに降る中、一人更始帝のために奮戦、力およばず戦死した（『後漢書』列傳五 李通傳）。

（三）韓臣は、更始帝配下の李松の將。

（四）朱弟は、張魚とともに漢軍を喜び迎え、王莽に降伏を迫り、城に火を放った（『漢書』巻九十九下 王莽傳下）。

（五）張魚は、朱弟とともに、王莽に降伏を迫り、城に火を放った（『漢書』巻九十九下 王莽傳下）。

（六）杜吳は、弘農郡商縣の人。王莽を殺害して、その綬を奪った（『漢書』巻九十九下 王莽傳下）。

（七）校尉は、官名。前後漢を通じて、城門・中壘・屯騎・越騎・歩兵・長水・胡騎・射聲・虎賁などの校尉が設置された。とりわけ後漢では、屯騎・越騎・歩兵・長水・射聲の五校尉を五營と総称し、それぞれ宿衞兵を統率させた。その官秩は、前漢では二千石であったが、後漢になると比二千石とされた（『漢書』巻十九 百官公卿表上、『後漢書』志二十七 百官四）。濱口重國『秦漢隋唐史の研究』上（東京大学出版会、一九六六年）、安作璋・熊鉄基『秦漢官制史稿』（斉魯書社、一九八四年）を参照。

（八）公賓就は、東海郡の人。王莽の首を斬り、漢の大將軍と称していた王憲に差し出した（『漢書』巻九十九下 王莽傳下）。

（九）赤眉は、後漢末の民衆による武装蜂起集団。識別のために眉を赤く塗ったのでこの名がある。首領は樊崇。東海・琅邪を中心に勢力をのばし、王莽の軍と戦い、のちに洛陽の更始帝に降る。しばらくして反旗を翻し、劉盆子を立てて更始帝を殺害。長安に籠もるが、建武三（二七）年、光武帝に降伏した（『後漢書』列傳一 劉盆子傳）。志田不動麿「赤眉の賊と漢城陽景王祠との関係」（『歴史教育』五―六、一九三〇年）を参照。

（一〇）劉盆子は、泰山郡式縣の人。劉邦の孫である城陽景王の劉章の子孫。赤眉が更始帝に対抗した際、皇帝に祭り上げられたが、全くの傀儡であったこともあり、光武帝に降伏した後も、僭称の罪を問われることなく庇護された（『後漢書』列傳一 劉盆子傳）。

［現代語訳］

（地皇）四（二三）年秋、太白が太微垣の中にあり、月光のごとく地を照らした。太白は兵であり、太微垣は天の宮廷である。太白が進んで北の太微垣に入るのは、大軍が天子の宮廷に入ろうとしている（象である）。この時、王莽は（王尋・王邑の）二公の兵を派遣して昆陽に向かわせたが、すでに光武帝に破られていた。王莽はさらに九人を取りたてて將軍とし、みな「虎」字を（將軍の）名号に入れた。これら九虎將軍《きゅうこしょうぐん》が華陰縣《かいん》（陝西省華陰の東）にやって来たが、いずれも漢將の鄧曄《とうよう》と李松《りしょう》に破られた。（鄧曄と李松は）進軍して京師の倉を攻め、（李松麾下の）將軍の韓臣《かんしん》は長門宮《ちょうもんきゅう》に至った。十月戊申、漢兵は（長安の）宣平城門《せんぺいじょうもん》より侵入した。二日己酉、城中の若者の朱弟《しゅてい》・張魚《ちょうぎょ》ら数千人が兵を起こして王莽を攻め、（長安城中の）作室門《さくしつもん》を焼き、敬法殿《けいほうでん》の小門を斧で斬った。商人の杜吳《とご》が王莽を漸臺の上にて殺し、校尉《こうい》の公賓就《こうひんしゅう》は王莽の首を斬った。多くの兵が宮廷の中を踏み荒らした。こうして更始帝とともに長安に入り、赤眉《せきび》の賊は劉《りゅう》盆子《ぼんし》を立てて天子とし、みな大軍を率いて宮廷に入った。これはその事應である。

《参校》

○ 地皇四年秋の条（『漢書』巻九十九下 王莽傳下）
（地皇四年）秋、太白星流入太微、燭地如月光。
・同一の天文現象が記録されている。

【原文】

光武十二

光武［一］建武九年七月乙丑、金犯軒轅大星。十一月乙丑、金又犯軒轅［二］。軒轅者、後宮之官、大星爲皇后。金犯之爲失勢。是時、郭后已失勢見疏、後廢爲中山太后、陰貴人立爲皇后。

［劉昭注］

［一］古今注曰、建武六年九月丙戌、月犯太微西藩。十一月辛亥、月犯軒轅。七年九月庚子、土入鬼中。漢史、鎭星逆行輿鬼、女主・貴親有憂。巫咸曰、有土功事。是歲、太白經太微。八年四月辛未、月犯房第二星、光芒不見。九年正月乙卯、金犯婁南星。甲子、月犯軒轅第二星、壬寅、犯心大星。七月戊辰、月並犯昴。黄帝星占、土犯鬼、皇后有憂、失亡其勢。河圖、月犯房、天子有憂、四足之蟲多死。漢史曰、其國有憂、將軍死。又案嚴光傳、光與帝臥、足

加帝腹上。太史奏、客星犯帝坐甚急。
[二] 孟康曰、犯、七寸以內光芒相及也。韋昭曰、自下往觸之曰犯。

《訓読》

光武十二

光武[一]の建武九年七月乙丑、金 軒轅大星(一)を犯す。十一月乙丑、金 又 軒轅を犯す[二]。軒轅なる者は、後宮の官にして、大星は皇后爲り。金 之を犯すは勢を失ふと爲す。是の時、郭后(二) 已に勢を失ひ疏《うと》んぜられ、後に廢せられて中山太后と爲り、陰貴人(三) 立てられて皇后と爲る。

[劉昭注]

[一] 古今注(四)に曰く、「建武六年九月丙戌、月 太微の西藩を犯す。十一月辛亥、月 軒轅を犯す。七年九月庚子、土 鬼中に入る」と。漢史(五)に、「鎭星 輿鬼に逆行するは、女主・貴親に憂ひ有り」と。巫咸曰く、「土功の事有り」と。是の歳、太白 太微を經る。八年四月辛未、月 房の第二星を犯すも、光芒 見はれず。九年正月乙卯、金 婁の南星を犯す。甲子、月 軒轅の第二星を犯し、壬寅、心の大星を犯す。七月戊辰、月並びに昴を犯す。黃帝星占に、「土の鬼を犯すは、皇后に憂ひ有り、其の勢を失亡す」と。河圖(六)に、「月の房を犯すは、天子に憂ひ有り、四足の蟲は多く死す」と。漢史(七)に曰く、「其の國に憂ひ有り、將軍 死せん」と。又 案ずるに嚴光傳(八)に、「光 帝と臥し、足をば帝の腹上に加ふ。太史奏すらく、「客星 帝坐を犯すこと甚だ急なり」と」と。

[二] 孟康(九)曰く、「犯は、七寸以內に光芒 相 及ぶなり」と。韋昭(一〇)曰く、「下より往きて之に觸れるを犯と曰ふ」と。

(補注)

(一) 軒轅大星は、軒轅の距星。橋本敬造『中国占星術の世界』(前掲)によれば、しし座α星。

(二) 郭后は、郭皇后。眞定國稾縣の人、諱を聖通。眞定國に勢力を持つ豪族の娘。更始二(二四)年、劉秀に輿入れし、建武二(二六)年、皇后に立てられた。その後、光武帝の寵愛が衰え、建武十七(四一)年、廢されて中山王太后(のち沛太后)となり、建武二十八(五二)年に薨じた(『後漢書』本紀十上 郭皇后紀)。

(三) 陰貴人は、陰皇后のこと。陰皇后は、光武帝の皇后。名は麗華。謚は光烈皇后。明帝の生母。陰識の異母妹。若き日の光武帝劉秀が、「仕宦當作執金吾、娶妻當得陰麗華」と嘆じた故事で知られる。更始元(二三)年に劉秀に輿入れし、以来、最も寵愛を受けたが、光武帝即位時に子が無かったため、皇后の位を郭氏に譲った。郭皇后の廃位後、皇后に冊立された。幼くして死別した父を想って涙を流すほど孝心に篤く、そのことを光武帝に尊敬されていたという(『後漢書』本紀十上 皇后紀)。なお、貴人とは、皇帝の后妃に与えられる位階の一つ。皇后に継ぐ高い地位を占めた(『後漢書』本紀十上 皇后紀上)。鎌田重雄『秦漢政治制度の研究』(『秦漢政治制度の研究』日本学術振興会、一九六二年)を参照。

(四) 古今注は、西晉の崔豹の著。崔豹は、西晉の尚書左仲兵郎。『論語集義』も著している。『古今注』三巻は、古今の名物を雑取し、考釈を加えたもので、その内容は「八門」に分かれていたという。散逸した。

(五) 引用部分は、現行の『漢書』天文志には見られない。

（六）河圖は、書名。予言書。そこに記されている文は、伏羲のとき黄河から出現した龍馬の背に書いてあったとされる。正殿の東序に保管されていたという（『尚書』顧命）。

（七）引用部分は、『漢書』巻二十六 天文志に、「其國有憂、其將死、國傾敗」とあり、節略されている。

（八）嚴光は、會稽郡餘姚縣の人、字は子陵。光武帝とともに遊学した。光武帝の即位後にともに寝て、足を帝の腹の上に乗せると、天文に異変が起きたという。諫議大夫に除せられたが就かず、家で卒した（『後漢書』列傳七十三 逸民 嚴光傳）。引用部分は、『後漢書』列傳七十三 逸民 嚴光傳に、「因共偃臥、光以足加帝腹上。明日、太史奏、客星犯御坐甚急」とあるが、字句に異同がある。

（九）孟康は、字を公休、安平の人。郭皇后の一族であったことから散騎侍郎となったが、唯一の外戚出身の散騎侍郎であったため周囲から嘲弄され、発憤して学問の研鑽に努めた。漢書の音注はその成果であろう。地方太守を歴任して治績を挙げ、中書監に至った（『魏志』巻十六 杜恕傳引注『魏略』）。引用部分は、『漢書』巻二十六 天文志の孟康注に、「犯、七寸以内光芒相及也」とあり、同文である。

（一〇）韋昭は、孫呉の学者・政治家（二〇四？～二七三？年）。『三國志』では「韋曜」につくる。字は弘嗣。呉郡雲陽縣の人。若いころから学問を好み文章に巧みで、尚書郎・太子中庶子などを歴任。太子中庶子時代に著した「博弈論」は、『文選』巻五十二に収録されている。また、太史令として『呉書』を撰したほか、中書郎・博士祭酒となって多くの書物の校定を行った。政治的には、張温の一派に属したため、孫呉の初代宰相である孫卲の専傳を立てないなど、『呉書』の記述には偏向が見られる。孫晧の即位後、中書僕射・侍中に任じられたが、のち孫晧の怒りをかって死刑に処せられた。著書に『洞記』『官職訓』『國語解』などがある（『三國志』巻六十五 韋曜傳）。なかでも『國語解』は現存最古の『國語』の注釈書として、『國語』研究の基本的資料とされている。韋昭の総合的な研究として、髙橋康浩『韋昭研究』（汲古書院、二〇一一年）がある。引用部分は、『漢書』巻二十六 天文志の韋昭注に、「自下往觸之曰犯」とあり、同文である。

[現代語訳]

光武十二

光武帝の建武九（三三）年七月乙丑、金星（太白）が軒轅大星《けんえんたいせい》を犯した。十一月乙丑、金星がまた軒轅を犯した。軒轅というものは、後宮の官であり、大星は皇后である。金星がこれを犯すときは（皇后が）権勢を失う象である。この時、郭皇后《かくこうごう》はすでに権勢を失って疎まれ、後に（皇后を）廃されて中山太后《ちゅうざんたいこう》となり、（代わって）陰貴人《いんきじん》が皇后に立てられた（のは、その事應である）。

[劉昭注]

［一］『古今注《ここんちゅう》』に、「建武六（三〇）年九月丙戌、月が太微の西藩（西壁）を犯した。十一月辛亥、月が軒轅星を犯した。（建武）七（三一）年九月庚子、土星（鎭星）が鬼宿の中に入った」とある。『漢史』（『漢書』天文志）に、「鎭星が輿鬼（鬼宿）に逆行するのは、女主や貴親に憂患がある（ことの象である）」とある。巫咸は、「土木工事が行われる（象である）」と言っている。この年、太白が太微を通過した。（建武）八（三二）年四月辛未、月が房宿の第二星を犯したが、光芒は現れなかった。（建武）九

（三三）年正月乙卯、金星が婁宿の南星を犯した。甲子、月が軒轅の第二星を犯し、壬寅、心宿の大星を犯した。七月戊辰、月がなべて昴宿を犯した。『黃帝星占《こうていせいせん》』に、「土星が鬼宿を犯すのは、皇后に憂患があり、その權勢を失う（ことの象である）」とある。『河圖《かと》』に、「月が房宿を犯すのは、天子に憂患があり、四足の虫が多く死ぬ（ことの象である）」とある。『漢史』（『漢書』卷二十六 天文志）に、「その国に憂患があり、將軍が死ぬ（ことの象である）」とある。また考えてみるに（『後漢書』列傳七十三 逸民《いつみん》）嚴光《げんこう》傳に、「嚴光は光武帝とともに寢て、足を帝の腹の上に乘せた。（すると）太史は、「客星が帝坐を犯し、甚だ切迫しております」と奏上した」とある。

〔二〕孟康《もうこう》は（『漢書』卷二十六 天文志の注で）、「犯とは、七寸以内に光芒が届くことである」と言っている。韋昭《いしょう》は（『漢書』卷二十六 天文志の注で）、「下方から向かってこれに触れることを犯という」と言っている。

## 【原文】

十年三月癸卯、流星如月、從太微出、入北斗魁第六星、色白。旁有小星射者十餘枚、滅則有聲如雷、食頃止〔一〕。流星爲貴使、星大者使大、星小者使小。太微天子廷、北斗魁主殺。星從太微出、抵北斗魁、是天子大使將出、有所伐殺〔二〕。十二月己亥、大流星如缶、出柳西南行入軫。且滅時、分爲十餘、如遺火狀。須臾有聲、隱隱如雷。柳爲周、軫爲秦・蜀。大流星出柳入軫者、是大使從周入蜀。是時、光武帝使大司馬吳漢發南陽卒三萬人、乘船泝江而上、擊蜀白帝公孫述〔三〕。又命將軍馬武・劉尙・郭霸・岑彭・馮駿平武都・巴郡。十二年十月、漢進兵擊述從弟衞尉永、遂至廣都、殺述女壻史興。威虜將軍馮駿拔江州、斬述將田戎。吳漢又擊述大司馬謝豐、斬首五千餘級。臧宮破涪、殺述弟大司空恢。十一月丁丑、漢護軍將軍高午刺述洞胷、其夜死。明日、漢入屠蜀城、誅述大將公孫晃・延岑等、所殺數萬人、夷滅述妻宗族萬餘人以上。是大將出伐殺之應也。其小星射者、及如遺火分爲十餘、皆小將隨從之象。有聲如雷隱隱者、兵將怒之徵也。

［劉昭注］

〔一〕孟康曰、流星、光跡相連也、絕跡而去爲飛也。

〔二〕古今注曰、正月壬戌、月犯心後星。閏月庚辰、火入輿鬼、過軫北。庚申、月在斗、赤如丹者也。

〔三〕臣昭曰、述雖以白承黃、而此遂號爲白帝、於文繁長。書例未通。

《訓読》

十年三月癸卯、流星 月の如く、太微より出で、北斗魁〔一〕の第六星に入り、色白し。旁らに小星の射する者十餘枚有り、滅するに則ち聲有りて雷の如く、食頃にして止む〔一〕。流星は貴使爲り、星の大なる者は使 大にして、星の小なる者は使 小なり。太微は天子の廷、北斗の魁は殺を主る。星 太微より出で、北斗の魁に抵《あ》たるは、是れ天子の大使 將に出で、伐殺する所有らんとすればなり〔二〕。十二月己亥、大流星 缶の如く、柳に出でて西南して行きて軫に入る。且に滅せんとする時、分れて十餘と爲り、遺火の狀の如し。須臾にして聲有り、隱隱として雷の如し。柳は周爲り、軫は秦・蜀爲り。大流星 柳に出でて軫に入るとは、是れ大使 周より蜀に入る。是の時、光武帝 大司馬（二）の吳漢（三）をして南陽の卒三萬人を發し、船に乘りて江を泝《さかのぼ》りて上り、蜀の白帝公孫述（四）を擊たしむ[三]。又 將軍の馬武（五）・劉尚（六）・郭霸（七）・岑彭（八）・馮駿（九）に命じて武都・巴郡を平らげしむ。十二年十月、漢 兵を進めて述の從弟たる衞尉（一〇）の永（一一）を擊ち、遂に廣都に至り、述の女壻たる史興（一二）を殺す。威虜將軍（一三）の馮駿 江州を拔き、述の將たる田戎（一四）を斬る。吳漢 又 述の大司馬たる謝豐（一五）を擊ち、斬首すること五千餘級。臧宮（一六） 涪を破り、述の弟たる大司空の恢（一七）を殺す。十一月丁丑、漢の護軍將軍（一八）たる高午（一九） 述を刺して胷《むね》を洞《つらぬ》き、其の夜に死せり。明日、漢 入りて蜀城を屠り、述の大將たる公孫晃（二〇）・延岑（二一）らを誅し、殺す所數萬人、述・妻の宗族萬餘人以上を夷滅す。是れ大將 出でて伐殺するの應なり。其の小星の射る者、及び遺火の如くにして分れて十餘と爲るは、皆 小將 隨從するの象なり。聲有りて雷の如くにして隱隱たる者は、兵將 怒るの徵なり。

［劉昭注］
［一］孟康（二二）曰く、「流星は、光跡 相 連なるなり。跡を絕ちて去るを飛と爲すなり」と。
［二］古今注に曰く、「正月壬戌、月 心の後星を犯す。閏月庚辰、火 輿鬼に入り、軫の北を過《よぎ》る。庚申、月 斗に在り、赤きこと丹の如き者なり」と。
［三］臣昭曰く、「述 白を以て黃を承くると雖も、而れども此に遂に號して白帝と爲すは、文に於て繁長なり。書例未だ通ぜず」と。

（補注）
（一）北斗魁は、北斗全体の呼称。田中良明「北斗星占小攷」（『東洋研究』一八八、二〇一三年）を参照。
（二）大司馬は、秦官の太尉。軍事全般を職掌とする。前漢では、武帝のときに、太尉を改めて大司馬を置いた。後漢では、大司徒・大司空とともに三公の一つとなり、建武二十七（五一）年に名を太尉と改められた（『後漢書』志二十四 百官一）。
（三）吳漢は、南陽郡宛縣の人、字を子顏。雲臺二十八將の一人。法を犯して漁陽に逃亡し、更始帝のもとで安樂令となる。王郎の挙兵の際、漁陽太守の彭寵を説得してともに劉秀に帰順。漁陽の烏桓突騎を率い、劉秀軍最強の軍団長として活躍。蜀の平定など数々の武功を残し、「一敵國の若し」と称された。大司馬、廣平侯、謚して忠侯という（『後漢書』列傳八 吳漢傳）。
（四）公孫述は、右扶風茂陵縣の人、字を子陽。王莽の導江卒正（蜀郡太守）。のち、自立して蜀王と称し、さらには偽作した符瑞によって皇帝に即位。建武十一（三五）年、吳漢に攻められ、成都にて死亡。これにより光武帝の中国統一が成された（『後漢書』列傳三 公孫述傳）。
（五）馬武は、南陽郡湖陽縣の人、字を子張。雲臺二十八將の一人。もとは綠林軍の頭領の一人で、更始帝に仕えていたが、邯鄲攻略以降は劉秀陣営に参加、数々の戦に従軍。明帝の治世まで生き、西羌討伐に活躍した。捕虜將軍、楊虛侯（『後漢書』列傳十二 馬武傳）。
（六）劉尚は、光武帝の武威將軍。公孫述の討伐に従軍したほか、西南夷・益州夷・南郡蠻などの異民族の討伐に功績がある（『後漢書』本紀一下 光武帝紀下）。

（七）郭覇は、将軍として公孫述の討伐に参加した。のち司隷校尉となるも、永平十一（六八）年に下獄死した。獄死に至る経緯は不詳（『後漢書』本紀二 明帝紀）。

（八）岑彭は、南陽郡棘陽縣の人、字を君然。雲臺二十八將の一人。王莽・更始帝と仕え、劉秀には河內討伐より帰参。その軍は整斉とし、少しも乱れるところがなかったという。公孫述討伐の際、「彭亡」の地にて刺客に暗殺された。征南大將軍、舞陽侯（『後漢書』列傳七 岑彭傳）。

（九）馮駿は、光武帝の威虜將軍。公孫述の攻略に尽力した（『後漢書』列傳七 岑彭傳）。

（一〇）衞尉は、官名。九卿の一つ。官秩は中二千石。宮門・宮城の警護を掌った。前漢景帝期に、一時、中大夫令と改称されたが、まもなく衞尉という官名に戻された（『漢書』卷十九上 百官公卿表上、『後漢書』志二十二 百官二）。濱口重國『秦漢隋唐史の研究』上（東京大学出版会、一九六六年）を参照。

（一一）永は、公孫永。公孫述の將軍。建武十二（三六）年、魚涪津で呉漢に敗れた（『後漢書』列傳八 呉漢傳）。

（一二）史興は、公孫述の娘婿。その將軍として、光武帝の大司馬の呉漢及び輔威將軍の臧宮の軍と戦って敗れ、斬られた（『後漢書』列傳三 公孫述傳）。

（一三）威虜將軍は、雜號將軍の一つ。馮駿の他には、後漢末に臧覇が就官している（『後漢書』列傳七 岑彭傳、『三國志』卷十八 臧覇傳）。

（一四）田戎は、西平郡の人。同郡の陳義とともに盗賊となり、更始元（二三）年に蜂起、夷陵で自立。のち光武帝配下の岑彭に討たれ、公孫述の下へ逃れ、光武帝の蜀平定軍と戦った（『後漢書』列傳七 岑彭傳注引『東觀漢記』）。

（一五）謝豐は、公孫述の大司徒。執金吾の袁吉とともに呉漢の軍と戦って敗れ、斬られた（『後漢書』列傳三 公孫述傳）。

（一六）臧宮は、潁川郡郟縣の人、字は君翁。光武帝の侍中・騎都尉として、更始帝・公孫述を破る。城門校尉、朗陵侯（『後漢書』列傳八 臧宮傳）。

（一七）恢は、公孫恢。公孫述の弟。その將軍として、輔威將軍の臧宮の軍と戦って敗れ、斬られた（『後漢書』列傳三 公孫述傳）。

（一八）護軍將軍は、官名。石井仁「曹魏の護軍について」（『東北大学日本文化研究所研究報告』二六、一九九〇年）を参照。

（一九）高午は、護軍。公孫述を攻撃した際、陣に赴き公孫述を斬った（『後漢書』列傳八 呉漢傳）。

（二〇）公孫晃は、『後漢書集解』に引く惠棟の説によれば、公孫光のことである。公孫光は、公孫述の弟で、公孫述の即位とともに大司馬に任命された（『後漢書』列傳三 公孫述傳）。

（二一）延岑は、字を牙。武安王を自称し、赤眉と更始帝の争いに乗じて三輔を荒しまわった。のち光武帝軍に討伐され、秦豐を頼り、さらに逃れて公孫述の將となる。光武帝の蜀平定に最後まで抵抗、平定軍を大いに苦しめた。公孫述の死とともに降伏するが、許されず、族滅された（『後漢書』列傳三 公孫述傳）。

（二二）引用部分は、『漢書』卷二十六 天文志の孟康注に、「飛、絶迹而去也。流、光迹相連也」とあり、字句に異同がある。

［現代語訳］

（建武）十（三四）年三月癸卯、流星があって月のようであり、太微垣より出て、北斗七星の第六星に入り、白色であった。傍らには小さな星が射るように十余りあり、消滅する際に雷のような音を発し、しばらくして止んだ。流星は（天からの）貴い使者であり、星の大きいものは使者の位が高く、星の小さいものは使者の位が低い。太微垣は天子の宮廷であり、北斗魁は殺をつかさどる。星が太微垣より出て、北斗魁に行きつくのは、天子の大使が出て、殺伐が起こる象である。十二月己亥、大流星があって缶《かめ》のよう（な大きさ）であり、柳宿から出て西南に向かい軫宿に入った。消滅する際、十余りに分裂し、残り火のようであった。程なく音がして、いんいんと雷のようであった。柳宿は周を示し、軫宿は秦・蜀を示す。大流星が柳宿から出て軫宿に入るのは、大使が周から蜀に入る（ことの象である）。この時、光武帝は大司馬の呉漢《ごかん》に命じて南陽郡の兵三万人を出発させ、船に乗って長江を遡上し、蜀の白帝公孫 述《こうそんじゅつ》を攻撃させた。また將軍の馬武《ばぶ》・劉《りゅう》尚《しょう》・郭霸《かくは》・岑彭《しんほう》・馮駿《ふうしゅん》に命じて武都《ぶと》郡（甘粛省成県の西）と巴《は》郡（四川省重慶市江北区）を平定させた。（建武）十二（三六）年十月、漢は兵を進めて公孫述の従弟である衛尉《えいい》の公孫永《こうそんえい》を撃ち、ついに廣都《こうと》縣（四川省成都市の南東）に至って、公孫述の娘婿である史興《しこう》を殺した。威虜 將軍《いりょしょうぐん》の馮駿は江州縣（四川省重慶市の江北区）を攻め落とし、公孫述の將である田 戎《でんじゅう》を斬った。呉漢はさらに公孫述の大司馬である謝豐《しゃほう》を撃ち、五千余りを斬首した。臧 宮《ぞうきゅう》は涪《ふ》城（四川省錦陽市の北東）を破り、公孫述の弟である大司空の公孫恢《こうそんかい》を殺した。十一月丁丑、漢の護軍 將軍《ごぐんしょうぐん》である高午《こうご》は公孫述を刺して胸を貫き、（公孫述は）その夜に死んだ。翌日、漢は蜀城に侵入して屠り、公孫述の大將の公孫晃《こうそんこう》・延岑《えんしん》らを誅し、数万人を殺して、公孫述と妻の宗族一万人以上を族滅させた。これは大將が出て殺伐する事應である。小さな星の飛び出すもの、および残り火のようになって十余りに分裂するのは、いずれも小將が随従することの象である。雷のように大きな音を発するのは、将兵が怒る徴である。

［劉昭注］

［一］孟康は（『漢書』巻二十六 天文志の注に）、「流星は、光の跡が連なっているものをいう。（光の）跡を絶って去っていくものを飛（星）という」と言っている。

［二］『古今注』に、「正月壬戌、月が心宿の後星を犯した。閏月庚辰、火が輿鬼（鬼宿）に入り、軫宿の北を通過した。庚申、月が斗宿にあり、丹のように赤かった」とある。

［三］臣《わたくし》劉昭がいう、「公孫述は白德を掲げて黃德の（王莽の）後を継いだとはいえ、ここで白帝と号するのは、文がくどくて冗長である。書例に明らかとはいえない」と。

【原文】

十二年正月［一］己未、小星流百枚以上、或西北、或正北、或東北、二夜止［二］。六月戊戌晨、小流星百枚以上、四面行。小星者、庶民之類。流行者、移徙之象也。或西北、或東北、或四面行、皆小民流移之徵。是時、西北討公孫述、北征盧芳。匈奴助芳侵邊、漢遣將軍馬武・騎都尉劉納・閻興、軍下曲陽・臨平・呼沱、以備胡。匈奴入河東、中國未安、米穀荒貴、民或流散。後三年、吳漢・馬武又徙鴈門・代郡・上谷・關西縣吏民六萬餘口、置常[1]〔山〕關・居庸關以東、以避胡寇。是小民流移之應［三］。

〔劉昭注〕

[一] 古今注曰、丁丑、月乘軒轅大星。

[二] 古今注曰、二月辛亥、月入氐、暈珥圍角・亢・房。

[三] 古今注曰、其年七月丁丑、月犯昴頭兩星。八月辛酉、水見東方翼分。九月甲午、火犯輿鬼。十月丁卯、大星流、有光、發東井西行、聲隆隆。十三年二月乙卯、火犯輿鬼西北。黃帝占曰、熒惑守輿鬼、大人憂。一曰、貴人當之。巫咸曰、水見翼、多火災。石氏曰、爲旱。郗萌占曰、流星出東井、所之國大水。

〔校勘〕

1．中華書局本により「山」を補う。

《訓読》

十二年正月[一]己未、小星 流るること百枚以上、或ひは西北、或ひは正北、或ひは東北、二夜にして止む[二]。六月戊戌の晨、小流星百枚以上、四面に行く。小星なる者は、庶民の類なり。流行なる者は、移徙の象なり。或ひは西北、或ひは東北、或ひは四面に行くは、皆小民流移の徵なり。是の時、西北のかた公孫述を討ち、北のかた盧芳(一)を征す。匈奴(二) 芳を助けて邊を侵すや、漢は將軍の馬武・騎都尉(三)の劉納(四)・閻興(五)を遣はして、下曲陽・臨平・呼沱に軍して、以て胡に備へしむ。匈奴 河東に入り、中國 未だ安からず、米穀 荒貴にして、民 或ひは流散す。後三年、吳漢・馬武 又 鴈門・代郡・上谷・關西の縣の吏民六萬餘口を徙し、常山關・居庸關以東に置きて、以て胡の寇を避けしむ。是れ小民流移の應なり[三]。

〔劉昭注〕

[一] 古今注に曰く、「丁丑、月 軒轅大星に乘る」と。

[二] 古今注に曰く、「二月辛亥、月 氐に入り、暈珥 角・亢・房を圍む」と。

[三] 古今注に曰く、「其年七月丁丑、月 昴頭の兩星を犯す。八月辛酉、水 東方の翼の分に見《あら》はる。九月甲午、火 輿鬼を犯す。十月丁卯、大星流れ、光有りて、東井を發して西に行き、聲隆隆たり。十三年二月乙卯、火 輿鬼の西北を犯す」と。黃帝占に曰く、「熒惑 輿鬼に守するは、大人 憂ふ。一に曰く、貴人之に當る」と。巫咸曰く、「水 翼に見はるは、火災多し」と。石氏曰く、「旱を爲す」と。郗萌(六)占に曰く、「流星 東井に出づるは、之く所の國 大水あり」と。

（補注）

（一）盧芳は、安定郡三水縣の人、字を君期。王莽の時、武帝の曾孫である劉文伯を詐称し、挙兵。更始帝が敗れると、三水郡の豪族によって上將軍・西平王に立てられた。匈奴と親しく、單于によって漢帝に立てられ、その後ろ盾のもと中原を荒らし回った。建武十六（四〇）年、光武帝に降伏するも、また謀反を起こして匈奴に逃亡、十年余りのち病死した（『後漢書』列傳二 盧芳傳）。

（二）匈奴とは、紀元前三世紀に陰山山脈から勃興した遊牧騎馬民族。冒頓單于の時に全盛期を迎え、前漢の高祖劉邦を白登山の戦いに破ったが、衞青・霍去病らを派遣した武帝の反撃により衰退し、東西に分裂した。さらに、後漢光武帝の建武二十四（四八）年十月、匈奴は南北に分裂すると、二十五（四九）年正月には、早くも「(南匈奴の單于は) 闕に詣りて貢獻し、蕃を奉じて臣を稱す」（『後漢書』本紀一下 光武帝紀下）とあり、元會儀への參加と漢への臣従を行っている。他方、北匈奴も、和帝の永元十六（一〇四）年十一月に、臣と称して貢献している（『後漢書』本紀四和帝紀）。なお、漢代から五代に至るまでの異民族の貢献・貢納は、『册府元龜』巻九百六十九から巻九百七十二間での外臣部・朝貢一から五に整理された記事がある。

（三）騎都尉は、官名。羽林の騎兵を監督する。光祿勳に属し、官秩は比二千石（『後漢書』志二十五 百官二）。

（四）劉納は、騎都尉。これ以外の詳しい事跡は不明である。靈帝期に尚書・歩兵校尉となった劉納は別人である。

（五）閻興は、騎都尉。『後漢書』列傳三十一 第五倫傳には、「京兆尹閻興」とあるが、これが同一人物であるかは不明（『後漢書』志十 天文上）。

（六）郗萌占は、書名か。『隋書』經籍志などにも著録がなく、詳細は不明である。著者と目される郗萌は、漢末の郎中、祕書郎。天文に通じ、宣夜の學の内容を書きとどめ、その一部が今日に伝わる。著書に、『春秋災異』十五巻がある（『晉書』巻十一 天文志上、『隋書』巻三十二 經籍志一）。

［現代語訳］

（建武）十二（三六）年正月己未、百個以上の小星が流れ、あるものは西北へ、あるものは真北へ、あるものは東北へ向かい、二夜にして止んだ。六月戊戌の晨、小さな流星が百個以上あり、四方に飛んでいった。小星というものは、庶民の類である。流行というものは、移り動くことの象である。あるものは西北、あるものは東北、あるものは四面にいくとは、いずれも庶民が移り動く徴である。この時、西北の公孫述を討ち、北の盧芳《ろほう》を征伐した。匈奴《きょうど》が盧芳を助けて辺境を侵すと、漢は將軍の馬武・騎都尉《きとい》の劉納《りゅうどう》・閻興《えんこう》を派遣して、下曲陽《かきょくよう》縣（河北省晉県の西）・臨平《りんぺい》縣（河北省晉県の南東）・呼沱《こた》に陣取り、胡に備えさせた。匈奴が河東に侵入したことで、中国はまだ安定せず、米穀（の値が）高騰し、民草は流散した。三年後、呉漢と馬武はまた鴈門《がんもん》郡（山西省代県の北西）・代《だい》郡（山西省陽高の北西）・上谷《じょうこく》郡（河北省懐来の南東）・關西（函谷関あるいは潼関より西の地区）の縣の吏民六万余口を、常山《じょうざん》關（河北省唐県の北西の倒馬関）・居庸《きょよう》關（北京市昌平の北西の居庸関）以東に移住させ、それによって胡の侵攻を避けさせた。これは庶民が流れ移る事應である。

［劉昭注］

［一］『古今注』に、「丁丑、月が軒轅大星の上にきた」とある。

［二］『古今注』に、「二月辛亥、月が氐宿に入り、暈珥《うんじ》（月の周囲に生ずるかさ）が角宿・亢宿・房宿を囲んだ」とある。

［三］『古今注』に、「その年の七月丁丑、月が昴宿の両星を犯した。八月辛酉、水星が東方の翼宿の境に現れた。九月甲午、火星が輿鬼を犯した。十月丁卯、大星が流れ、光を放って、東井から出て西に行き、大きな音を立てた。（建武）十三（三七）年二月乙卯、火星が輿鬼の西北を犯した」とある。『黄帝占《こうていせん》』に、「熒惑（火星）が輿鬼に留まるときは、大人の不幸がある。一説によれば、貴人がこれにあたる」とあるう。巫咸は、「水星が翼宿に現れるときは、火災が多く発生する（象である）」と言っている。石氏（石申夫）は、「旱魃が起こる（象である）」と言っている。『郗萌占《ちぼうせん》』に、「流星が東井に出るときは、（流星が）向かう先の国で大水が起こる（象である）」とある。

【原文】

十五年正月丁未、彗星見昴〔一〕、稍西北行入營室、犯離宮〔二〕。三月乙未、至東壁滅、見四十九日。彗星爲兵入除穢、昴爲邊兵、彗星出之爲有兵。至十一月、定襄都尉陰承反、太守隨誅之。盧芳從匈奴入居高柳、至十六年十月降、上璽綬。一曰、昴星爲獄事。是時、大司徒歐陽歙以事繫獄、踰歲死。營室、天子之常宮、離宮、妃后之所居。彗星入營室、犯離宮、是除宮室也。是時、郭皇后已疏。至十七年十月、遂廢爲中山太后、立陰貴人爲皇后。除宮之象也〔三〕。

〔劉昭注〕

〔一〕炎長三丈。韓揚占曰、在昴、大國起兵也。

〔二〕韓揚占曰、彗出營室・東壁之間、爲兵起也。

〔三〕古今注曰、十六年四月、土星逆行。十七年三月乙未、火逆行、從東門入太微、到執法星東。己酉、南出端門。十八年十二月壬戌、月犯木星。十九年閏月戊申、火逆、從氐到亢。二十一年七月辛酉、月入畢。二十三年三月癸未、月食火星。郗萌曰、熒惑逆行氐、爲失火。

《訓読》

十五年正月丁未、彗星 昴に見はれ〔一〕、稍《やうや》く西北して行きて營室に入り、離宮を犯す〔二〕。三月乙未、東壁に至りて滅す、見はること四十九日なり。彗星は兵入りて穢を除《はら》ふと爲し、昴は邊兵爲り、彗星之に出づるは兵有りと爲す。十一月に至りて、定襄都尉の陰承（一） 反し、太守隨ひて之を誅す。盧芳 匈奴より入りて高柳に居り、十六年十月に至りて降り、璽綬を上《たてまつ》る。一に曰く、昴星は獄事爲りと。是の時、大司徒の歐陽歙（二） 事を以て獄に繫がれ、歲を踰えて死す。營室は、天子の常宮、離宮は、妃后の居る所なり。彗星 營室に入り、離宮を犯すは、是れ宮室を除ふなり。是の時、郭皇后 已に疏《うと》んぜらる。十七年十月に至りて、遂に廢して中山太后と爲し、陰貴人を立てて皇后と爲す。宮を除ふの象なり〔三〕。

〔劉昭注〕

〔一〕炎の長さ三丈。韓揚占に曰く、「昴に在れば、大國 兵を起こすなり」と。

〔二〕韓揚占に曰く、「彗 營室・東壁の間に出づるは、兵起こると爲すなり」と。

〔三〕古今注に曰く、「十六年四月、土星 逆行す。十七年三月乙未、火 逆行し、東門より太微に入り、執法星の東に到る。己酉、南のかた端門に出づ。十八年十二月壬戌、月 木星を犯す。十九年閏月戊申、火 逆にして、氐より亢に到る。二十一年七月辛酉、月 畢に入る。二十三年三月癸未、月 火星に食す」と。郗萌曰く、「熒惑 氐に逆行するは、失火と爲す」と。

（補注）

（一）陰承は、定襄都尉。光武帝に叛くも、誅殺された。ここ以外に記録がなく、他の事跡は不明である（『後漢書』志十 天文上）。

（二）歐陽歙は、樂安郡千乘縣の人、字を正思。伏生の今文尚書を受け継いだ歐陽生の八世孫で、歙に至るまで代々博士となり、王莽、更始帝、光武帝のいずれにも用いられた。汝南太守から大司徒となったが、汝南太守の時の罪によって捕らえられ、獄中で死去した（『後漢書』列傳六十九上 儒林上 歐陽歙傳）。

［現代語訳］

（建武）十五（三九）年正月丁未、彗星が昴宿に現れ、次第に西北に行って營室（室宿）に入り、離宮を犯した。三月乙未、東壁に至って消滅したが、四十九日も出現していた。彗星は、兵が入って穢れを除《はら》うことの象であり、昴宿は辺境を守る兵（の象）であり、彗星がここに出現するのは戦争の象である。十一月になって、定襄都尉《ていじょうとい》の陰承《いんしょう》が叛き、（定襄）太守がこれに従って誅殺した。盧芳は匈奴から入って高柳《こうりゅう》縣（山西省陽高）におり、（建武）十六（四〇）年十月になって降伏し、璽綬を奉った。一説によれば、昴星は裁判沙汰（の象）であるという。この時、大司徒の歐陽歙《おうようきゅう》は罪を問われて獄に繋がれ、翌年になって死んだ。營室は、天子が常にいる宮であり、離宮は、妃后がいる所である。彗星が營室に入り、離宮を犯すのは、宮室を払うこと（の象）である。この時、郭皇后はすでに疎まれており、（建武）十七（四一）年十月になって、かくて（皇后を）廃して中山太后とし、（代わって）陰貴人を皇后に立てた。（これは）宮室を払うことの徴である。

［劉昭注］

［一］（彗星の）炎の長さは三丈あった。『韓揚占』に、「（彗星が）昴宿にあるときは、大国が兵を起こす（象である）」とある。

［二］『韓揚占』に、「彗星が營室と東壁の間に出現するときは、戦争が起こる（象である）」とある。

［三］『古今注』に、「（建武）十六（四〇）年四月、土星が逆行した。（建武）十七（四一）年三月乙未、火星が逆行し、東門から太微垣に入り、執法星の東に到った。己酉、南の端門に出現した。（建武）十八（四二）年十二月壬戌、月が木星を犯した。（建武）十九（四三）年閏月戊申、火星が逆行して、氐宿から亢宿に到った。（建武）二十一（四五）年七月辛酉、月が畢宿に入った。（建武）二十三（四七）年三月癸未、月が火星により食となった」とある。郗萌は、「熒惑が氐宿に逆行するときは、失火がある（象である）」と言っている。

《参校》

○建武十五年正月の条（『後漢書』本紀一上 光武帝紀下）

（建武）十五年春正月……丁未、有星孛於昴。汝南太守歐陽歙爲大司徒。建義大將軍朱祐罷。丁未、有星孛於營室。

・本紀の記事は、天文志の「十五年正月丁未、彗星見昴、稍西北行入營室、犯離宮」を二箇所に分けて記述している。

【原文】

三十年閏月甲午、水在東井二十度。生白氣、東南指、炎長五尺、爲彗、東北行、至紫宮西藩止、五月甲子不見。凡見三十一日。水常以夏至放於東井。閏月在四月、尚未當見而見、是贏而進也。東井爲水衡、水出之爲大水。是歲五月及明年、郡國大水、壞城郭、傷禾稼、殺人民。白氣爲喪、有炎作彗、彗所以除穢。紫宮、天子之宮。彗加其藩、除宮之象［一］。後三年、光武帝崩。

〔劉昭注〕
〔一〕荊州星經曰、彗在東井、國大人死。七十日主當之、五十日相當之、三十日兵將當之。

《訓読》
三十年閏月甲午、水 東井二十度に在り。白氣を生じ、東南に指さし、炎は長さ五尺、彗を爲し、東北に行き、紫宮の西藩に至りて止まり、五月甲子に見えず。凡そ見はるること三十一日。水は常に夏至を以て東井に放つ。閏月は四月に在り、尙ほ未だ當に見はるべからずして見はる、是れ贏《すす》みて進むなり。東井は水衡爲り、水 之に出づるを大水と爲す。是の歲五月より明年に及ぶまで、郡國に大水あり、城郭を壞し、禾稼を傷つけ、人民を殺す。白氣は喪爲り、炎有りて彗を作すは、彗 穢を除ふ所以なり。紫宮は、天子の宮なり。彗 其の藩に加はるは、宮を除ふの象なり〔一〕。後三年にして、光武帝 崩ず。

〔劉昭注〕
〔一〕荊州星經に曰く、「彗 東井に在れば、國の大人 死せん。七十日は主 之に當り、五十日は相 之に當り、三十日は兵將 之に當る」と。

〔現代語訳〕
（建武）三十（五四）年閏月甲午、水星が東井二十度の位置にあった。白氣を生じて、東南の方向を指し、炎の長さは五尺、彗《ほうき》を出して、東北に行き、紫宮の西藩（西壁）に至って止まり、五月甲子に見えなくなった。およそ三十一日間出現していた。水星は常に夏至の時に東井で（光を）放つ。閏月は四月にあり、まだ現れるべきではないのに現れ、進んで行った。東井は水計りのことであり、水星がここに出現するときは大水がある（象である）。この年の五月から翌年まで、郡國に大水があり、城郭を破壊し、穀物を傷つけ、人民を殺した（これはその事應である）。白氣は喪事を示し、炎があり彗となるのは、彗が穢れを払うためである。紫宮は、天子の宮廷である。彗がその藩《さかい》に重なるのは、宮を払う象である。三年後、光武帝が崩御した（のはその事應である）。

〔劉昭注〕
〔一〕『荊州星經《けいしゅうせいけい》』に、「彗星が東井にあるときは、國の大人が死ぬ（象である）。七十日（出現しているとき）は君主がこれに該当し、五十日では宰相がこれに該当し、三十日は兵將がこれに該当する」とある。

《參校》
○建武三十年閏月の条（『後漢書』本紀一下 光武帝紀下）
閏月癸丑、車駕還宮。有星孛于紫宮。
・同一の天文現象が記録されている。

【原文】
三十一年七月〔一〕戊午、火在輿鬼一度、入鬼中、出尸星南半度、十月己亥、犯軒轅大星。又七[1]（日）〔星〕間有客星、炎二尺所、西南行。至明年二月二十二日、在輿鬼東北六尺所滅。凡見百一十三日〔二〕。熒惑爲凶衰、輿鬼尸星主死亡、熒惑入之爲大喪。軒轅爲後宮。

七星、周地。客星居之爲死喪。其後二年、光武崩。

〔劉昭注〕

〔一〕古今注曰、戊申、月犯心後星。

〔二〕輿鬼五星、天府也。黄帝占曰、輿鬼、天目也。朱雀頭也。中央星如粉絮、鬼爲變害故言。一名天尸・斧鉞。或以病亡、或以誅斬。火[2]〔刻〕〔尅〕金、天以制法。其西南一星、主積布帛。西北一星、主積金玉。東北一星、主積馬。東南一星、主積兵、一曰主領珠錢。郗萌曰、輿鬼者、參之尸也。弧射狼、誤中參左肩、擧尸之東井治、留尸輿鬼、故曰天尸。鬼之爲言、歸也。又占、月・五星有入輿鬼、大臣誅。有干[3]〔鍼〕〔鉞〕乘質者、君・貴人憂、金玉用、民人多疾。從南入爲男子、從北入爲女、從西入爲老人、從東入爲丁壯。棺木倍價。

〔校勘〕

1. 上杉本は「日」につくるが、中華書局本により「星」に改める。
2. 上杉本は「刻」につくるが、中華書局本により「尅」に改める。
3. 上杉本は「鍼」につくるが、中華書局本により「鉞」に改める。

《訓読》

三十一年七月[一]戊午、火 輿鬼一度に在り、鬼の中に入りて、尸星の南半度に出で、十月己亥、軒轅大星を犯す。又 七星の間に客星有り、炎は二尺所《ばか》り、西南に行く。明年二月二十二日[二]、輿鬼の東北六尺所りに在りて滅す。凡そ見はるること百一十三日[二]。熒惑は凶衰爲り、輿鬼尸星は死亡を主り、熒惑 之に入るを大喪と爲す。軒轅は後宮爲り。七星は、周の地なり。客星 之に居るを死喪と爲す。

其の後二年、光武 崩ず。

〔劉昭注〕

〔一〕古今注に曰く、「戊申、月 心の後星を犯す」と。

〔二〕輿鬼の五星は、天府なり。黄帝占に曰く、「輿鬼は、天目なり。朱雀の頭なり。中央の星は粉絮の如く、鬼は變害を爲すが故に言ふ。一に天尸・斧鉞と名づく。或いは以て病亡し、或いは以て誅斬せらる。火は金に尅《か》ち、天は以て法を制す。其の西南の一星は、布帛を積むことを主る。西北の一星は、金玉を積むことを主る。東北の一星は、馬を積むことを主る。東南の一星は、兵を積むことを主る。一に珠錢を領することを主ると曰ふ」と。郗萌曰く、「輿鬼なる者は、參の尸なり。弧 狼を射るも、誤りて參の左肩に中《あ》つ。尸を擧げて東井の治に之き、留めて輿鬼を尸《さら》す、故に天尸と曰ふ。鬼の言爲るや、歸なり」と。又 占に、「月・五星 輿鬼に入ること有るは、大臣 誅せらる。干鉞 質に乘ること有るは、君・貴人 憂へ、金玉 用ひらるは、民人に疾多し。南より入るを男子と爲し、北より入るを女と爲し、西より入るを老人と爲し、東より入るを丁壯と爲す。棺木は價を倍にす」と。

〔現代語訳〕

（建武）三十一（五五）年七月戊午、火星が輿鬼一度のところにあり、鬼宿の中に入り、尸星の南半度に出て、十月己亥、軒轅大星を犯した。また（朱雀七宿の一つである）七星の間に客星があり、炎は二尺ばかりをあげ、西南に向かった。翌年二月二十二日になって、輿鬼の東北六尺ほどのところにあって消滅した。およそ百十三日出現していた。熒惑は凶衰であり、輿鬼尸星は死亡をつかさどり、熒惑がここに入るのは大喪を示す（象である）。軒轅は後宮である。七星は、周の地である。客星がここに位置するのは死喪を示す（象である）。その二年後、光武帝が崩御した（のはその事應である）。

［劉昭注］

［一］『古今注』に、「戊申、月が心宿の後星を犯した」とある。

［二］輿鬼の五星は、天府を示す。『黄帝占』に、「輿鬼は、天の目である。（南方の）朱雀（七宿）の頭にあたる。中央の星は綿くずのようであり、鬼が変災や危害を為すためこのようにいう。あるいは天尸《てんし》または斧鉞《ふえつ》とも呼ぶ。あるいは（天尸は）病気で亡くなり、あるいは（斧鉞は）罪に処されて斬られるという（象である）。火は金に尅《か》ち、天は法を制定する。その西南の一星は、麻や絹をたくわえることを管轄する。西北の一星は、金銭や宝玉をたくわえることを管轄する。東北の一星は、馬をたくわえることを管轄する。東南の一星は、兵をたくわえることを管轄し、一説には珠玉や金銭の取りまとめを管轄する（象である）という」とある。郗萌は、「輿鬼とは、參宿の尸《しかばね》である。弧星が狼星を射るも、誤って參宿の左肩に当ててしまった。死体を担いで東井の治に行き、（死体を）留めて輿鬼をさらしたため、天尸という。鬼という字の意味は、帰である」と言っている。また『占』に、「月と五惑星が輿鬼に入るときは、大臣が罪に処される（象である）。干鉞（鈇鉞）が質の上に乗ることがあれば、君や貴人が憂慮し、金玉が用いられれば、民に病気が多く発生する（象である）。南から入るときは男子であり、北から入るときは女であり、西から入るときは老人であり、東から入るときは若者である（象である）。棺の材料となる木は値段が倍になる（象である）」とある。

## 【原文】

中元［一］二年八月丁巳、火犯太微西南角星、相去二寸。十月戊子、大流星從西南東北行、聲如雷。火犯太微西南角星、爲將相。後太尉趙憙・司徒李訢坐事免官。大流星爲使。中郎將竇固・揚虛侯馬武・揚鄉侯王賞將兵征西也。

［劉昭注］

［一］古今注曰、元年三月甲寅、月犯心後星。

《訓読》

中元［一］二年八月丁巳、火 太微の西南の角星を犯し、相 去ること二寸。十月戊子、大流星 西南より東北に行き、聲は雷の如し。火 太微の西南の角星を犯すは、將相と爲す。後に太尉（一）の趙憙（二）・司徒の李訢（三）事に坐して官を免ぜらる。大流星は使爲り。中郎將（四）の竇固（五）・揚虛侯の馬武・揚鄉侯の王賞（六）兵を將ゐて西を征するなり。

［劉昭注］

［一］古今注に曰く、「元年三月甲寅、月 心の後星を犯す」と。

（補注）

（一）太尉は、三公の一つ。武官を掌握し、その戦功の評価、賞罰の判定を職掌とする。後漢初期には前漢に倣い大司馬と呼ばれたが、建武二十七年、太尉と改称された（『後漢書』志二十四 百官一）。

（二）趙憙は、南陽郡宛縣の人、字は伯陽。はじめ更始帝に仕え、のち光武帝に召しだされる。各地の相・令・太守を歴任していずれも治績を挙げ、建武二十七（五一）年より太尉となり、光武帝の遺詔を承け、その喪禮を正した。明帝の永平三（六〇）年に免ぜられたが、のち復官して章帝の太傅・錄尙書事となり、建初五（八〇）年、八十四歳で薨じた。謚は正侯（『後漢書』列傳十六 趙憙傳）。

（三）李訢は、靑州東萊郡の人。光武帝に仕えるまでの前歴は不明。明帝の中元二（五七）年に安鄕侯に封ぜられ、永平三（六〇）年、趙憙とともに事に坐して免ぜられた（『後漢書』列傳十七 郭丹傳、志十 天文志上）。なお、趙憙は中山相である薛脩の不正に坐して免ぜられている。李訢の罷免もこれによるものであろうか（『後漢書』列傳十六 趙憙傳）。

（四）中郎將は、官名。官秩は比二千石。光祿勳の屬官で、郎官を統率して宮城を警備した。後漢では、五官・左・右・虎賁・羽林の五つの中郎將が設置されていた（『後漢書』志二十五 百官二）。安作璋・熊鉄基『秦漢官制史稿』（斉魯書社、一九八四年）を參照。

（五）竇固は、字を孟孫。竇融の弟である竇友の子。兵書を好み、辺境の諸事に明るく、明帝の匈奴征伐の際、奉車都尉に任ぜられ、西域を漢の支配下に置き、都護を設けた。また、光武帝の次女である涅陽公主を娶っている。章和二（八八）年、卒した。光祿勳、顯親侯。謚は文侯（『後漢書』列傳十三 竇融傳附竇固傳）。

（六）王賞は、射聲校尉。のち揚鄕侯に至った（『後漢書』志十 天文志上）。

［現代語訳］

中元《ちゅうげん》二（五七）年八月丁巳、火星が太微の西南の角星を犯し、二つの間は二寸離れていた。十月戊子、大流星が西南から東北に行き、雷のような音を立てた。火星が太微の西南の角星を犯すことは、將軍や宰相（の象）である。後に太尉《たいい》の趙憙《ちょうき》・司徒《しと》の李訢《りきん》が罪に問われて免官となった（のはその事應である）。大流星は（天からの）使者である。中郎將《ちゅうろうしょう》の竇固《とうこ》・揚虚侯《ようきょこう》の馬武・揚鄕侯《ようきょうこう》の王賞《おうしょう》は兵を率いて西方を征伐した（のはその事應である）。

［劉昭注］

［一］『古今注』に、「（中元）元（五六）年三月甲寅、月が心宿の後星を犯した」とある。

## 【原文】

後漢書志第十一　　劉昭注補

天文中　明十二　章五　和三十三　殤一　安四十六　順二十三　質三

明十二

孝明永平元年四月丁酉、流星大如斗。起天市樓、西南行、光照地。流星爲外兵、西南行爲西南夷。是時、益州發兵擊姑復蠻夷大牟替滅陵、斬首傳詣雒陽〔一〕。

〔劉昭注〕

〔一〕古今注曰、閏九月辛未、火在太微左執法星所、光芒相及。十一月辛未、土逆行、乘東井北軒轅第二星。二年十二月戊辰、月食火星。黃帝星經曰、出入井、爲人主。一曰[1](陽)〔賜〕爵祿事。

〔校勘〕

1．上杉本は「陽」につくるが、中華書局本により「賜」に改める。

《訓読》

後漢書志第十一　　劉昭注補

天文中　明十二　章五　和三十三　殤一　安四十六　順二十三　質三

明十二

孝明の永平元年四月丁酉、流星　大なること斗の如し。天市樓(一)に起き、西南のかた行きて、光は地を照らす。流星は外兵爲り、西南に行くは西南夷と爲す。是の時、益州　兵を發して姑復蠻夷(二)の大牟替滅陵(三)を擊ち、首を斬り傳へて雒陽に詣らしむ〔一〕。

〔劉昭注〕

〔一〕古今注に曰く、「閏九月辛未、火　太微の左執法星(四)の所に在り、光芒　相　及ぶ。十一月辛未、土　逆行し、東井の北の軒轅の第二星に乘る。二年十二月戊辰、月　火星を食す」と。黃帝星經に曰く、「出でて井に入る、人主と爲す。一に曰く、爵祿を賜ふの事なり」と。

（補注）

（一）天市樓は、天市垣の市樓のこと。市樓は、星官の名。橋本敬造『中国占星術の世界』（前揭）によれば、距星は、へび座 ο星。

（二）姑復蠻夷は、西南夷の一つ。王莽の時、その長の大牟に率いられ独立。光武帝の太守である文齊に従っていたが、建武十八（四二）年、諸夷とともに反乱を起こし、二年あまりで平定される。永平元（五八）年に再び反乱を起こしたが、平定され、大牟も誅された（『後漢書』列傳七十六 西南夷傳、志十一 天文中）。

（三）大牟替滅陵は、姑復蠻夷の長。永平元（五八）年に反乱を起こしたが、平定されて誅殺された（『後漢書』志十一 天文中）。

（四）左執法星は、太微の左垣にある星官の名。橋本敬造『中国占星術の世界』（前揭）によれば、距星は、おとめ座 η星。

〔現代語訳〕

後漢書志第十一　　劉昭注補

天文中　明十二　章五　和三十三　殤一　安四十六　順二十三　質三

明十二

明帝《めいてい》の永平《えいへい》元（五八）年四月丁酉、流星があり一斗枡のような大きさであった。天市樓《てんしろう》（天市垣の市樓）から出現して、西南に向かって行き、その光は地上を照らした。流星は外敵との戦い（の象）である、（流星が）西南に行くときは西南夷《せいなんい》（との戦い）がある（という象である）。この時、益州《えきしゅう》は兵を発して姑復蠻夷《こふくばんい》の大牟替滅陵《たいぼうたいめつりょう》を攻撃し、その首を斬って雒陽《らくよう》（河南省洛陽市の北東）にもたらせた（のはその事應である）。

〔劉昭注〕

〔一〕『古今注《ここんちゅう》』に、「閏九月辛未、火星が太微垣《たいびえん》の左執法星《さしっぽうせい》のところにあり、光芒が及んだ。十一月辛未、土星が逆行し、東井《とうせい》の北の軒轅《けんえん》の第二星の上に来た。（永元）二（五九）年十二月戊辰、月が火星を食した」とある。『黃帝星經《こうていせいけい》』に、「（流星が）出て井宿に入るのは、人主（の象）である。一説には、爵位と秩禄を賜う（象である）という」とある。

【原文】

三年六月丁卯、彗星出天船北、長二尺所、稍北行至亢南、1（百）〔見〕三十五日去。天船爲水、彗出之爲大水。是歲、伊・雒水溢、到津城門、壞伊橋。郡七縣三十二皆大水。

〔校勘〕

1．上杉本は「百」につくるが、中華書局本により「見」に改める。

《訓読》

三年六月丁卯、彗星 天船(一)の北に出で、長さ二尺所《ばか》り、稍く北のかた行きて亢の南に至り、見《あら》はるること三十五日にして去る。天船は水爲り、彗 之より出づるを大水と爲す。是の歲、伊・雒水 溢れ、津城門に到り、伊橋を壞す。郡七 縣三十二 皆 大水あり。

（補注）

（一）天船は、星官の名。胃宿に属する。橋本敬造『中国占星術の世界』（前掲）によれば、距星は、ペルセウス座 α星。

〔現代語訳〕

（永平）三（六〇）年六月丁卯、彗星が天船《てんせん》の北に出現し、長さは二尺ばかりで、次第に北に向かって進んで亢《こう》宿の南に至り、三十五日出現して去った。天船は水であり、彗星がここから出現するときは大水が起こる（象である）。この年、伊水《いすい》（河南省の伊河）と雒水《らくすい》（河南省の洛河）が溢れ、（その水が洛陽城南面の西門である）津城門《しんじょうもん》にまで到り、伊橋を壊した。七つの郡と三十二の縣でいずれも大水があった（という事應がみられた）。

《参校》

○ 永元三年六月の条（『後漢書』本紀二 明帝紀）

（永元三年）六月丁卯、有星孛于天船北。

・同一の天文現象が記録されている。

【原文】

四年八月辛酉、客星出梗河、西北指貫索、七十日去。

梗河爲胡兵。至五年十一月、北匈奴七千騎入五原塞、十二月又入雲中、至原陽。貫索、貴人之牢。其十二月、陵鄉侯梁松、坐怨望懸飛書誹謗朝廷、下獄死。妻子・家屬徙九眞。

《訓読》

四年八月辛酉、客星 梗河(一)に出で、西北のかた貫索(二)を指し、七十日にして去る。梗河は胡兵爲り。五年十一月に至り、北匈奴の七千騎五原塞に入り、十二月 又 雲中に入り、原陽に至る。貫索は、貴人の牢なり。其の十二月、陵鄉侯の梁松(三)、怨望して飛書を懸け朝廷を誹謗するに坐し、獄に下りて死す。妻子・家屬は九眞に徙さる。

（補注）

（一）梗河は、星官の名。氐宿に属する。橋本敬造『中国占星術の世界』（前掲）によれば、距星は、うしかい座ε星。

（二）貫索は、星官の名。天市垣に属する。橋本敬造『中国占星術の世界』（前掲）によれば、距星は、かんむり座α星。

（三）梁松は、字を伯孫。梁統の子。光武帝の長女である舞陽長公主を娶っている。広く經書に通じ、禮制の議論に参与した。永平二（五九）年、郡縣への贈賄要求が発覚して免官されたが、これを逆恨みして明帝を誹謗し、捕らえられて獄死した。太僕、適陵鄉侯（『後漢書』列傳二十四 梁統傳附梁松傳）。

［現代語訳］

（永平）四（六一）年八月辛酉、客星が梗河《こうが》に出現し、（その尾は）西北に向かって貫索《かんさく》（の方角）を向き、七十日経って去った。梗河は胡兵（の象）である。（永平）五（六二）年十一月に至り、北匈奴《きたきょうど》の七千騎が五原塞《ごげんさい》（内蒙古自治区托克托の西、黄河北岸一帯）に入り、十二月、また雲中《うんちゅう》郡（内蒙古自治区托克托の北東）に入り、原陽《げんよう》縣（内蒙古自治区呼和浩特《フホホト》市の南東）に至った（のはその事應である）。貫索は、貴人の牢（の象）である。その（年の）十二月、陵郷侯《りょうきょうこう》の梁松《りょうしょう》は、怨みを抱いて匿名の投書を懸けて朝廷を誹謗したことで罪に触れ、獄に下されて死んだ。妻子や家族は九眞郡《きゅうしん》（ベトナム清化省清化の西北東山県の県境）に移された（のはその事應である）。

【原文】

七年正月戊子、流星大如杯、從織女西行、光照地。織女、天之眞女、流星出之、女主憂。其月癸卯、光烈皇后崩[一]。

［劉昭注］

[一] 古今注曰、三月庚戌、客星光氣二尺所、在太微左執法南端門外、凡見七十五日。

《訓読》

七年正月戊子、流星 大なること杯の如く、織女(一)より西行し、光は地を照らす。織女は、天の眞女にして、流星 之より出づるは、女主憂ひあり。其の月の癸卯、光烈皇后 崩ず[一]。

［劉昭注］

［一］古今注に曰く、「三月庚戌、客星の光氣 二尺所り、太微の左執法の南端の門外に在り、凡そ見はるること七十五日」と。

（補注）

（一）織女は、星官の名。斗宿に属する。橋本敬造『中国占星術の世界』（前掲）によれば、距星は、こと座α星。日本では七夕の「おりひめ」としてよく知られる。

［現代語訳］

（永平）七（六四）年正月戊子、流星があり杯のような大きさで、織女《しょくじょ》から西に行き、その光は地上を照らした。織女は、天の真女であり、流星がここから出現するときは、女主に不幸がある（象である）。その月の癸卯、光烈皇后《こうれつこうごう》（陰皇后《いんこうごう》）が崩御した（のはその事應である）。

［劉昭注］

［一］『古今注』に、「三月庚戌、光氣が二尺ばかりの客星があり、太微垣の左執法の南端の門外にあり、およそ七十五日出現していた」とある。

【原文】

八年六月壬午、長星出柳・張三十七度、犯軒轅、刺天船、陵太微。氣至上陛、凡見五十六日去。柳、周地。是歲、多雨水、郡十四傷稼［一］。

［劉昭注］

［一］古今注曰、十二月戊子、客星出東方。

《訓讀》

八年六月壬午、長星 柳・張の三十七度より出で、軒轅を犯し、天船を刺し、太微に陵《せま》る。氣は上陛に至り、凡そ見はるること五十六日にして去る。柳は、周の地なり。是の歲、雨水多く、郡十四 稼を傷つく［一］。

［劉昭注］

［一］古今注に曰く、「十二月戊子、客星 東方に出づ」と。

［現代語訳］

（永平）八（六五）年六月壬午、長星《ちょうせい》（ほうき星の一種）が柳宿《りゅう》と張宿《ちょう》の三十七度のところに出現し、軒轅星《けんせんせい》を犯し、天船を刺し、太微垣に接近した。その氣は上陛に至り、およそ五十六日出現して去った。柳は、周の地である。この年、雨が多く、十四の郡で穀物の実りを損なった。

［劉昭注］

［一］『古今注』に、「十二月戊子、客星が東方に現れた」とある。

【原文】

九年正月戊申、客星出牽牛、長八尺、歷建星至房南［一］滅。見至五十日［二］。牽牛主吳・越、房・心爲宋。後廣陵王荊與沈涼、楚王英與顏忠各謀逆、事覺、皆自殺。廣陵屬吳、彭城古宋地[三]。

[劉昭注]

[一] 古今注曰、歴斗・建・箕・房、過角・亢至翼。芒東指。

[二] 郗萌占曰、客星舍房、左右羣臣有呑藥死者。又占有奪地。

[三] 古今注曰、十年七月甲寅、月犯歳星。十一年六月壬辰、火犯土星。

《訓読》

九年正月戊申、客星 牽牛より出で、長さ八尺、建星（一）を歴て房の南に至りて[一]滅す。見はるること五十日に至る[二]。牽牛は呉越を主り、房・心は宋為り。後に廣陵王の荊（二）と沈涼（三）、楚王の英（四）と顔忠（五） 各〻逆を謀り、事 覺られ、皆 自殺す。廣陵は呉に屬し、彭城は古の宋の地なり[三]。

[劉昭注]

[一] 古今注に曰く、「斗・建・箕・房を歴て、角・亢を過りて翼に至る。芒は東に指す」と。

[二] 郗萌の占に曰く、「客星 房に舎れば、左右の羣臣の藥を呑みて死する者有り」と。又 占に、「地を奪ふこと有り」と。

[三] 古今注に曰く、「十年七月甲寅、月 歳星を犯す。十一年六月壬辰、火 土星を犯す」と。

（補注）

（一）建星は、星官の名。斗宿に属する。橋本敬造『中国占星術の世界』（前掲）によれば、距星は、いて座$\xi^2$星。

（二）荊は、劉荊。建武十七（四一）年に山陽王となった。皇太子荘（のちの明帝）の同母弟にあたる。それゆえか不遜な言動が多く、光武帝の死後、本来の皇太子であった東海王の劉彊に即位を勧める書簡を送り、また謀反を示唆する言動を繰り返したため、廣陵王に徙され、自殺に追い込まれた（『後漢書』列傳三十二 光武十王 廣陵思王荊傳）。

（三）沈涼は、人名。山陽王の劉荊とともに謀反を企てたが、事が発覚したため、自殺に追い込まれた（『後漢書』志十一 天文中）。

（四）楚王の英は、劉英。光武帝の子。母の許氏が寵愛を受けなかったため、小國の楚に封ぜられた。黄老思想を好み、方士と交際して符瑞や圖讖を偽作したため、明帝の永平十三（七〇）年に、大逆罪に問われ、自殺した（『後漢書』列傳三十二 光武十王 楚王英傳）。

（五）顔忠は、楚の人。楚王の劉英と共に反乱を企てたとして誅殺された（『後漢書』列傳三十二 光武十王 楚王英傳）。

[現代語訳]

（永平）九（六六）年正月戊申、客星が牽牛《けんぎゅう》から出現し、長さは八尺、建星《けんせい》をめぐり房《ぼう》宿の南に至って消滅した。出現すること五十日に至った。牽牛は呉《ご》・越《えつ》をつかさどり、房《ぼう》宿・心《しん》宿は宋《そう》である。後に廣《こう》陵王《りょうおう》の劉荊《りゅうけい》と沈涼《しんりょう》が、また楚王《そおう》の劉英《りゅうえい》と顔忠《がんちゅう》がそれぞれ反逆を企てたが、そのことが発覚して、みな自殺した（のはその事應である）。廣陵は呉に属し、彭城は古《いにしえ》の宋の地である。

[劉昭注]

[一]『古今注』に、「斗《と》宿・建星・箕《き》宿・房宿をめぐり、角《かく》宿・亢

宿を通過して翼《よく》宿に至った。芒は東の方角を向いた」とある。
[二] 郗萌《ちぼう》の占に、「客星が房宿にあるときは、左右の羣臣で薬を飲んで死ぬものがある（象である）」とある。また占に、「地を奪うことがある（象である）」とある。
[三]『古今注』に、「（永平）十（六七）年七月甲寅、月が歳星を犯した。（永平）十一（六八）年六月壬辰、火星が土星を犯した」とある。

【原文】

十三年閏月丁亥、火犯輿鬼、爲大喪。質星爲大臣誅戮[一]。其十二月、楚王英與顏忠等造作妖[1]〔書〕謀反、事覺、英自殺、忠等皆伏誅[二]。

[劉昭注]
[一] 晉灼曰、鬼五星、其中白者爲質。
[二] 古今注曰、十一月、客星出軒轅四十八日。十二月戊午、月犯木星。

〔校勘〕
1．中華書局本により「書」を補う。

《訓讀》
十三年閏月丁亥、火 輿鬼を犯す、大喪爲り。質星は大臣の誅戮爲り[一]。其の十二月、楚王の英 顏忠らと與に妖書を造作して謀反するも、事 覺られ、英 自殺し、忠ら皆 誅に伏す[二]。

[劉昭注]
[一] 晉灼（一）曰く、「鬼の五星、其の中の白き者を質と爲す」と。
[二] 古今注に曰く、「十一月、客星 軒轅に出づること四十八日。十二月戊午、月 木星を犯す」と。

（補注）
（一）晉灼は、河南の人。西晉の學者であり、官は尙書郎に至った。著書に『漢書集注』十四卷および『漢書音義』十七卷がある（『漢書敍例』、『新唐書』卷五十八 藝文志二）。引用部分は、『漢書』卷二十六 天文志の晉灼注に、「輿鬼五星、其中白者爲質」とあり、ほぼ同文である。

〔現代語訳〕
（永平）十三（七〇）年閏月丁亥、火星が輿鬼を犯した、大喪がある（象である）。質星《しっせい》（が現れるとき）は大臣が誅戮される（象である）。その（年の）十二月、楚王の劉英は顏忠らとともに怪文書を作って謀反したが、事が発覚したため、劉英は自殺し、顏忠らはみな誅に伏した（のはその事應である）。

[劉昭注]
[一] 晉灼《しんしゃく》は（『漢書《かんじょ》』卷二十六 天文志《てんもんし》の注で）、「鬼宿の五星は、その中の白いものを質という」と言っている。
[二]『古今注』に、「十一月、客星が軒轅星のところに四十八日間出現していた。十二月戊午、月が木星を犯した」とある。

【原文】

十四年正月戊子、客星出昴、六十日、在軒轅右角稍滅。昴主邊兵。後一年、漢遣奉車都尉・顯親侯竇固、駙馬都尉耿秉、騎都尉耿忠、開陽城門候秦彭、太僕祭肜、將兵擊匈奴。一曰、軒轅右角爲貴相、昴爲獄事、客星守之爲大獄。是時、考楚事未訖、司徒虞延與楚王英黨與黄初・公孫弘等交通、皆自殺、或下獄伏誅。

《訓読》

十四年正月戊子、客星 昴より出で、六十日にして、軒轅の右角に在りて稍く滅す。昴は邊兵を主る。後一年、漢は奉車都尉(一)・顯親侯の竇固、駙馬都尉(二)の耿秉(三)、騎都尉の耿忠(四)、開陽城門候(五)の秦彭(六)、太僕の祭肜(七)を遣はし、兵を將ゐて匈奴を擊たしむ。一に曰く、軒轅の右角は貴相爲り、昴は獄事爲り、客星 之に守するは大獄爲りと。是の時、楚の事を考すること未だ訖《おは》らず、司徒の虞延(八) 楚王の英の黨與たる黄初(九)・公孫弘(一〇)らと交通したれば、皆 自殺し、或ひは獄に下され誅に伏す。

（補注）

（一）奉車都尉は、官名。皇帝の車駕の管理・護衛を職掌とする。光祿勳に属し、官秩は比二千石（『後漢書』志二十五 百官二）。主に宗族・外戚の有力者が任ぜられ、前漢では霍光や劉歆の就官例がある。

（二）駙馬都尉は、官名。車駕の副馬の管理・護衛を職掌とする。光祿勳に属し、秩祿は比二千石（『後漢書』志二十五 百官二）。

（三）耿秉は、字を伯初。耿弇の甥。腰回り八囲の大漢で、兵書に通暁しており、明帝に奏上して北匈奴討伐を推進、車師國王の降伏に功があり、章帝即位後は征西將軍に任ぜられ、北辺の安定に尽力した。和帝の永元三（九一）年に卒すると、南匈奴は國を挙げて哀悼の意を示したという。光祿勳、美陽侯。謚は桓侯（『後漢書』列傳九 耿弇傳附耿秉傳）。

（四）耿忠は、耿弇の子。永平元（五八）年に耿弇が卒したので、好時侯を嗣いだ。騎都尉として匈奴を討って、功績があった（『後漢書』列傳九 耿弇傳）。

（五）開陽城門候は、官名。城門には、門ごとに候が一人置かれ、官秩は六百石（『後漢書』志二十七 百官四）。

（六）秦彭は、扶風茂陵の人、字を伯平。「萬石秦氏」と呼ばれる著姓である。騎都尉として耿秉の匈奴征伐に従ったあと、山陽太守・潁川太守を歴任、その統治を高く評価された（『後漢書』列傳六十六 循吏 秦彭傳）。

（七）祭肜は明帝の太僕。明帝より子路にたとえられる。鮮卑・烏桓などの異民族対策に功績があり、遼東ではその死後に祭祀が行われたという（『後漢書』列傳十 祭遵傳附祭肜傳）。

（八）虞延は、陳留郡東昬縣の人、字は子大。身長八尺六寸、腰回り十囲の巨漢で、性格は剛毅・木訥。犯罪者であれば、外戚の筆頭格である陰就の賓客であろうと捕らえて処罰する公正さを光武帝に信頼され、明帝の治世では太尉・司徒を歴任する。のち、陰氏の陰謀により楚王の劉英の謀反に巻き込まれ、明帝の叱責を受けて自殺した（『後漢書』列傳二十三 虞延傳）。

（九）黄初は、楚王の劉英の党与。詳細は不明である。

（一〇）公孫弘は、楚王の劉英の党与。詳細は不明である。

〔現代語訳〕

（永平）十四（七一）年正月戊子、客星が昴《ぼう》宿から出て、六十日経ち、軒轅星の右角にあって次第に消滅した。昴宿は辺境の兵をつかさどる。一年後、漢は奉車都尉《ほうしゃとい》・顯親侯《けんしんこう》の竇固《とうこ》、駙馬都尉《ふばとい》の耿秉《こうへい》、騎都尉《きとい》の耿忠《こうちゅう》、開陽城門候《かいようじょうもんこう》の秦彭《しんほう》、太僕《たいぼく》の祭彤《さいゆう》を派遣し、兵を率いて匈奴を攻撃させた（のはその事應である）。一説に、軒轅星の右角は貴相であり、昴宿は裁判事であり、客星がここで留まると大獄となる（象である）という。この時、楚王の事件の調査がまだ終わらぬうちに、司徒《しと》の虞延《ぐえん》は楚王劉英の与党である黃初《こうしょ》や公孫弘《こうそんこう》らと交際したので、みな自殺し、あるいは獄に下されて誅に伏した（のはその事應である）。

【原文】

十五年十一月乙丑、太白入月中。爲大將戮、人主亡、不出三年。後三年、孝明帝崩。

《訓読》

十五年十一月乙丑、太白 月の中に入る。大將の戮せられ、人主の亡ぶこと、三年を出でずと爲す。後三年、孝明帝 崩ず。

〔現代語訳〕

（永平）十五（七二）年十一月乙丑、太白が月の中に入った。（これは）大將が誅戮され、人主が亡くなること、三年を超えない（ことの象である）。三年後、明帝が崩御した（ことはその事應である）。

【原文】

十六年正月丁丑、歳星犯房右驂北第一星不見、辛巳乃見［一］。房右驂爲貴臣、歳星犯之爲見誅。是後、司徒邢穆、坐與阜陵王延交通知逆謀自殺。四月癸未、太白犯畢。畢爲邊兵。後北匈奴寇[1]〔邊〕、入雲中、至[2]（咸）〔漁〕陽。使者高弘、發三郡兵追討、無所得。太僕祭彤、坐不進下獄。

〔劉昭注〕

［一］石氏星經曰、歳星守房、良馬出廐。古今注曰、正月丁未、月犯房。

〔校勘〕

1．中華書局本により「邊」の一字を補う。

2．上杉本は「咸」につくるが、中華書局本により「漁」に改める。

《訓読》

十六年正月丁丑、歳星 房の右驂（一）の北の第一星を犯して見えず、辛巳 乃ち見はる［一］。房の右驂は貴臣爲り、歳星 之を犯すは誅せらると爲す。是の後、司徒の邢穆（二）、阜陵王の延（三）と交通して逆謀を知りたるに坐し、自殺す。四月癸未、太白 畢を犯す。畢は邊兵爲り。後に北匈奴 邊を寇し、雲中に入り、漁陽に至る。使者の高弘（四）、三郡の兵を發して追討するも、得る所無し。太僕の祭彤、進まざるに坐して獄に下さる。

〔劉昭注〕

［一］石氏星經に曰く、「歳星 房を守れば、良馬 廐より出づ」と。古今注に曰く、「正月丁未、月 房を犯す」と。

（補注）

（一）右驂は、星の名。『史記』巻二十七 天官書に、「房爲府、曰天駟。其陰、右驂。旁有兩星曰衿」とあり、房宿の北面に位置する。

（二）邢穆は、南陽郡の人。淮陽王の劉延と交遊関係があり、永平十六（七三）年、劉延の大逆が発覚した際、その謀略を知りながらこれを朝廷に告げなかったため連坐し、自殺した（『後漢書』志十一 天文中）。

（三）延は、劉延。光武帝と郭皇后の子で、明帝の異母兄弟にあたる。建武十五（三九）年に淮陽公に封ぜられ、十七（四一）年に淮陽王となった。永平年間中に、讖緯の書を作って呪詛していると告発され、阜陵王に移された。（『後漢書』列傳三十二 光武十王阜陵質王延傳）。

（四）高弘は、人名。北匈奴が辺境を荒らした際、使者となって三郡の兵を徴発した（『後漢書』列傳七十九 南匈奴傳）。

［現代語訳］

（永平）十六（七三）年正月丁丑、歳星が房宿の右驂《ゆうさん》の北の第一星を犯して見えなくなり、辛巳の日になって現れた。房宿の右驂は貴臣であり、歳星がこれを犯すときは誅殺される（ことの象である）。この後、司徒の邢穆《けいぼく》は、阜陵王《ふりょうおう》の劉延《りゅうえん》と交際し大逆のはかりごとを知っ（ていながら告げなかっ）たことで罪に問われ、自殺した（のはその事應である）。四月癸未、太白が畢宿を犯した。畢宿は辺境の兵である。後に北匈奴が辺境を荒らし、雲中《うんちゅう》郡（内蒙古自治区托克托の北東）に入り、漁陽郡（北京市密雲の南西）に至った（ことはその事應である）。使者の高弘《こうこう》は三郡の兵を発して追討したが、何も得るものがなかった。太僕の祭肜は進軍しなかったことで罪に問われて獄に下された。

［劉昭注］

［一］『石氏星經《せきしせいけい》』に、「歳星が房宿に留まるときは、良馬が廐より出る（象である）」とある。『古今注』に、「正月丁未、月が房宿を犯した」とある。

【原文】

十八年六月己未、彗星出張、長三尺、轉在郎將、南入太微、皆屬張。張、周地。爲東都。太微、天子廷。彗星犯之爲兵喪。其八月壬子、孝明帝崩。

《訓読》

十八年六月己未、彗星 張より出で、長さ三尺、轉じて郎將（一）に在り、南のかた太微に入り、皆 張に屬す。張は、周の地なり。東都爲《た》り。太微は、天子の廷なり。彗星 之を犯すは兵喪爲り。其の八月壬子、孝明帝 崩ず。

（補注）

（一）郎將は、星官の名。太微垣に属する。橋本敬造『中国古星術の世界』（前掲）によれば、距星は、かみのけ座第31星。

〔現代語訳〕

（永平）十八（七五）年六月己未、彗星が張宿より出て、長さは三尺で、方向を変えて郎將《ろうしょう》のところにあり、南に向かって太微に入り、いずれも張宿に属した。張は、周の地である。また東都である。太微は、天子の宮廷である。彗星がこれを犯すときは兵が失われる（象である）。その（年の）八月壬子、孝明帝が崩御した（のはその事應である）。

《参校》

○ 永元十八年六月の条（『後漢書』本紀二 明帝紀）
（永元十八年）六月己未、有星孛於太微。
・同一の天文現象が記録されている。

【原文】

章五

孝章建初元年正月丁巳、太白在昴西一尺。八月庚寅、彗星出天市、長二尺所、稍行入牽牛三度、積四十日稍滅。太白在昴、爲邊兵。彗星出天市、爲外軍。牽牛爲吳・越。是時、蠻夷陳縱等及哀牢王類[1]〔牢〕反、攻[2]（蕉）〔嶲〕唐城。永昌太守王尋、走奔楪榆、安夷長宋延、爲羌所殺。以武威太守傅育領護羌校尉、馬防行車騎將軍、征西羌。又阜陵王延與子男魴謀反。大逆無道、得不誅、廢爲侯。

〔校勘〕

1．中華書局本により「牢」を補う。
2．上杉本は「蕉」につくるが、中華書局本により「嶲」に改める。

《訓読》

章五

孝章[一]の建初元年正月丁巳、太白 昴の西一尺に在り。八月庚寅、彗星 天市より出で、長さ二尺所《ばか》り、稍く行きて牽牛の三度に入り、四十日を積《かさ》ねて稍く滅す。太白 昴に在るは、邊兵と爲る。彗星 天市に出づるは、外軍と爲る。牽牛は吳越爲り。是の時、蠻夷の陳縱[二]ら及び哀牢王の類牢[三] 反し、嶲唐城を攻む。永昌太守の王尋[四]、楪榆に走奔し、安夷長の宋延[五]、羌[六]の殺す所と爲る。武威太守の傅育[七]を以て護羌校尉[八]を領せしめ、馬防[九]には車騎將軍[一〇]を行《か》ねしめ、西羌[一一]を征せしむ。又 阜陵王の延 子男の魴[一二]と謀反す。大逆無道なれど、誅せられざるを得たり、廢されて侯と爲る。

（補注）

（一）孝章は、章帝、後漢の第三代皇帝（位、七五～八八年）。劉炟。廟号は肅宗。明帝の第五子。儒教を好み、儒者を白虎観に集めて五經の異同について論議させたほか、班超を任用して西域経営にもつとめた（『後漢書』本紀三 章帝紀）。

（二）陳縱は、人名。武陵の澧中蠻。『後漢書』列傳七十六 南蠻傳では、「陳從」につくる。建初元（七六）年に反乱を起こしたが、零陵蠻に撃たれて降伏した（『後漢書』列傳七十六 南蠻傳）。

（三）類牢は、哀牢夷の王。建初元（七六）年、澧中蠻の陳縱らとともに反乱を起こしたが、博南（雲南省永平の南西）で敗死した。なお、哀牢夷とは、西南夷の一種。今に言うシャン族。龍の子であるという九隆を祖とし、鼻輪と耳飾りを好んで身に付け、とくに耳飾りは肩にまで達したという。光武帝の建武二十七（五一）年、その王である賢栗が内属を願い出て、ここに至ってその居留地として哀牢・博南の二縣が置かれた。『後漢書』列傳七十六 西南夷 哀牢傳）。

（四）王尋は、永昌太守。哀牢王の類牢が反乱を起こして巂唐城を攻めたため、楪榆縣（雲南省大理市の北西）に逃れた（『後漢書』列傳七十六 西南夷 哀牢傳）。

（五）宋延は、安夷長。卑湳羌に殺された。『後漢書』列傳七十七 西羌傳では、「宗延」につくる（『後漢書』列傳七十七 西羌 滇良傳、志十一 天文中）。

（六）羌とは、牧羊民のこと、中国の西方に住む異民族の総称。

（七）傅育は、護羌校尉。二万の兵を率いて、燒當羌の迷吾を攻めたが、伏兵にかかって戦死した（『後漢書』列傳七十七 西羌 滇良傳）。

（八）護羌校尉は、官名。節を与えられ、西羌に関する諸事を職掌とする。官秩は比二千石（『後漢書』志二十八 百官五）。

（九）馬防は、字を江平。馬援の次男。章帝の行車騎將軍として西羌を鎮圧し、建初四（七九）年、潁陽侯に封ぜられる。外戚の中でもとくに恩寵が厚く、爵は特進侯に至った。のち、西羌との私的な交通を疎まれて免ぜられ、また弟の馬光が竇憲と親しかったため、これに連坐して翟郷侯に落とされた。永元十三（一〇一）年、卒した（『後漢書』列傳十四 馬援傳附馬防傳）。

（一〇）車騎將軍は、將軍號の一つ。大將軍・驃騎將軍に続く第三位の將軍である（『後漢書』志二十四 百官一）。前漢の文帝の時に太中大夫であった薄昭が任命されたことより始まる（『史記』巻十孝文帝本紀）。

（一一）西羌は、中国の西北辺に居住したチベット系の遊牧民。羌という言葉は、殷の甲骨文に人身供犠として見える。秦の圧迫が消えると東上し、一世紀以降、活動は一段と活発化した。後漢は征伐を行って内地へ移したが、漢人の収奪に苦しんで大規模な叛亂をくり返し、後漢衰亡の要因となった。佐藤長『チベット歴史地理研究』（岩波書店、一九七八年）を参照。

（一二）魴は、劉魴。阜陵質王の劉延の子。父とともに反逆を図るが、章帝により罪を許される（『後漢書』列傳三十二 阜陵質王延傳）。

［現代語訳］

章五

孝章帝《こうしょうてい》の建初《けんしょ》元（七六）年正月丁巳、太白が昴宿の西一尺のところにあった。八月庚寅、彗星が天市より出て、長さは二尺ばかり、次第に進んで牽牛の三度のところに入り、四十日出現してようやく消滅した。太白が昴宿にあるときは、邊境に兵乱が起こる（象である）。彗星が天市に出現するときは、外敵（の襲来）がある（象である）。牽牛（の分野）は呉・越である。この時、蠻夷の陳縦《ちんしょう》らと哀牢王《あいろうおう》の類牢《るいろう》が叛乱し、巂唐城《けいとうじょう》（雲南省永平の北西）を攻撃した。永昌《えいしょう》太守の王尋《おうじん》は楪榆《ようゆ》縣（雲南省大理市の北西）に逃れ、安夷《あんい》長の宋延《そうえん》は羌《きょう》に殺された。武威《ぶい》太守の傅育《ふいく》に護羌校尉《ごきょうこうい》を兼領させ、馬防《ばぼう》には車騎將軍《しゃきしょうぐん》を代行させ、西羌《せいきょう》を征討させた。また阜陵王の劉延は子の劉魴《りゅうほう》と謀反した。大逆無道な行為であったが、誅殺されず、（王を）廃されて侯となった（のは、いずれもその事應である）。

## 【原文】

二[1]（月）〔年〕九[2]（日）〔月〕〔一〕甲寅、流星過紫宮中。長數丈、散爲三、滅。十二月戊寅、彗星出婁三度、長八九尺、稍入紫宮中、百六日稍滅。流星過、入紫宮、皆大人忌。後四年六月癸丑、明德皇后崩〔二〕。

〔劉昭注〕

〔一〕古今注曰、甲申、金入斗魁。

〔二〕古今注曰、五年二月戊辰、木・火俱在參、三月戊寅、木・水在東井。六年七月丁酉、夜有流星起軒轅、大如拳、歷文昌、餘氣正白句曲、西如文昌、久久乃滅。黃帝星經曰、木守東井、有土功之事。一曰大水。郗萌曰、歲星守參、后當之。熒惑守、大人當之。

〔校勘〕

1．上杉本は「月」につくるが、中華書局本により「年」に改める。

2．上杉本は「日」につくるが、中華書局本により「月」に改める。

《訓読》

二年九月〔一〕甲寅、流星 紫宮の中を過《よぎ》る。長さ數丈、散じて三と爲り、滅す。十二月戊寅、彗星 婁の三度より出で、長さ八九尺、稍く紫宮の中に入り、百六日にして稍く滅す。流星 過り、紫宮に入るは、皆 大人の忌なり。後四年六月癸丑、明德皇后（一） 崩ず〔二〕。

〔劉昭注〕

〔一〕古今注に曰く、「甲申、金 斗の魁に入る」と。

〔二〕古今注に曰く、「五年二月戊辰、木・火 俱に參に在り、三月戊寅、木・水 東井に在り。六年七月丁酉、夜に流星有りて軒轅に起き、大なること拳の如く、文昌（二）を歷、餘氣 正白にして句曲し、西のかた文昌に如き、久久に乃ち滅す」と。黃帝星經に曰く、「木 東井に守するは、土功の事有り。一に曰く大水なり」と。郗萌曰く、「歲星 參に守するは、后 之に當る。熒惑 守するは、大人 之に當る」と。

（補注）

（一）明德皇后は、馬援の三女。『周易』『春秋』『楚辭』『周禮』などを修めた才媛で、華美を嫌い、馬氏が外戚として振る舞うことを許さず、よく後宮を治めた。いとこの賈氏が生んだ章帝を育て、章帝の建初四（七九）年に崩じた（『後漢書』本紀十上 明德馬皇后紀）。

（二）文昌は、星官の名。紫微垣に属する。橋本敬造『中国占星術の世界』（前掲）によれば、距星は、おおぐま座f星である。

〔現代語訳〕

（建初）二（七七）年九月甲寅、流星が紫宮の中を通過した。長さは数丈で、散らばって三つになり、消滅した。十二月戊寅、彗星が婁《ろう》宿の三度のところに出現し、長さは八から九尺、次第に紫宮の中に入り、百六日経って次第に消滅した。流星が通過し、紫宮に入るのは、いずれも大人（高貴な身分の者）の不幸がある（象である）。のち（建初）四（七九）年六月癸丑、明德皇后《めいとくこうごう》が崩御した（のはその事應である）。

〔劉昭注〕

〔一〕『古今注』に、「甲申、金星が斗の魁に入った」とある。
〔二〕『古今注』に、「（建初）五（八〇）年二月戊辰、木星と火星がともに參宿のところにあり、三月戊寅、木星と水星が東井にあった。（建初）六（八一）年七月丁酉、夜に流星があって軒轅より出現し、拳のごとき大きさで、文昌《ぶんしょう》をめぐり、その余りの氣は真っ白で曲がって連なり、西の文昌に向かい、長い間出現してから消滅した」とある。『黃帝星經』に、「木星が東井を守れば、土木工事がある（象である）。一説に大水が起こる（象である）」とある。郗萌は、「歳星が參宿に止まっているのは、皇后がこれに相当する（象である）。熒惑が止まっているのは、大人がこれに相当する（象である）」と言っている。

《參校》

○ 建初二年十二月の条（『後漢書』本紀三 章帝紀）
（建初二年）十二月戊寅、有星孛于紫宮。
・同一の天文現象が記録されている。

【原文】

元和[1]（元）〔二〕年四月丁巳、客星晨出東方、在胃八度、長三尺、歴閣道入紫宮、留四十日滅。閣道・紫宮、天子之宮也。客星犯入留久、爲大喪。後四年、孝章帝崩。

〔校勘〕

1．上杉本は「元」につくるが、中華書局本により「二」に改める。

《訓読》

元和二年四月丁巳、客星 晨に東方より出で、胃の八度に在り、長さ三尺、閣道（一）を歴て紫宮に入り、留まること四十日にして滅す。閣道・紫宮は、天子の宮なり。客星 犯入して留まること久しければ、大喪と爲る。後四年にして、孝章帝 崩ず。

（補注）

（一）閣道は、星官の名。奎宿に属する。橋本敬造『中国占星術の世界』（前掲）によれば、距星は、カシオペア座o星。

［現代語訳］

元和《げんな》二（八五）年四月丁巳、客星が早朝に東方より出現して、胃《い》宿の八度にあり、長さは三尺で、閣道《かくどう》をめぐって紫宮《しきゅう》（紫微宮）に入り、留まること四十日間で消滅した。閣道と紫宮は、天子の宮廷である。客星が犯入して長らく留まっているときは、大喪となる（象である）。四年後、孝章帝が崩御した（のはその事應である）。

《參校》

○ 元和二年四月の条（『後漢書』本紀三 章帝紀）
（元和二年）夏四月乙巳、客星入紫宮。
・同一の天文現象が記録されているが、本紀と天文志とで日付が異なる。

【原文】

和三十三

孝和永元元年正月辛卯、有流星起參、長四丈[一]、有光、色黃白[二]。二月、流星起天棓、東北行三丈所滅。色青白。壬申、夜有流星起太微東蕃、長三丈。三月[三]丙辰、流星起天津[四]。壬戌、有流星起天將軍、東北行[五]。參爲邊兵、天棓爲兵、太微天廷、天津爲水、天將軍爲兵、流星起之皆爲兵。其六月、漢遣車騎將軍竇憲・執金吾耿秉、與度遼將軍鄧鴻出朔方、並進兵臨私渠北鞮海、斬虜首萬餘級、獲生口・牛・馬・羊百萬頭。日逐王等八十一部降、凡三十餘萬人。追單于至西海。是歲七月、又雨水漂人民、是其應[六]。

[劉昭注]

[一] 古今注曰、大如拳、起參東南。

[二] 古今注曰、癸亥、鎭在參。又有流星大如桃、色赤、起太微東蕃。石氏曰、鎭守參、有土功事。

[三] 古今注曰、戊子、土在參。

[四] 古今注曰、星大如桃、起天津、東至斗、黃白頻有光。

[五] 古今注曰、色黃、無光。

[六] 古今注曰、十一月壬申、鎭星在東井。石氏曰、天下水、其大出、流殺人。

《訓読》

和三十三

孝和(一)の永元元年正月辛卯、流星有りて參に起き、長さ四丈[一]、光有り、色は黃白なり[二]。二月、流星 天棓(二)に起き、東北のかた行くこと三丈所りにして滅す。色は青白なり。壬申、夜に流星有りて太微の東蕃に起き、長さ三丈なり。三月[三]丙辰、流星 天津(三)に起く[四]。壬戌、流星有りて天將軍(四)に起き、東北のかた行く[五]。參は邊兵爲り、天棓は兵爲り、太微は天廷、天津は水爲り、天將軍は兵爲り、流星之に起くるを皆 兵と爲す。其の六月、漢 車騎將軍の竇憲(五)・執金吾(六)の耿秉を遣はし、度遼將軍(七)の鄧鴻(八)と與に朔方に出で、並びに兵を進めて私渠北鞮海に臨み、虜の首萬餘級を斬り、生口・牛・馬・羊百萬頭を獲たり。日逐王(九)ら八十一部 降り、凡そ三十餘萬人なり。單于を追ひて西海に至る。是の歲の七月、又 雨水ありて人民を漂はすは、是れ其の應なり[六]。

[劉昭注]

[一] 古今注に曰く、「大なること拳の如く、參の東南に起く」と。

[二] 古今注に曰く、「癸亥、鎭 參に在り。又 流星有りて大なること桃の如く、色は赤にして、太微の東蕃に起く」と。石氏曰く、「鎭 參に守するは、土功の事有り」と。

[三] 古今注に曰く、「戊子、土 參に在り」と。

[四] 古今注に曰く、「星の大なること桃の如く、天津に起き、東のかた斗に至り、黃白にして頻りに光有り」と。

[五] 古今注に曰く、「色は黃、光無し」と。

[六] 古今注に曰く、「十一月壬申、鎭星 東井に在り」と。石氏曰く、「天下の水、其れ大いに出で、人を流殺す」と。

（補注）

（一）孝和とは、劉肇、和帝のこと。後漢の第四代皇帝（在位、八八～一〇五年）。章帝の皇后竇氏の養子となり、七歳で即位したが、竇太后が臨朝し、外戚竇憲の専横を招いた。のち、宦官の力により、竇氏を打倒し親政を開始、選挙の充実につとめた。また、西域都護を復活させ、班超をこれに任じ、西域五十余国を服属させた（『後漢書』本紀四 和帝紀）。

（二）天棓は、星官の名。紫微垣に属する。橋本敬造『中国占星術の世界』（前掲）によれば、距星は、ヘラクレス座ι星。

（三）天津は、星官の名。斗宿に属する。橋本敬造『中国占星術の世界』（前掲）によれば、距星は、はくちょう座δ星。

（四）天將軍は、星官の名。婁宿に属する。橋本敬造『中国占星術の世界』（前掲）によれば、距星は、さんかく座γ星。

（五）竇憲は、字を伯度。章帝の竇皇后の兄。外戚の立場を利用して横暴を極め、竇太后臨朝下では車騎將軍に任ぜられて専権を振るった。のち、和帝の命を受けた宦官の鄭衆たちのクーデターにより失脚し、自殺した（『後漢書』列傳十三 竇憲傳）。

（六）執金吾は、官名。九卿の一つ。官秩は中二千石。都を巡察して犯罪・災害などを取り締まることをつかさどった。月に三度、配下の緹騎を率いて都を巡察する様子は壮麗であり、若き日の光武帝はこの官に憧れを抱いたという（『後漢書』本紀一上 光武帝紀上）。前漢初期には中尉と呼称されたが、武帝期に執金吾に改称された（『漢書』巻十九上 百官公卿表上、『後漢書』志二十七 百官四）。濱口重國『秦漢隋唐史の研究』上（東京大学出版会、一九六六年）、安作璋・熊鉄基『秦漢官制史稿』（斉魯書社、一九八四年）を参照。

（七）度遼將軍は、雑號將軍號の一つ。前漢昭帝期の烏桓討伐の際に、范明友が任ぜられたものが初出であり、北辺の遼水を渡って敵を討つことから度遼將軍と呼ぶ（『漢書』巻七 昭帝紀）。

（八）鄧鴻は、太傅・高密元侯の鄧禹の末子。度遼將軍から光祿勳に任ぜられ、さらに行車騎將軍となった。永元六（九四）年、北匈奴の單于に推され漢に背いた逢侯を伐ち、連戦連勝するが、肝心の逢侯を捕り逃したため、責任を問われ獄死した（『後漢書』列傳七十九 南匈奴傳）。

（九）日逐王は、匈奴の王号。

［現代語訳］

和三十三

孝《こう》和《わ》帝《てい》の永《えい》元《げん》元（八九）年正月辛卯、流星があり參《さん》宿より出現し、長さは四丈、光を放ち、色は黄白であった。二月、流星が天《てん》棓《ほう》より出現し、三丈ばかり東北に進んで消滅した。色は青白であった。壬申、夜に流星があって太微垣の東蕃（東の城壁）より出現し、長さは三丈であった。三月丙辰、流星が天《てん》津《しん》より出現した。壬戌、流星があって天《てん》將《しょう》軍《ぐん》より出現し、東北に向かった。參宿は辺境の兵であり、天棓は兵であり、太微は天の宮廷であり、天津は水であり、天將軍は兵であり、流星がここに出現するときはいずれも軍事が起こる（象である）。その六月、漢は車騎將軍の竇《とう》憲《けん》・執《しっ》金《きん》吾《ご》の耿秉を派遣して、度《ど》遼《りょう》將《しょう》軍《ぐん》の鄧《とう》鴻《こう》とともに朔《さく》方《ほう》郡（内蒙古自治区磴口県の北）に出て、並びに兵を進めて私《し》渠《きょ》北《ほく》鞮《てい》海《かい》（モンゴルバヤンオンドル省の中部）に臨み、異民族の首一万余級を斬り、捕虜・牛・馬・羊百万頭を獲得した。日《にっ》逐《ちく》王《おう》ら八十一部は降伏し、（その人数は）およそ三十余万人であった。單于を追って西《せい》海《かい》郡（青海省海晏）に至った。この年七月、また大雨があり人民を溺死させた、これがその事應である。

［劉昭注］

［一］『古今注』に、「(流星は) 拳のごとき大きさで、參宿の東南より出現した」とある。

［二］『古今注』に、「癸亥、鎭星が參宿のところにあった。また流星が起こり、桃のような大きさで、色は赤く、太微垣の東蕃に出現した」とある。石氏(『石氏星經』)は、「鎭星が參宿に留まるときは、土木工事がある(象である)」と言っている。

［三］『古今注』に、「戊子、土星が參宿のところにあった」とある。

［四］『古今注』に、「星の大きさは桃のごとく、天津より出現して、東の斗宿に至り、(色は) 黄白で頻繁に光を放った」とある。

［五］『古今注』に、「色は黄色で、光を放たなかった」とある。

［六］『古今注』に、「十一月壬申、鎭星が東井にあった」とある。石氏(『石氏星經』)は、「天下の水が、大いに溢れ出て、人々を流殺する(象である)」と言っている。


【原文】

二年正月乙卯、金・木俱在奎［一］、丙寅、水又在奎。奎主武庫兵、三星會又爲兵喪。辛未、水・金・木在婁、亦爲兵、又爲匿謀［二］。二月丁酉、有流星大如桃、起紫宮東蕃、西北行五丈稍滅［三］。四月丙辰、有流星大如瓜、起文昌東北、西南行、至少微西滅。有頃音如雷聲、已而金在軒轅大星東北二尺所。八月丁未、有流星如雞子、起太微西、東南行四丈所消［四］。十月癸未、有流星大如桃、起天津、西行六丈所消。十一月辛酉、有流星大如拳、起紫宮、西行到胃消。

［劉昭注］

［一］巫咸曰、辰守奎、多水火災、亦爲旱。古今注曰、土在東井。

［二］郗萌曰、辰守婁、有兵兵罷、1［無兵］兵起。巫咸・石氏云、多火災。古今注曰、丙寅、水在奎、土在東井、金在婁、木・火在昴。

［三］古今注曰、三月甲子、火在亢南端門第一星南。乙亥、金在東井。

［四］古今注曰、丁丑、火在氐東南星東南。

〔校勘〕

1. 中華書局本により「無兵」を補う。

《訓読》

二年正月乙卯、金・木 俱に奎に在り［一］、丙寅、水 又 奎に在り。奎は武庫の兵を主り、三星 會すは又 兵喪と爲す。辛未、水・金・木 婁に在り、亦た兵と爲し、又 匿謀と爲す［二］。二月丁酉、流星有りて大なること桃の如く、紫宮の東蕃に起き、西北のかた行くこと五丈にして稍く滅す［三］。四月丙辰、流星有りて大なること瓜の如く、文昌の東北より起き、西南のかた行き、少微の西に至りて滅す。頃《しばら》く有りて音 雷聲の如く、已にして金 軒轅の大星の東北二尺所《ばか》りに在り。八月丁未、流星有りて雞子の如く、太微の西より起き、東南のかた行くこと四丈所りにして消ゆ［四］。十月癸未、流星有りて大なること桃の如く、天津より起き、西のかた行くこと六丈所りにして消ゆ。十一月辛酉、流星有りて大なること拳の如く、紫宮より起き、西のかた行きて胃に到りて消ゆ。

［劉昭注］

［一］巫咸曰く、「辰 奎に守すれば、水火 災多く、亦た旱と爲る」と。古今注に曰く、「土 東井に在り」と。

［二］郗萌曰く、「辰 婁に守すれば、兵有らば兵 罷み、兵無くば兵起る」と。巫咸・石氏云ふ、「火災多し」と。古今注に曰く、「丙寅、水 奎に在り、土 東井に在り、金 婁に在り、木・火 昴に在り」と。

［三］古今注に曰く、「三月甲子、火 亢の南端門の第一星の南に在り。乙亥、金 東井に在り」と。

［四］古今注に曰く、「丁丑、火 氐の東南星の東南に在り」と。


（補注）
（一）少微は、星官の名。太微垣に属する。橋本敬造『中国古星術の世界』（前掲）によれば、距星は、しし座第52星。

［現代語訳］
（永元）二（九〇）年正月乙卯、金星と木星はともに奎《けい》宿にあり、丙寅、水星がまた奎宿にあった。奎宿は武庫の兵をつかさどり、（金星・木星・水星の）三星が集まることはまた兵が失われる（象である）。辛未、水星・金星・木星は婁宿にあり、（これも）また軍事が起こり、またひそかな謀が起こる（象である）。二月丁酉、桃のような大きさの流星があり、紫宮の東蕃より出現し、西北に進むこと五丈で次第に消滅した。四月丙辰、瓜のような大きさの流星があり、文昌の東北より出現し、西南に進み、少微《しょうび》の西に至って消滅した。しばらくして雷鳴のような音を立て、そのうちに金星が軒轅の大星の東北二尺ばかりのところにあった。八月丁未、鶏卵のような大きさの流星があり、太微の西より出現し、東南に進むこと四丈ばかりで消滅した。十月癸未、流星があって桃のような大きさで、天津より出現し、西に進むこと六丈ばかりで消滅した。十一月辛酉、流星があって拳のような大きさで、紫宮より出現し、西に進んで胃宿に到って消滅した。

［劉昭注］

［一］巫咸《ふかん》は、「辰宿が奎宿に留まれば、水災と火災が多く、また旱となる（象である）」と言っている。『古今注』に、「土星が東井にあった」とある。

［二］郗萌は、「辰宿が婁宿に留まるときは、戦争があれば戦争が止み、戦争がなければ戦争が起こる（象である）」と言っている。巫咸と石氏は、「火災が多い（象である）」と言っている。『古今注』に、「丙寅、水星が奎宿にあり、土星が東井にあり、金星が婁宿にあり、木星と火星が昴宿にあった」とある。

［三］『古今注』に、「三月甲子、火星が亢星の南端門の第一星の南にあった。乙亥、金星が東井にあった」とある。

［四］『古今注』に、「丁丑、火星が氐宿の東南星の東南にあった」とある。


【原文】

三年九月丁卯、有流星大如雞子、起紫宮、西南至北斗柄閒消［一］。紫宮天子宮、文昌・少微爲貴臣、天津爲水、北斗主殺。流星起、歴紫宮・文昌・少微・天津。文昌爲天子使、出有兵誅也。竇憲爲大將軍、憲弟篤・景等皆卿・校尉、憲女弟壻郭擧、爲侍中・射聲校尉、與衞尉鄧疊母元俱出入宮中、謀爲不軌。至四年六月丙

1（寅）〔辰〕發覺。和帝幸北宮、詔執金吾・五校勒兵屯南・北宮、閉城門、捕擧。擧父長樂少府璜及疊、疊弟步兵校尉磊、母元、皆下獄誅。憲弟篤・景等皆自殺。金犯軒轅、女主失勢。竇氏被誅、太后失勢。

〔劉昭注〕

〔一〕星紫宮占曰、有流星出紫宮、天子使也。色赤言兵、色白言2（義）〔喪〕、色黄言吉、色青言憂、色黑言水。出皆以所之野、命東・西・南・北。

〔校勘〕

1．上杉本は「寅」につくるが、中華書局本により「辰」に改める。
2．上杉本は「義」につくるが、中華書局本により「喪」に改める。

《訓読》

三年九月丁卯、流星有りて大なること雞子の如く、紫宮より起き、西南のかた北斗の柄の間に至りて消ゆ〔一〕。紫宮は天子の宮、文昌・少微は貴臣爲り、天津は水爲り、北斗は殺を主る。流星 起き、紫宮・文昌・少微・天津を歷る。文昌は天子の使爲りて、出づれば兵誅有るなり。竇憲 大將軍（一）と爲り、憲の弟の篤（二）・景（三）ら皆 卿・校尉たり。憲の女弟の壻たる郭擧（四）、侍中（五）・射聲校尉（六）と爲り、衞尉の鄧疊（七）の母の元と倶に宮中に出入し、不軌を爲さんことを謀る。四年六月丙辰に至りて發覺す。和帝 北宮に幸し、執金吾・五校（八）に詔して兵を勒《ととの》へて南・北宮に屯し、城門を閉じて、擧を捕へしむ。擧の父たる長樂少府（九）の璜（一〇）及び疊、疊の弟たる步兵校尉（一一）の磊（一二）、母の元（一三）、皆 獄に下されて誅せらる。憲の弟の篤・景ら皆 自殺す。金 軒轅を犯せば、女主 勢を失ふ。竇氏 誅せられ、太后 勢を失ふ。

〔劉昭注〕

〔一〕星紫宮占（一四）に曰く、「流星有りて紫宮より出づるは、天子の使なり。色赤きは兵と言ひ、色白きは喪と言ひ、色黄なるは吉と言ひ、色青きは憂と言ひ、色黑きは水と言ふ。出でて皆 之く所の野を以て、東・西・南・北を命ず」と。

（補注）

（一）大將軍は、武官の最高位。非常設。前漢武帝期に衞青が大將軍となることにより格式が高まり、後漢では、和帝の時に竇憲が任命されて以來、外戚の有力者のための官となり、位は三公をも凌いだ（『後漢書』志二十四 百官一）。

（二）篤は、竇篤。竇憲の弟。夜間に洛陽の止姦亭を強引に通過しようとするなど、外戚の威光をかさに着た横暴の行いが多かった。竇憲の失脚に伴い、自殺（『後漢書』列傳十三 竇融傳附竇憲傳、列傳七十七 酷吏傳）。

（三）景は、竇景。竇憲の弟。その家人が暴力沙汰で吏に捕縛されたことを逆恨みし、部下を差し向け吏の上司に暴行を加えさせるなど、外戚の威光をかさに着た横暴な行いが多かった。竇憲の失脚に伴い、自殺（『後漢書』列傳十三 竇融傳附竇憲傳、列傳三十五 張酺傳）。

（四）郭擧は、郭璜の子で、竇憲の娘婿。侍中・射聲校尉であった。その立場から禁中の出入りが容易であり、竇皇太后の恩寵を受けた。和帝殺害を画策したが、それを知った宦官の鄭衆たちに捕らえられ、獄死した（『後漢書』列傳十三 竇融傳附竇憲傳）。

（五）侍中は、皇帝の左右に侍し、諮問に応対する官である。皇帝が車駕で外出する際、一人が参乗することが名称の由来となった。秩は比二千石（『後漢書』志二十六 百官三）。

（六）射聲校尉は、官名。宿衛の兵を掌る。北軍中候に属し、官秩は比二千石（『後漢書』志二十七 百官四）。

（七）鄧疊は、衞尉。竇憲の腹心であり、母の鄧元たちの謀反計画に連座し、獄死した（『後漢書』列傳十三 竇融傳附竇憲傳）。

（八）五校とは、北軍の五校尉、長水・歩兵・射聲・屯騎・越騎校尉のこと。それぞれ宿衛兵を指揮する。秩祿比二千石（『後漢書』志二十七 百官志四）。なお、『通典』巻七十五 禮三十五は「城門五校」で城門左校・右校・前校・後校・中校の五つの官の総称としている。三國曹魏の時には、九卿と同等の地位にあったというが、後漢時代には見えない。

（九）長樂少府は、官名。官秩は二千石。皇太后の宮殿に仕える諸官を統括し、皇后の宮殿で同様の職務を担っていた大長秋よりも上位であった。その官名は、皇太后の宮殿を長樂宮と呼ぶことに由来する（『後漢書』志二十七 百官四）。ちなみに、大長秋が宦官専任の官であったのに対し、長樂少府は士人も任官することができた。安作璋・熊鉄基『秦漢官制史稿』（斉魯書社、一九八四年）を参照。

（一〇）璜は、郭璜。郭況の子。竇憲の腹心として、子の郭擧らの謀反計画に連坐し、獄死した。光武帝の娘である淯陽公主を娶っている。陽安侯（『後漢書』本紀四 和帝紀、列傳十三 竇融傳附竇憲傳）。

（一一）歩兵校尉は、官名。宿衛の兵を掌る。北軍中候に属し、秩祿は比二千石（『後漢書』志二十七 百官四）。

（一二）磊は、鄧磊。官は・兵校尉。母の鄧元らの謀反計画に連座し、獄死した（『後漢書』列傳十三 竇融傳附竇憲傳）。

（一三）元は、鄧元。鄧疊の母。郭擧とともに和帝殺害を画策したが、失敗した（『後漢書』列傳十三 竇融傳附竇憲傳）。

（一四）星紫宮占は、書名。『隋書』經籍志などに記載がなく、詳細は不明である。

［現代語訳］

（永元）三（九一）年九月丁卯、鷄卵のような大きさの流星があり、紫宮より出現し、西南に進んで北斗の柄の間に至って消滅した。紫宮は天子の宮であり、文昌・少微は貴臣であり、天津は水であり、北斗は殺をつかさどる。流星が出現し、紫宮・文昌・少微・天津を通過した。文昌は天子の使者であり、（それが）出現することは兵誅が起こる（象である）。竇憲が大將軍《だいしょうぐん》となり、竇憲の弟の竇篤《とうとく》・竇景《とうけい》らはみな卿・校尉となった。竇憲の妹婿である郭擧《かくきょ》は侍中《じちゅう》・射聲校尉《せきせいこうい》となり、衞尉《えいい》である鄧疊《とうじょう》の母の鄧元《とうげん》とともに出世して宮中に入り、反逆を起こそうと謀ったが、（永元）四（九二）年六月丙辰に（計画が）発覚した。和帝は北宮に幸し、執金吾・五校尉に詔して兵を整えて南宮・北宮に駐屯し、城門を閉じて、郭擧を捕らえさせた。郭擧の父である長樂少府《ちょうらくしょうふ》の郭璜《かくこう》および鄧疊、鄧疊の弟で歩兵校尉《ほへいこうい》の鄧磊《とうらい》、母の鄧元は、みな獄に下されて誅殺された。竇憲の弟の竇篤と竇景たちはいずれも自殺した。金星が軒轅を犯すときは、女主が権勢を失う。竇氏が誅殺され、太后は権勢を失った（のはその事應である）。

［劉昭注］

[一]『星紫宮占《せいしきゅうせん》』に、「流星があって紫宮垣より出現するのは、天子の使者である。色が赤いものは兵といい、白いものは喪といい、黄色いものは吉といい、青いものは憂といい、黒いものは水という。出現してみな向かう所の分野によって、東・西・南・北（の行く方向）を命じた」とある。

## 【原文】

五年[一]四月癸巳、太白・熒惑・辰星倶在東井[二]。七月壬午、歳星犯軒轅大星。九月、金在南斗魁中[三]。火犯房北第一星。東井、秦地、爲法。三星合、內外有兵、又爲法令。及水・金入斗口中、爲大將將死。火犯房北第一星、爲將相。其六年正月、司徒丁鴻薨[四]。七月、水、大漂殺人民、傷五穀。許侯馬光有罪自殺。九月、行車騎將軍事鄧鴻・越騎校尉馮柱發左右羽林・北軍五校士及八郡跡射、烏桓・鮮卑、合四萬騎、與度遼將軍朱徵・護烏桓校尉任尚・中郎將杜崇征叛胡。十二月、車騎將軍鴻坐追虜失利、下獄死。度遼將軍徵・中郎將崇皆抵罪。

[劉昭注]

[一] 古今注曰、正月甲戌、月乘歳星。

[二] 巫咸曰、太白守井、五穀不成。黃帝經曰、五星及客星守井、皆爲水。石氏曰、爲旱。又曰、太白入東井、留一日以上、乃占大臣當之、期三月。若一年、遠五年。古今注曰、木在輿鬼。

[三] 爲水。石氏曰、爲旱。

[四] 古今注曰、六年六月丁亥、金在東井。閏月己丑、流星大如桃、起參北、西至參肩南、稍有光。

《訓読》

五年[一]四月癸巳、太白・熒惑・辰星 倶に東井に在り[二]。七月壬午、歳星 軒轅の大星を犯す。九月、金 南斗の魁中に在り[三]。火 房の北の第一星を犯す。東井は、秦の地、法と爲す。三星 合すれば、內外に兵有り、又 法令と爲す。水・金 斗の口中に入るに及びては、大將 將に死なんとすると爲す。火 房の北の第一星を犯せば、將相と爲す。其の六年正月、司徒の丁鴻(一) 薨ず[四]。七月、水あり、大いに人民を漂殺し、五穀を傷つく。許侯の馬光(二) 罪有りて自殺す。九月、行車騎將軍事の鄧鴻・越騎校尉(三)の馮柱(四) 左右の羽林(五)・北軍五校の士及び八郡の跡射(六)、烏桓(七)・鮮卑(八)の合せて四萬騎を發し、度遼將軍の朱徵(九)・護烏桓校尉(一〇)の任尚(一一)・中郎將の杜崇(一二)と叛胡を征す。十二月、車騎將軍の鴻 虜を追ひて利を失ふに坐し、獄に下されて死す。度遼將軍の徵・中郎將の崇 皆 罪に抵てらる。

[劉昭注]

[一] 古今注に曰く、「正月甲戌、月 歳星に乘る」と。

[二] 巫咸曰く、「太白 井に守するは、五穀 成らざるなり」と。黃帝經に曰く、「五星及び客星 井に守するは、皆 水と爲す」と。石氏曰く、「旱と爲す」と。又 曰く、「太白 東井に入り、留まること一日以上なれば、乃ち大臣を占ひて之に當つるに、三月を期とす。若し一年なれば、遠ざかること五年」と。古今注に曰く、「木 輿鬼に在り」と。

[三] 水と爲す。石氏曰く、「旱と爲す」と。

[四] 古今注に曰く、「六年六月丁亥、金 東井に在り。閏月己丑、流星 大なること桃の如く、參の北より起き、西のかた參の肩の南に至り、稍〻光有り」と。

（補注）

（一）丁鴻は、潁川郡定陵縣の人、字を孝公。桓榮より歐陽尚書を受けた。白虎觀會議に參加し、諸難問の解決に最も功績が高く、「殿中無雙丁孝公」と称された。和帝の永元四（九二）年、司徒に任ぜられ、鄭衆らのクーデターの際には衞尉を兼任してこれを支援した。永元六（九四）年、薨じた。馬亭郷侯（『後漢書』列傳二十七 丁鴻傳）。

（二）馬光は、馬援の三男。兄の馬防とともに章帝に寵用された。のち、竇憲と謀反をたくらんだと誣告され、自殺した（『後漢書』列傳十四 馬援傳附馬防傳）。

（三）越騎校尉は、官名。五營校尉の一つ。官秩は比二千石。北軍中候に属し、宿衛の兵をつかさどった。光武帝期に設置され、当初は青巾左校尉と呼ばれていたが、のちに改称された（『後漢書』志二十七 百官四）。安作璋・熊鉄基『秦漢官制史稿』（斉魯書社、一九八四年）、楊鴻年『漢魏制度叢考』（武漢大学出版社、二〇〇五年）を参照。

（四）馮柱は、馮魴の子。越騎校尉となり、南單于の師子と対立して漢に背いた右溫禺犢王の烏居戰と戦い、これを降服させた。明帝の娘の獲嘉公主を娶っており、官は將作大匠に至った。適楊邑侯（『後漢書』本紀十下 皇后紀下、列傳七十九 南匈奴傳）。

（五）羽林は、羽林中郎將に率いられる、天子の宿営兵。虎賁に比べ人数は少なく、漢陽・隴西・安定・北地・上郡・西河の六郡より良家の子弟が択ばれるなど、より儀仗兵的色彩が強い。光祿勳に属する（『後漢書』志二十七 百官四）。

（六）跡射は、迹射に同じで、兵種の名。顔師古によれば、「迹射、言能尋跡而射取之也」の者であるという（『漢書』巻七十六 王尊傳注）。

（七）烏桓は、内モンゴルの遊牧民族。匈奴の冒頓單于に滅ぼされた東胡の一派とされ、烏丸とも呼ばれる。後漢に服属し、北辺の防衛にあたった。後漢末には袁紹に通じたが、建安十二（二〇七）年、曹操に撃破されて四散した。渡邉義浩「後漢の匈奴・烏桓政策と袁紹」（RILASJOURNAL 3、二〇一五年）を参照。

（八）鮮卑は、北アジアの遊牧民族。東胡の子孫と言われ、一世紀初めには、匈奴に率いられて後漢に侵入した。匈奴が衰えると、後漢より賞賜を受け、互市を許される代償として、北匈奴や烏桓の中国侵入を防御した。渡邉義浩「後漢の羌・鮮卑政策と董卓」（『三国志研究』一〇、二〇一五年）を参照。

（九）朱徵は、執金吾・行度遼將軍。『後漢書』本紀四 和帝紀および列傳七十九 南匈奴傳では「朱徽」につくる。反乱した北單于の逢侯を討伐した。杜崇と謀って南匈奴に内乱を生じさせたが、これを弾劾され獄死した（『後漢書』列傳七十九 南匈奴傳）。

（一〇）護烏桓校尉は、官名。烏桓などの異民族に備えることを職掌とする。秩祿は比二千石（『後漢書』志二十八 百官五）。

（一一）任尚は、後漢の將軍。竇憲の爪牙となって北匈奴單于をうち破ったほか（『後漢書』列傳十三 竇融傳附竇憲傳）、異民族討伐に功績を挙げた。性格が激しく短気であり、西域都護となった際、前任者の班超より「水清ければ大魚無し」とこれをたしなめられたが、聞き入れず、結果として西域諸国の反乱を招き、官を免じられた（『後漢書』列傳三十七　班超傳）。

（三）杜崇は、使匈奴中郎將。南單于の安國と仲が悪く、その上書を中途で握りつぶしたうえ、これと親漢派の師子との争いを煽って内紛化させたのち、和帝に進言して軍事介入を行い、匈奴側に安國を殺させた。この一部始終が和帝の知る所となり、その怒りを買って獄死した（『後漢書』列傳七十九　南匈奴傳）。

［現代語訳］

（永元）五（九三）年四月癸巳、太白・熒惑・辰星がともに東井にあった。（永元）七（九五）月壬午、歳星が軒轅の大星を犯した。九月、金星が南斗の魁中にあった。火星が房宿の北の第一星を犯した。東井は、秦の地であり、法（の適用の象）である。（太白・熒惑・辰星の）三星が合わされば、内外に戦争があり、また法令（の適用の象）となる。水星・金星が北斗の口中に入るようなことになれば、大將が死ぬであろうことを示す（象である）。火星が房宿の北の第一星を犯すときは、將相（が死ぬこと）を示す（象である）。その六（九四）年正月、司徒の丁鴻《ていこう》が薨じた。七月、大水があり、多くの人民を流して殺し、五穀を傷つけた。許侯《きょこう》の馬光《ばこう》は罪があって自殺した。九月、行車騎將軍事の鄧鴻・越騎校尉《えっきこうい》の馮柱《ふうちゅう》は左右の羽林《うりん》・北軍五校の士および八郡の跡射《せきせき》、烏桓《うがん》・鮮卑《せんぴ》の合わせて四万騎を発し、度遼將軍の朱徵《しゅちょう》・護烏桓校尉《ごうがんこうい》の任尚《じんしょう》・中郎將《ちゅうろうしょう》の杜崇《とすう》とともに叛乱を起こした胡を征伐した。十二月、車騎將軍の鄧鴻は虜を追って勝利しなかったことで罪に問われ、獄に下されて死んだ。度遼將軍の朱徵・中郎將の杜崇はいずれも罪に抵触した（のは、すべてその事應である）。

［劉昭注］

［一］『古今注』に、「正月甲戌、月が歳星の上に来た」とある。

［二］巫咸は、「太白が井宿に留まるときは、五穀が実らない（象である）」と言っている。『黃帝經《こうていけい》』に、「五星および客星が井宿に留まっていれば、いずれも大水となる（象である）」とある。石氏は、「旱《ひでり》となる（象である）」と言っている。また、「太白が東井に入り、留まること一日以上であれば、大臣を占ないこの予兆に当てること、三ヵ月を期限とする。もし一年たてば、（予兆から）遠ざかること五年である（象である）」とある。『古今注』に、「木星が輿鬼にあった」とある。

［三］大水がある（象である）。石氏は、「旱がある（象である）」と言っている。

［四］『古今注』に、「（永元）六（九四）年六月丁亥、金星が東井にあった。閏月己丑、流星が桃のような大きさで、參宿の北より出現し、西の參宿の肩の南に至って、少しく光を放った」とある。

【原文】

七年正月丁未、有流星起天津、入紫宮中滅。色青黃、有光。二月癸酉、金・火俱在參［一］。戊寅、金・火俱在東井［二］。八月甲寅、水・土・金俱在軫［三］。十一月甲戌、金・火俱在心［四］。十二月己卯、有流星起文昌、入紫宮消。丙辰、火・金・水俱在斗。流星入紫宮、金・火在心、皆爲大喪。三星合軫爲白衣之會、金・火俱在參・東井、皆爲外兵、有死將。三星俱在斗、有戮將、若有死相。八年四月、樂成王黨、七月樂成王宗皆薨。將兵長史吳棽坐事徵下獄誅［五］。十月、北海王威自殺。十二月、陳王羨薨。其九年閏月、皇太后竇氏崩。遼東鮮卑[1]〔反〕、太守祭參不追虜、徵下獄誅。九月、司徒劉方坐事免官、自殺。隴西羌反、遣執金吾劉尚行征西將軍事、越騎校尉・節郷侯趙世發北軍五校・黎陽・雍營及邊胡兵三萬騎、征西羌。

〔劉昭注〕

〔一〕巫咸占曰、熒惑守參、多火災。海中占曰、爲旱。太白守參、國有反臣。郗萌曰、有攻戰伐國也。

〔二〕郗萌曰、熒惑守井、百川皆滿。太白又從舍、蓋二十日流國。又曰、雜糴貴。又將相死。

〔三〕春秋緯曰、五星有入軫者、皆爲兵大起。巫咸占曰、五星入軫者、司其出日而數之、期二十日皆爲兵發。司始入處之率一日、期十日軍罷。石氏星經曰、辰星守軫、歲水。郗萌曰、鎭星出入留舍軫六十日不下、必有大喪。春秋緯曰、太白入軫、兵大起。郗萌曰、太白守軫、必有死王。

〔四〕雒書曰、太白守心、後九年大飢。

〔五〕古今注曰、八年九月辛丑、夜有流星、大如拳、起婁。

〔校勘〕

1．中華書局本により「反」を補う。

《訓読》

七年正月丁未、流星有りて天津より起き、紫宮の中に入りて滅す。色は青黃にして、光有り。二月癸酉、金・火 倶に參に在り〔一〕。戊寅、金・火 倶に東井に在り〔二〕。八月甲寅、水・土・金 倶に軫に在り〔三〕。十一月甲戌、金・火 倶に心に在り〔四〕。十二月己卯、流星有りて文昌より起き、紫宮に入りて消ゆ。丙辰、火・金・水 倶に斗に在り。流星 紫宮に入り、金・火 心に在るは、皆 大喪と爲す。三星 軫に合するは白衣の會と爲し、金・火 倶に參・東井に在るは、皆外兵と爲し、死する將有り。三星 倶に斗に在れば、戮せらる將有り、若しくは死する相有り。八年四月、樂成王黨（一）、七月、樂成王宗（二） 皆 薨ず。將兵長史（三）の吳棽（四） 事に坐して徵せられ獄に下りて誅せらる〔五〕。十月、北海王威（五） 自殺す。十二月、陳王羨（六） 薨ず。其の九年閏月、皇太后の竇氏（七） 崩ず。遼東の鮮卑 反し、太守の祭參（八） 虜を追はず、徵せられて獄に下りて誅せらる。九月、司徒の劉方（九） 事に坐して官を免ぜられ、自殺す。隴西の羌 反し、執金吾の劉尚（一〇）をして征西將軍の事を行ねしめ、越騎校尉・節郷侯の趙世（一一）をして北軍の五校・黎陽・雍營及び邊胡の兵三萬騎を發して、西羌を征せしむ。

〔劉昭注〕

〔一〕巫咸占に曰く、「熒惑 參を守れば、火災多し」と。海中占（一二）に曰く、「旱と爲す。太白 參を守れば、國に反臣有り」と。郗萌曰く、「攻戰して國を伐つこと有り」と。

〔二〕郗萌曰く、「熒惑 井に守するは、百川 皆 滿つ。太白 又 舍に從ふは、蓋し二十日にして國を流さん」と。又 曰く、「雜糴貴し。又（一四） 將相死せん」と。

〔三〕春秋緯に曰く、「五星 軫に入ること有るは、皆 兵大いに起ると爲す」と。巫咸占に曰く、「五星 軫に入るは、其の出づる日を司《うかが》ひて之を數へ、二十日を期して皆 兵發すと爲す。始めて入處するの率一日を司ひ、十日を期して軍罷む」と。石氏星經に曰く、「辰星 軫に守するは、歳水あり」と。郗萌曰く、「鎭星 出入して軫に留舍すること六十日をば下らざれば、必ず大喪有らん」と。春秋緯に曰く、「太白 軫に入るは、兵大いに起らん」と。郗萌曰く、「太白 軫に守するは、必ず死王有り」と。

［四］雒書(一五)に曰く、「太白 心に守するは、後九年にして大いに飢う」と。

［五］古今注に曰く、「八年九月辛丑、夜に流星有り、大なること拳の如く、婁に起く」と。

(補注)

(一) 樂成王黨は、劉黨。明帝の子。章帝と同年であり、そのため最も親しかった。史書に通じ、文字學を好んだ。永平九（六六）年に重熹王、十五（七二）年に樂成王に封建された。法令を守らぬことが多く、後宮より出された宮女を妾にして、封地を削られている。和帝の永元八（九六）年に、薨じた。謚を靖という（『後漢書』列傳四十 孝明八王 樂成靖王黨傳）。

(二) 樂成王宗は、劉宗。『後漢書』列傳四十 樂成靖王黨傳では「劉崇」につくる。樂成靖王劉黨の子。劉黨が薨去したので、王を嗣いだ。子はなく、樂成國は途絶えた（『後漢書』列傳四十 樂成靖王黨傳）。

(三) 將兵長史は、官名。長史は、將軍府の幕僚の筆頭。將軍ではなく、長史が軍隊を指揮する場合、將兵長史と呼ぶ（『後漢書』本紀四 和帝紀注）。

(四) 呉棽は、將兵長史。ここ以外の記録がなく、詳細は不明である（『後漢書』志十一 天文中）。

(五) 北海王威は、劉威。北海敬王である劉睦の庶子。斟郷侯に封ぜられていたが、劉睦を継いだ北海哀王の劉基に子が無かったため、このとき迎えられて北海王となった。永元八（九六）年、実は劉睦と血の繋がりの無いことが判明し、廷尉に徴され、その道中に自殺した（『後漢書』列傳四 北海靖王興傳）。

(六) 陳王羨は、劉羨。明帝の子。永平三（六〇）年、廣平王に封ぜられ、永平七（六四）年に西平王となり、章帝の死後、遺詔により陳王に封ぜられた。經書に通じ、白虎觀會議に参加している。和帝の永元八（九六）年、薨じた。謚は敬（『後漢書』列傳四十 孝明八王 陳敬王羨傳）。

(七) 竇氏は、右扶風平陵縣の人。竇融の曾孫、母は東海恭王劉彊の娘である沘陽公主。才色兼備かつ弁に達者で、人の心を摑むことに長けていた。自身に子が無いため、皇子を生んだ宋貴人・梁貴人を政治的に葬り、また章帝死後は和帝の摂政となって兄である竇憲と専横を極めるなど、その事績は芳しいものではない。和帝の永元九（九七）年、崩じた。謚は章德皇后（『後漢書』本紀十上 皇后上 章德竇皇后紀）。

(八) 祭參は、遼東太守。遼東の鮮卑族の反乱に際して手だてなく、怠慢であったことを弾劾され獄死した（『後漢書』列傳八十 鮮卑傳、志十一 天文中）。

(九) 劉方は、平原の人。和帝の時に司空・司徒を歴任した。郡國が孝廉を推挙する際の定員を、人口二十万を越えるごとに一名ずつとする「口率の科」を提唱し、採用された（『後漢書』列傳二十七 丁鴻傳）。

(一〇) 劉尚は、宜春侯の劉匡の子。劉浮の弟。永元年間（八九～一〇五年）に征西將軍となった（『後漢書』列傳四 泗水王歙傳）。

(一一) 征西將軍は、官名。前漢以来の方面軍司令官である四征將軍の一つ。西方との戦いが多かった後漢では、征西將軍は花形の將軍職で、若き日の曹操も征西將軍を目指したという（『三國志』巻一 武帝紀注引「魏武故事載公十二月己亥令」）。

（二）趙世は、越騎校尉。劉尙とともに燒當羌を討った。節郷侯（『後漢書』志十一 天文中）。なお、『後漢書』列傳七十七 西羌傳では「趙代」に作るが、錢大昕『十七史商榷』によれば、李賢が李世民の諱を避けて改めたものであるという。

（三）海中占は、書名。『海中星占』のこと。撰者未詳。『隋書』經籍志三に、一巻として著録される。

（四）春秋緯は、書名。中村璋八『重修緯書集成』巻四下 春秋下（明徳出版社、一九九二年）に輯本がある。

（五）雒書は、洛書のこと。禹の時、洛水より出現した神亀の背にあったという九つの模様のこと。

［現代語訳］

（永元）七（九五）年正月丁未、流星が天津より出現し、紫宮垣の中に入って消滅した。青黄色で、光を放った。二月癸酉、金星・火星がともに參宿にあった。戊寅、金星・火星がともに東井にあった。八月甲寅、水星・土星・金星がともに軫宿にあった。十一月甲戌、金星・火星がともに心《しん》宿にあった。十二月己卯、流星が文昌より出現し、紫宮垣に入って消滅した。丙辰、火星・金星・水星がともに斗にあった。流星が紫宮垣に入り、金星・火星が心宿にあるときは、いずれも大喪が起こる（象である）。三星が軫《しん》宿に集まるときは（凶事により）白い素服で朝会することがあり、金星・火星がともに參宿・東井にあるときは、いずれも外敵の侵攻があり、死する將がいる（象である）。三星がともに斗にあるときは、殺される將もしくは死する相がいる（象である）。（永元）八（九六）年四月、樂成王《らくせいおう》の劉黨《りゅうとう》が、七月、樂成王《らくせいおう》の劉宗《りゅうそう》がいずれも薨じた。將兵長史《しょうへいちょうし》の呉琴《ごちん》が事件に連坐して徴され下獄のうえ誅殺された。十月、北海王《ほっかいおう》の劉威《りゅうい》が自殺した。十二月、陳王《ちんおう》の劉羨《りゅうせん》が薨じた。（永元）九（九七）年閏月、皇太后の竇《とう》氏が崩じた。遼東《りょうとう》郡（遼寧省遼陽市）の鮮卑が反乱を起こしたが、（遼東）太守の祭參《さいさん》は虜を追わなかったので、徴されて下獄のうえ誅殺された。九月、司徒の劉方《りゅうほう》が事件に連坐して免官となり、自殺した。隴西《ろうせい》郡（甘肅省臨洮）の羌が反乱を起こし、執金吾の劉尙《りゅうしょう》に征西將軍《せいせいしょうぐん》の職務を代行させ、越騎校尉・節郷侯《せっきょうこう》の趙世《ちょうせい》に北軍の五校・黎陽《れいよう》・雍營《ようえい》および邊胡の兵三万騎を進発して、西羌を征伐させた（のは、いずれもその事應である）。

［劉昭注］

［一］『巫咸占』に、「熒惑が參宿に留まれば、火災が多い（象である）」とある。『海中占《かいちゅうせん》』に、「旱が起こる（象である）。太白が參宿に留まるときは、国内に反逆する臣下がいる（象である）」とある。郗萌は、「攻め戰って国を伐つことがある（象である）」と言っている。

［二］郗萌は、「熒惑が井宿に留まるときは、百川がみな満ちる（象である）。太白がまた星宿に従うと、およそ二十日経って国を流してしまう（象である）」と言っている。また、「雜羅が高くなる。さらに將軍や宰相が死ぬ（象）であろう」と言っている。

［三］『春秋緯《しゅんじゅうい》』に、「五星が（同時に）軫宿に入るときは、いずれも戦争がさかんに起こる（象である）」とある。『巫咸占』に、「五星が軫宿に入るときは、その出現する日を伺察してこれを数え、二十日を期限として戦争が起こる（象である）。（星が）始

めて入宿した場所の角度の一日分を伺察して、十日分が経つと軍が撤退する（象である）」とある。『石氏星經』に、「辰星が軫宿に留まると、一年中水害がある（象である）」とある。郗萌は、「鎭星が出入して軫宿に留まること六十日を下らなければ、必ず大喪がある（象である）」と言っている。『春秋緯』に、「太白が軫宿に入ると、戦争がさかんに起こる（象）であろう」とある。郗萌は、「太白が軫に留まると、必ず死ぬ王がいる（象である）」と言っている。

[四]『雒書《らくしょ》』に、「太白が心宿に留まるときは、九年後に大きな飢饉が起こる（象である）」とある。

[五]『古今注』に、「（永元）八（九六）年九月辛丑、夜に流星があり、拳のような大きさで、婁宿より出現した」とある。

## 【原文】

十一年五月丙午、流星大如瓜、起氐、西南行、稍有光、白色[一]。占曰、流星白、爲有使客、大爲大使、小亦小使。疾期疾、遲亦遲。大如瓜爲近、小行稍有光爲遲也。又正王日、邊方有受王命者也。明年二月、蜀郡旄牛徼外夷白狼、樓薄種王唐繒等、率種人口十七萬歸義內屬。賜金印・紫綬・錢帛。

[劉昭注]

[一] 古今注曰、六月庚辰、月入畢中。

## 《訓読》

十一年五月丙午、流星 大なること瓜の如く、氐より起き、西南のかた行き、稍〻光有り、白色たり[一]。占に曰く、「流星の白きは、使客有りと爲し、大は大使爲り、小は亦た小使たり。疾ければ疾きを期し、遲ければ亦た遲し。大なること瓜の如きは近きと爲し、小行して稍〻光有るは遲しと爲す。又 正王日（一）、邊方に王命を受くる者有らんとするなり」と。明年二月、蜀郡旄牛の徼外の夷たる白狼（二）、樓薄種の王唐繒（三）ら、種人 口十七萬を率ゐて歸義內屬す。金印・紫綬・錢帛を賜ふ。

[劉昭注]

[一] 古今注に曰く、「六月庚辰、月 畢中に入る」と。

（補注）

（一）正王日は、五行が事を用いる日にあたる土王日・水王日・木王日・金王日・火王日などの特別な日をいう。

（二）白狼は、西南夷の一種。蜀郡旄牛に居住していたが、後漢の和帝の永元十二年に內屬した（『後漢書』列傳七十六 西南夷傳）。

（三）王唐繒は、西南夷の樓薄種。『後漢書』本紀四 和帝紀は「貗薄」につくる。

[現代語訳]

（永元）十一（九九）年五月丙午、瓜のような大きさの流星が氐宿より出現し、西南に行き、少しばかり光を放ち、（その色は）白色であった。『占』に、「流星が白いものは、使客がある（という象）であり、大きいものは（天子の命令を奉じる）大使であり、小さいものも身分の低い使者である。疾《はや》ければ疾くめぐり、遲ければまた遲くめぐる。瓜のような大きさのものは近く、少しずつ進んで次第に光を発するものは遅いものである。また正王日に、辺境で王命を受ける者があるであろう（象である）」とある。翌（永元十二、一〇〇）年二月、蜀《しょく》郡旄牛《ぼうぎゅう》縣（四川省漢源の南）の砦の外の夷狄である白狼《はくろう》と、樓薄種《ろうはくしゅ》の王の唐繒《とうそう》らが、種族十七万人を率いて（漢の）義を慕って帰服内属した（のはその事應である）。（和帝はかれらに）金印・紫綬・錢帛を賜った。

［劉昭注］

［一］『古今注』に、「六月庚辰、月が畢宿の中に入った」とある。

【原文】

十二年十一月癸酉、夜有蒼白氣、長三丈、起天園、東北指軍市、見積十日。占曰、兵起十日、期歳。明年十一月、遼東鮮卑二千餘騎寇右北平。

《訓読》

十二年十一月癸酉、夜に蒼白の氣有り、長さ三丈、天園〔一〕より起き、東北のかた軍市〔二〕を指し、見はるること十日を積《かさ》ぬ。占に曰く、「兵起こること十日なれば、歳を期す」と。明年十一月、遼東の鮮卑二千餘騎 右北平を寇す。

〈補注〉

〔一〕天園は、星官の名。畢宿に属する。橋本敬造『中国占星術の世界』（前掲）によれば、距星は、エリダヌス座$\nu^1$星。

〔二〕軍市は、星官の名。井宿に属する。橋本敬造『中国占星術の世界』（前掲）によれば、距星は、おおいぬ座β星。

［現代語訳］

（永元）十二（一〇〇）年十一月癸酉、夜に蒼白の氣があり、長さは三丈、天園《てんえん》より発生し、東北の軍市《ぐんし》（の方角）を向き、出現すること十日間であった。『占』に、「戦争が十日続けば、（そのまま）丸一年かかる（象である）」とある。翌（一〇一）年十一月、遼東の鮮卑二千余騎が右北平郡《ゆうほくへい》（河北省豊潤の南東）を侵した（のはその事應である）。

【原文】

十三年〔一〕十一月乙丑、軒轅第四星閒有小客星、色青黄。軒轅爲後宮、星出之、爲失勢。其十四年六月辛卯、陰皇后廢〔二〕。

［劉昭注］

〔一〕古今注曰、正月辛未、水乘輿鬼。十二月癸巳、犯軒轅大星。

〔二〕古今注曰、十四年正月乙卯、月犯軒轅、在太微中。二月十日丁酉、水入太微西門。十一月丁丑、有流星大如拳、起北斗魁中、北至閣道、稍有光、色赤黄。須臾西北有雷聲。

《訓読》

十三年〔一〕十一月乙丑、軒轅の第四星の閒に小客星有り、色は青黄なり。軒轅は後宮と爲り、星 之に出づるは、勢を失ふと爲す。其の十四年六月辛卯、陰皇后〔一〕廢せらる〔二〕。

[劉昭注]

〔一〕古今注に曰く、「正月辛未、水 輿鬼に乘る。十二月癸巳、軒轅の大星を犯す」と。

〔二〕古今注に曰く、「十四年正月乙卯、月 軒轅を犯し、太微中に在り。二月十日丁酉、水 太微の西門より入る。十一月丁丑、流星有りて大なること拳の如く、北斗の魁中より起き、北のかた閤道に至り、稍〻光有り、色は赤黄なり。須臾にして西北に雷聲有り」と。

(補注)

(一) 陰皇后は、和帝の皇后。和帝の寵愛が鄧貴人(のちの鄧皇后)に移ったため、嫉妬して和帝を呪詛、それが露見して、巫蠱の罪で皇后を廢され、憂死した(『後漢書』本紀十上 皇后紀上)。

[現代語訳]

(永元)十三(一〇一)年十一月乙丑、軒轅の第四星の間に小客星があり、青黄色であった。軒轅は後宮であり、星がここに出現するときは、勢力を失う(象である)。(永元)十四(一〇二)年六月辛卯に、陰皇后《いんこうごう》が廢された(のはその事應である)。

[劉昭注]

〔一〕『古今注』に、「正月辛未、水星が輿鬼の上に来た。十二月癸巳、軒轅の大星を犯した」とある。

〔二〕『古今注』に、「(永元)十四(一〇二)年正月乙卯、月が軒轅を犯し、太微垣の中にあった。二月十日丁酉、水星が太微垣の西門より入った。十一月丁丑、拳のような大きさの流星があり、北斗の魁中より出現し、北の閤道に至り、やや光を発し、赤黄色であった。しばらくして西北で雷鳴が轟いた」とある。

【原文】

十六年四月丁未、紫宮中生白氣如粉絮。戊午、客星出紫宮、西行至昂、五月壬申滅。七月庚午、水在輿鬼中〔一〕。十月辛亥、流星起鉤陳、北行三丈、有光、色黃。白氣生紫宮中爲喪。客星從紫宮西行至昂爲趙。輿鬼爲死喪。鉤陳爲皇后、流星出之爲中使。後一年、元興元年[1]十〔二〕月(二日)、和帝崩。殤帝卽位一年又崩、無嗣。鄧太后遣使者迎清河孝王子卽位。是爲孝安皇帝。是其應也。清河、趙地也。

[劉昭注]

〔一〕黃帝占曰、辰星犯鬼、大臣誅、國有憂。郗萌曰、多蝗蟲。

[校勘]

1．上杉本は「十月二日」につくるが、中華書局本により「十二月」に改める。

《訓読》

十六年四月丁未、紫宮中に白氣を生ずること粉絮の如し。戊午、客星 紫宮の西より出で、行きて昂に至り、五月壬申に滅す。七月庚午、

水 輿鬼の中に在り[一]。十月辛亥、流星 鉤陳(一)より起き、北のかた行くこと三丈、光有り、色は黄なり。白氣 紫宮の中に生ずるは喪と爲す。客星 紫宮の西より行きて昴に至るは趙と爲す。輿鬼は死喪爲り。鉤陳は皇后と爲り、流星 之に出づるは中使と爲す。後一年、元興元年十二月、和帝 崩ず。殤帝(二) 卽位するも、一年にして又 崩じ、嗣無し。鄧太后(三) 使者を遣はして清河孝王(四)の子を迎へて卽位せしむ。是れ孝安皇帝(五)爲り。是れ其の應なり。清河は、趙の地なり。

[劉昭注]

[一] 黄帝占に曰く、「辰星 鬼を犯せば、大臣 誅せられ、國に憂有り」と。郗萌曰く、「蝗蟲 多し」と。

(補注)

(一) 鉤陳は、星官の名。紫微垣に属する。橋本敬造『中国占星術の世界』(前掲)によれば、距星は、こぐま座α星。

(二) 殤帝は、劉隆。後漢の第五代皇帝(在位、一〇五～〇六年)。鄧皇太后によって擁立されたが、翌年崩御した(『後漢書』本紀四 殤帝紀)。

(三) 鄧太后は、和帝の皇后。名は綏。和帝の死後は殤帝・安帝を擁立して臨朝した。范曄はこれを女主專政と批判している。論は和熹皇后(『後漢書』本紀十上 皇后 和熹鄧皇后紀)。漢代における皇太后の臨朝稱制については、谷口やすよ「漢代の『太后臨朝』」(『歴史評論』三五九、一九八〇年)、岡安勇「漢魏時代の皇太后」(『法政史学』三五、一九八三年)を参照。

(四) 清河孝王は、劉慶。章帝の子、安帝の父。建初三(七八)年に生まれ、翌年皇太子に立てられたが、竇皇后の陰謀により、母である宋貴人が失脚、本人も七(八二)年に皇太子を廃された。代わって皇太子となった劉肇(和帝)によく仕え、これの後を追うように延平元(一〇六)年に二十九歳で薨じた。その喪儀は光武帝に皇太子を廃された東海恭王の劉彊のそれに準じて行われた(『後漢書』列傳四十五 章帝八王 清河孝王慶傳)。

(五) 孝安皇帝は、安帝。安帝は、劉祜、後漢の第六代皇帝(在位、一〇六～一二五年)。十三歳で即位したが、政治の実権は外戚の鄧氏が掌握していた。鄧太后の死後、鄧氏が失脚すると、閻皇后の一族が政治を壟断した(『後漢書』本紀五 安帝紀)。

[現代語訳]

(永元)十六(一〇四)年四月丁未、紫宮垣の中に白氣が生ずること綿くずのようであった。戊午、客星が紫宮垣の西より出現し、進んで昴宿に至り、五月壬申に消滅した。七月庚午、水星が輿鬼の中にあった。十月辛亥、流星が鉤陳《こうちん》より出現し、北にむかって三丈進み、光を放ち、黄色であった。白氣が紫宮垣の中に生ずることは喪事がある(象である)。客星が紫宮の西より進んで昴宿に至ることは趙を示す(象である)。輿鬼は死喪(の象)である。鉤陳は皇后のことであり、流星がここに出現することは宮中の使者がやって来る(象である)。一年の後、元興《げんこう》元(一〇五)年十二月、和帝が崩御した(のはその事應である)。殤帝《しょうてい》が即位したも、一年後にまた崩御し、後嗣がなかった。鄧太后《とうたいこう》は使者を派遣して清河孝王《せいがこうおう》(劉慶《りゅうけい》)の子を迎えて即位させた。これが孝安皇帝《こうあんこうてい》である。これはその事應である。清河國は、趙の地である。

[劉昭注]

［一］『黄帝占』に、「辰星が鬼宿を犯せば、大臣が誅せられ、國に不幸がある（象である）」とある。郗萌は、「蝗が多い（象である）」と言っている。

【原文】

元興元年二月庚辰、有流星起角・亢五丈所。四月辛亥、有流星起斗、東北行到須女。七月己巳、有流星起天市五丈所、光色赤。閏月辛亥、水・金倶在氐［一］。流星起斗、東北行至須女。須女、燕地。天市爲外軍。水・金會爲兵誅。其年、遼東貊人反、鈔六縣、發上谷・漁陽・右北平・遼西烏桓討之。

［劉昭注］

［一］巫咸曰、辰星守氐、多水災。海中占曰、天下大旱、所在不收。荊州星占曰、太白守氐、國君大哭。

〈訓読〉

元興元年二月庚辰、流星有りて角・亢五丈所《ばか》りより起く。四月辛亥、流星有りて斗より起き、東北のかた行きて須女に到る。七月己巳、流星有りて天市の五丈所りより起き、光の色は赤なり。閏月辛亥、水・金 倶に氐に在り［一］。流星 斗より起き、東北のかた行きて須女に至る。須女は、燕の地なり。天市は外軍爲り。水・金 會するは兵誅爲り。其の年、遼東の貊人（一） 反し、六縣を鈔《かす》めたれば、上谷・漁陽・右北平・遼西の烏桓を發して之を討たしむ。

［劉昭注］

［一］巫咸曰く、「辰星 氐を守れば、水災多し」と。海中占に曰く、「天下 大いに旱あり、所在に收まらず」と。荊州星占に曰く、「太白 氐を守れば、國君 大いに哭せり」と。

（補注）

（一）貊とは、貉（むじな）のこと、中国の北方あるいは東方に住む異民族の総称である。

［現代語訳］

元興元（一〇五）年二月庚辰、流星があって角宿・亢宿から五丈ほどのところに出現した。四月辛亥、流星があって斗より出現し、東北に進んで須女《しゅじょ》に到った。七月己巳、流星があって天市より五丈ほどのところに出現し、光は赤色であった。閏月辛亥、水星・金星がともに氐宿にあった。流星が斗より出現し、東北に進んで須女に至った。須女は、燕の地である。天市は国外の軍である。水星と金星が集まるときは兵誅がある（象である）。その年、遼東郡《りょうとう》（遼寧省遼陽市）の貊《はく》人が叛き、六縣を侵略したため、上谷郡《じょうこく》（河北省懐来の南東）・漁陽郡《ぎょよう》（北京市密雲の南西）・右北平郡《ゆうほくへい》（河北省豊潤の南東）・遼西《りょうせい》（遼寧省義県）の烏桓を徴発してこれを討たせた（のはその事應である）。

［劉昭注］

［一］巫咸は、「辰星が氐宿を守れば、水災が多く起こる（象である）」と言っている。『海中占』に、「天下で大いに旱が起こり、到る所で収まらない（象である）」とある。『荊州星占《けいしゅうせいせん》』（『荊州星經』）に、「太白が氐宿に留まるときは、國君が大いに哭泣する（象で

ある)」とある。

【原文】

殤一

孝殤帝延平元年正月丁酉、金・火在婁。金・火合爲爍、爲大人憂[一]。是歳八月辛亥、孝殤帝崩。

[劉昭注]

[一] 古今注曰、七月甲申、月在南斗中。

《訓読》

殤一

孝殤帝の延平元年正月丁酉、金・火 婁に在り。金・火 合するを爍と爲し、大人の憂ひと爲す[一]。是の歳の八月辛亥、孝殤帝 崩ず。

[劉昭注]

[一] 古今注に曰く、「七月甲申、月 南斗の中に在り」と。

[現代語訳]

殤一

孝殤帝の延平《えんぺい》元(一〇六)年正月丁酉、金星・火星が婁宿のところにあった。金星と火星が合わさると(金属が)溶けるという意味になり、大人に不幸がある(象である)。この年の八月辛亥、孝殤帝が崩御した(のはその事應である)。

[劉昭注]

[一]『古今注』に、「七月甲申、月が南斗の中にあった」とある。

【原文】

安四十六

孝安永初元年五月戊寅、熒惑逆行守心前星[一]。八月戊申、客星在東井・弧星西南。心爲天子明堂、熒惑逆行守之、爲反臣[二]。客星在東井、爲大水[三]。是時、安帝未臨朝、鄧太后攝政、鄧騭爲車騎將軍、弟弘・悝・閶皆以校尉封侯、秉國勢。司空周章意不平、與王尊・叔元茂等謀、欲閉宮門、捕將軍兄弟、誅常侍鄭衆・蔡倫、刦刺尚書、廢皇太后、封皇帝爲遠國王。事覺、章自殺。東井・弧皆秦地。是時羌反、斷隴道。漢遣騭將左右羽林・北軍五校及諸郡兵征之。是歳郡國四十一縣三百一十五雨水。四瀆溢、傷秋稼、壞城郭、殺人民、是其應也。

[劉昭注]

[一] 韓楊占曰、多火災。一曰地震。檢其年、十八郡地震、明年漢陽火。

[二] 雒書曰、熒惑守心、逆臣起。黃帝占曰、逆行守心二十日、大臣亂。

[三] 荊州經曰、客星干犯東井、則大臣誅。

《訓読》

安四十六

孝安の永初元年五月戊寅、熒惑 逆行して心の前星に守する［一］。八月戊申、客星 東井・弧星の西南に在り。心は天子の明堂爲り、熒惑 逆行して之に守するは、反臣と爲す［二］。客星 東井に在るは、大水と爲す［三］。是の時、安帝 未だ臨朝せず、鄧太后 政を攝り、鄧騭（一）車騎將軍と爲り、弟の弘（二）・悝（三）・閶（四）皆 校尉を以て侯に封ぜられ、國勢を秉る。司空の周章（五）不平を意《おも》ひ、王尊（六）・叔元茂（七）らと謀り、宮門を閉ざし、將軍の兄弟を捕へ、常侍（八）の鄭衆（九）・蔡倫（一〇）を誅し、尙書を刦刺して、皇太后を廢し、皇帝を封じて遠國の王と爲さんと欲す。事 覺《さと》られ、章 自殺す。東井・弧は皆 秦の地なり。是の時、羌 反し、隴道を斷つ。漢は騭を遣はして左右の羽林・北軍の五校及び諸郡の兵を將ゐて之を征せしむ。是の歲、郡國四十一縣三百一十五に雨水あり。四瀆 溢れ、秋稼を傷つけ、城郭を壞し、人民を殺すは、是れ其の應なり。

［劉昭注］

［一］韓楊占に曰く、「火災多し。一に曰く、地 震ふ」と。其の年を檢《あらた》むるに、十八郡に地震あり、明年 漢陽に火あり。

［二］雒書に曰く、「熒惑 心に守すれば、逆臣 起こる」と。黃帝占に曰く、「逆行して心に守すること二十日なれば、大臣 亂る」と。

［三］荊州經に曰く、「客星 東井を干犯すれば、則ち大臣 誅せらる」と。

（補注）

（一）鄧騭は、字を昭伯。鄧太后の兄。鄧太后の臨朝に伴って車騎將軍に任ぜられ、その政務を助けた。常に謙讓して高位にあることをはばかり、竇憲の如き專橫の振る舞いをしなかった。のち大將軍、位は特進に登ったが、安帝の建光元（一二一）年、弟の鄧悝らが誣告されて大逆罪に当てられ、これに連座し、自殺した（『後漢書』列傳六 鄧禹傳付鄧騭傳）。

（二）弘は、鄧弘。平壽敬侯の鄧訓の子。侍中より虎賁中郎將に至った。西平侯に封ぜられる（『後漢書』列傳六 鄧禹傳附鄧騭傳）。

（三）悝は、鄧悝。平壽敬侯の鄧訓の子。虎賁中郎將より城門校尉に至った。葉侯に封ぜられる（『後漢書』列傳六 鄧禹傳附鄧騭傳）。

（四）閶は、鄧閶。平壽敬侯の鄧訓の子。侍中に至る。西華侯（『後漢書』列傳六 鄧禹傳附鄧騭傳）。

（五）周章は、南陽郡隨縣の人、字を次叔。五官中郎將・光祿勳・太常を歴任し司空に至る。王尊・叔元茂らと鄧太后・安帝の廢位および平原王劉勝の擁立を謀り、発覚して自殺した（『後漢書』列傳二十三 周章傳、志十四 五行二）。

（六）王尊は、人名。周章らと鄧太后・安帝の廢位および平原王の劉勝の擁立を謀るも、失敗した（『後漢書』志十一 天文中）。

（七）叔元茂は、人名。周章らと鄧太后・安帝の廢位および平原王の劉勝の擁立を謀るも、失敗した（『後漢書』志十一 天文中）。

（八）常侍は、中常侍。宦官。帝の左右に侍り、內宮の雜事を取り仕切ることを職掌とする。少府に屬し、秩祿は千石であったが、宦官の權力拡大に伴い順次引き上げられ、靈帝期に曹節が拝した際は中二千石であった（『後漢書』列傳六十八 官者 曹節傳、志二十六 百官志三）。

（九）鄭衆は、宦官。南陽郡犨縣の人。竇憲の打倒に參画することにより、和帝の信任を得る。竇憲を誅殺した功績により大長秋となる（『後漢書』列傳六十八 宦者 鄭衆傳）。後漢における宦官の政治関与については、渡邉義浩「宦官」（『後漢国家の支配と儒教』雄山閣出版、一九九五年）を参照。

（一〇）蔡倫は、後漢の宦官。字は敬仲。桂陽の人。製紙技術の大成者。明帝の末に出仕して和帝のときに尚方令に任ぜられ、帝室の技術部門を担当した。このとき、彼は樹皮や麻頭・敝布・漁網などを用いて紙をつくり、元興元（一〇五）年に献上し、「蔡侯紙」と呼ばれ広く用いられたという（『後漢書』列傳六十八 宦者 蔡倫傳）。

［現代語訳］

安四十六

孝安帝の永初元《えいしょ》（一〇七）年五月戊寅、熒惑が逆行して心宿の前星に留まった。八月戊申、客星が東井・弧《こ》星の西南にあった。心宿は天子の明堂《めいどう》であり、熒惑が逆行してこれに留まるときは、背く臣下がいる（象である）。客星が東井に在るときは、大水がある（象である）。この時、安帝はまだ親政せず、鄧太后が臨朝して、鄧隲《とうしつ》が車騎將軍となり、弟の鄧弘《とうこう》・鄧悝《とうかい》・鄧閶《とうしょう》らはみな校尉《こうい》の立場で侯に封ぜられ、國家の権勢を握った。司空の周章《しゅうしょう》は不平を抱き、王尊《おうそん》・叔元茂《しゅくげんぼう》たちと謀り、宮門を閉ざして、將軍の兄弟を捕らえ、中常侍《ちゅうじょうじ》の鄭衆《ていしゅう》・蔡倫《さいりん》を誅殺し、尚書を脅して刺して、皇太后を廃し、皇帝を遠國の王に封じようとした（のはその事應である）。（しかし）事が発覚したことで、周章は自殺した。東井・弧はいずれも秦の地である。この時、羌が背き、隴道《ろうどう》（甘粛省の張家川県付近）を断った。漢は鄧隲を派遣して左右の羽林・北軍の五校および諸郡の兵を率いてこれを征討させた。この年、四十一の郡國と三百十五の縣で大雨があった。（黄河《こうが》・長江《ちょうこう》・淮水《わいすい》・濟水《せいすい》の）四瀆《しとく》で水があふれ、穀物の稔りを傷つけ、城郭を壊し、人民を殺したのは、これがその事應である。

［劉昭注］

［一］『韓楊占《かんようせん》』に、「火災が多くある（象である）」とある。一説によれば、地震が起きる（象である）。その年を調べてみると十八の郡で地震があり、翌年には漢陽郡《かんよう》（甘粛省甘谷の南東）で火災があった。

［二］『雒書』に、「熒惑が心宿に留まるときは、逆臣が起こる（象である）」とある。『黄帝占』に、「（熒惑が）逆行して心宿に留まることが二十日続けば、大臣が乱心する（象である）」とある。

［三］『荊州經』に、「客星が東井を干犯するときは、大臣が誅殺される（象である）」とある。

【原文】

二年正月戊子、太白畫見［一］。

［劉昭注］

［一］古今注曰、四月乙亥、月入南斗魁中。八月己亥、熒惑出入太微端門。

《訓読》

二年正月戊子、太白 晝に見はる［一］。

［劉昭注］

［一］古今注に曰く、「四月乙亥、月 南斗の魁中に入る。八月己亥、熒惑 出でて太微の端門に入る」と。

［現代語訳］

（永初）二（一〇八）年正月戊子、太白が昼に出現した。

［劉昭注］

［一］『古今注』に、「四月乙亥、月が南斗の魁の中に入った。八月己亥、熒惑が出現して太微垣の端門に入った」とある。

【原文】

三年正月庚戌、月犯心後星［一］。己亥、太白入斗中［二］。十二月、彗星起天苑南、東北指、長六七尺、色蒼白。太白晝見、爲強臣［三］。是時、鄧氏方盛。月犯心後星、不利子。心爲宋。五月丁酉、沛王[1]（牙）〔正〕薨。太白入斗中、爲貴相凶［四］。天苑爲外軍、彗星出其南爲外兵。是後、使羌・氐討賊李貴、又使烏桓擊鮮卑、又使中郎將任尚・護羌校尉馬賢擊羌、皆降。

［劉昭注］

［一］河圖曰、亂臣在旁。

［二］古今注曰、三月壬寅、熒惑入輿鬼中。五月丙寅、太白入畢中。石氏經曰、太白守畢、國多淫刑也。

［三］前志曰、太白晝見、強國弱、小國強、女主昌。

［四］臣昭案、楊厚對曰、以爲、諸王子多在京師、容有非常。宜亟發遣還本國。太后從之、星尋滅不見。以斯而言、太白入之、災在貴相。

［校勘］

1．上杉本は「牙」につくるが、中華書局本により「正」に改める。

《訓読》

三年正月庚戌、月 心の後星を犯す［一］。己亥、太白 斗の中に入る［二］。十二月、彗星 天苑（一）の南より起き、東北のかた指し、長さ六七尺、色は蒼白なり。太白 晝に見はるは、強臣と爲す［三］。是の時、鄧氏 方に盛んなり。月 心の後星を犯すは、子に利せず。心は宋爲り。五月丁酉、沛王正（二）薨ず。太白 斗の中に入るは、貴相に凶ありと爲す［四］。天苑は外軍爲り、彗星 其の南に出づるは外兵と爲す。是の後、羌・氐をして賊の李貴（三）を討たしめ（四）、又 烏桓をして鮮卑を撃たしめ、又 中郎將の任尚・護羌校尉の馬賢をして羌を撃たしめ、皆 降る。

［劉昭注］

［一］河圖に曰く、「亂臣 旁らに在り」と。

［二］古今注に曰く、「三月壬寅、熒惑 輿鬼の中に入る。五月丙寅、太白 畢の中に入る」と。石氏經に曰く、「太白 畢に守するは、國に淫刑多し」と。

［三］前志（五）に曰く、「太白 晝に見はるれば、強國は弱く、小國は強く、女主は昌《さか》えん」と。

［四］臣昭 案ずるに、「楊厚（六）對へて曰く、「以爲へらく、諸王子 多く京師に在り、容ひは非常有らん。宜しく亟《すみ》やかに發遣して本國に還すべし」と。太后 之に從ひ、星 尋いで滅して見《あらは》れず」と。

斯を以て言ふに、太白 之に入るは、災 貴相に在り。

(補注)

(一)天苑は、星官の名。天苑ともいい、昴宿に属する。橋本敬造『中国占星術の世界』(前掲)によれば、距星は、エリダヌス座γ星。

(二)正は、劉正、沛節王。沛釐王の劉定の子。劉定の薨去により、沛王を嗣いだ(『後漢書』列傳三十二 沛獻王輔傳)。

(三)李貴は、人名。賊であったが、羌・氐に討たれた。ここ以外に記録がなく、詳細は不明である(『後漢書』志十一 天文中)。

(四)馬賢は、騎都尉。侯霸とともに先零羌を破ったのち、護羌校尉として焼當羌を、謁者として鍾羌を、征西將軍として且凍羌を破り、西羌とも激しく戦った(『後漢書』列傳七十七 西羌傳)。

(五)引用部分は、『漢書』巻二十六 天文志に、「太白經天、天下革、民更王、是爲亂紀、人民流亡。晝見與日爭明、彊國弱、小國彊、女主昌」とあり、節略されている。

(六)楊厚は、廣漢新都の人、字を仲桓。圖讖の學に長じた楊春卿の孫。父楊統より学業を受け、災異に通じ、皇帝からの諮問にたびたび答えた。八十二歳で没し、郷里の人々から「文父」と諡された(『後漢書』列傳二十上 楊厚傳)。引用部分は、『後漢書』列傳二十上 楊厚傳に、「厚對以爲、諸王子多在京師、容有非常、宜亟發遣各還本國。太后從之、星尋滅不見」とあり、字句に異同がある。

[現代語訳]

(永初)三(一〇九)年正月庚戌、月が心宿の後星を犯した。己亥、太白が斗宿の中に入った。十二月、彗星が天苑《てんえん》の南より現れ、東北の方角を向き、長さは六から七尺で、蒼白色であった。太白が昼に現れるときは、強い臣下が現れる(象である)。この時、鄧氏は勢い盛んであった(のはその事應である)。月が心宿の後星を犯すときは、子孫に利がない(象である)。心宿は宋である。五月丁酉、沛王《はいおう》の劉正《りゅうせい》が薨じた(のはその事應である)。太白が斗の中に入るときは、貴相に凶事がある(象である)。天苑は外国の軍であり、彗星がその南に出現するときは国外で戦争が起こる(象である)。この後、羌・氐に賊の李貴《りき》を討たせ、また烏桓に鮮卑を攻撃させ、さらに中郎將の任尚・護羌校尉の馬賢《ばけん》に羌を攻撃させたところ、みな降伏した(のはその事應である)。

[劉昭注]

[一]『河圖《かと》』に、「乱臣がそばにいる」とある。

[二]『古今注』に、「三月壬寅、熒惑が輿鬼の中に入った。五月丙寅、太白が畢宿の中に入った」とある。『石氏經』に、「太白が畢宿に留まるときは、国内で刑罰を濫発することが多い(象である)」とある。

[三]『漢書《かんじょ》』(巻二十六)天文志に、「太白が昼に現れるとき、強國は弱くなり、小國は強くなり、女主が栄えるであろう(象である)」とある。

[四]わたくし劉昭が思うに、(『後漢書』列傳二十上 楊厚傳に、)「楊厚《ようこう》は、「考えますに、諸王子は多く京師におられますが、あるいは非常事態があるでしょう。どうかすみやかに出発させて本国に還すべきです」と答えた。鄧太后がこれに従ったところ、星がまもなく消滅した」とある。このことから言えるのは、太白がここに入るときは、災いが貴相に起こるということである。

《参校》

○　永初三年十二月の条（『後漢書』本紀五 安帝紀）
（永初三年十二月）乙亥、有星孛于天苑。
・同一の天文現象が記録されている。

【原文】

四年[一]六月甲子、客星大如李、蒼白、芒氣長二尺、西南指上階星。癸酉、太白入輿鬼。指上階、爲三公。後太尉[1]〔張禹・司空〕張敏、[2]〔皆〕免官。太白入輿鬼、爲將凶。後中郎將任尚、坐贓千萬、檻車徵、棄市[二]。

〔劉昭注〕
[一] 古今注曰、二月丙寅、月犯軒轅大星。
[二] 韓揚占曰、太白入輿鬼、亂臣在內。臣昭以、占爲明[3]〔堂〕、豈任尚所能感也。

〔校勘〕
1. 中華書局本により「張禹司空」を補う。
2. 中華書局本により「皆」を補う。
3. 中華書局本により「堂」を補う。

《訓読》

四年[一]六月甲子、客星 大なること李の如く、蒼白にして、芒氣は長さ二尺、西南のかた上階星を指す。癸酉、太白 輿鬼に入る。上階を指すは、三公と爲す。後に太尉の張禹（一）・司空の張敏（二）、皆 官を免ぜらる。太白 輿鬼に入るは、將の凶と爲す。後に中郎將の任尚、千萬を贓するに坐し、檻車もて徵せられ、棄市せらる[二]。

〔劉昭注〕
[一] 古今注に曰く、「二月丙寅、月 軒轅の大星を犯す」と。
[二] 韓揚占に曰く、「太白 輿鬼に入るは、亂臣 內に在り」と。臣昭 以《おも》へらく、「占は明堂爲り、豈に任尚の能く感ずる所ならんや」と。

（補注）
（一）張禹は、趙國襄國縣の人、字を伯達。和帝の永元十二（一〇〇）年、太尉となり、殤帝の太傅、錄尙書事を務めた。安帝の時にまた太尉に任ぜられたが、永初五（一一一）年、陰陽不和の罪で罷免され、永初七（一一三）年に、薨じた（『後漢書』列傳三十四 張禹傳）。
（二）張敏は、河間郡鄚の人、字を伯達。尙書・司隸校尉・汝南太守・南陽太守を歴任して司空に至る。親を侮辱された子が復讐のため侮辱した者を殺害した際、死刑判決の後これを赦すという輕侮法に反対した（『後漢書』列傳三十四 張敏傳）。

〔現代語訳〕
（永初）四（一一〇）年六月甲子、李《すもも》のような大きさの客星があり、蒼白色で、芒氣は長さ二尺、西南に向かって上階星《じょうかいせい》を指していた。癸酉、太白が輿鬼に入った。上階を指すときは、三公を示す（象である）。後に太尉《たいい》の張禹《ちょうう》・司空の張敏《ちょうびん》がどちらも免官となった（のはその事應である）。太白が輿鬼に入るときは、将に凶事が起こる（象である）。後に中郎将の任尚が一千万銭の賄賂を受け取ったことで罪に問われ、檻車に乗せられて徴し出されると、公開処刑となって死体を市にさらされた（のはその事應である）。

［劉昭注］

［一］『古今注』に、「二月丙寅、月が軒轅の大星を犯した」とある。

［二］『韓揚占』に、「太白が輿鬼に入るときは、乱臣が国内にいる（象である）」とある。わたくし劉昭が思うに、占いによれば明堂であり、どうして任尚が感応しようか。

【原文】

五年六月辛丑、太白晝見、經天［一］。元初元年三月癸酉、熒惑入輿鬼。二年九月辛酉、熒惑入輿鬼中。三年三月、熒惑入輿鬼中。五月丙寅、太白入畢口［二］。七月甲寅、歲星入輿鬼。閏月己未、太白犯太微左執法。十一月甲午、客星見西方、己亥、在虛・危、南至胃・昴［三］。四年正月丙戌、歲星留輿鬼中［四］。乙未、太白晝見丙上。四月壬戌、太白入輿鬼中［五］。己巳、辰星入輿鬼中［六］。五月己卯、辰星犯歲星。六月丙申、熒惑入輿鬼中、戊戌、犯輿鬼大星。九月辛巳、太白入南斗口中［七］。五年三月丙申、鎭星犯東井鉞星。五月庚午、辰星犯輿鬼質星。丙戌、太白犯鉞星。六年四月癸丑、太白入輿鬼［八］。六月丙戌、熒惑在輿鬼中［九］。丁卯、鎭星在輿鬼中［一〇］。辛巳、太白犯左執法。自永初五年到永寧、十年之中、太白一晝見經天、再入輿鬼、一守畢、再犯左執法、入南斗、犯鉞星。熒惑五入輿鬼。鎭星一犯東井鉞星、一入輿鬼。歲星・辰星再入輿鬼。凡五星入輿鬼中、皆爲死喪。熒惑・太白甚犯鉞・質星爲誅戮。斗爲貴將。執法爲近臣。客星在虛・危爲喪、爲哭泣［一一］。昴・畢爲邊兵、又爲獄事。至建光元年三月癸巳、鄧太后崩。五月庚辰、太后兄車騎將軍騭等七侯皆免官、自殺、是其應也。

［劉昭注］

［一］春秋漢含孳曰、陽弱、辰逆、太白經天。注云、陽弱、君柔不堪。鉤命決曰、天失仁、太白經天。

［二］黄帝占曰、火攻、近期十五日、遠期四十日。又曰、大臣當之、亂國易主。

［三］郗萌曰、客星入虛、大人當之。又曰、客星守危、強臣執國命、在后族。又且大風、有危敗。黄帝星經曰、客星入守若出危、大飢、民食貴。

［四］石氏經曰、歲星入留輿鬼五十日不下、民有大喪。百日不下、民半死。黄帝經曰、守鬼十日、金錢散諸侯。郗萌曰、五穀多傷、民以飢死者無數。

［五］石氏占、太白入鬼、一曰病在女主、一曰將戮死。

［六］郗萌曰、以罪誅大臣。一曰后疾。一曰大人憂。

［七］黄帝經曰、大人當之、國易政。

［八］郗萌曰、太白守輿鬼、疾在女主。

[九] 黄帝經曰、熒惑犯守鬼、國有大喪、有女喪、大將有死者。荊州星占曰、熒惑犯鬼、忠臣戮死、不出一年中。
[一〇] 黄帝經曰、鎭入鬼中、大臣誅。海中、石氏曰、大人憂。
[一一] 星占曰、不一年、遠期二年。

《訓讀》

五年六月辛丑、太白 晝に見はれ、天を經る[一]。元初元年三月癸酉、熒惑 輿鬼に入る。二年九月辛酉、熒惑 輿鬼の中に入る。三年三月、熒惑 輿鬼の中に入る。五月丙寅、太白 畢の口に入る[二]。七月甲寅、歳星 輿鬼に入る。閏月己未、太白 太微の左執法を犯す。十一月甲午、客星 西方より見はれ、己亥、虚・危に在り、南のかた胃・昴に至る[三]。四年正月丙戌、歳星 輿鬼の中に留まる[四]。乙未、太白 晝に丙の上に見はる。四月壬戌、太白 輿鬼の中に入る[五]。己巳、辰星 輿鬼の中に入る[六]。五月己卯、辰星 歳星を犯す。六月丙申、熒惑 輿鬼の中に入り、戊戌、輿鬼の大星を犯す。九月辛巳、太白 南斗の口中に入る[七]。五年三月丙申、鎭星 東井の鉞星を犯す。五月庚午、辰星 輿鬼の質星を犯す。丙戌、太白 鉞星を犯す。六年四月癸丑、太白 輿鬼に入る[八]。六月丙戌、熒惑 輿鬼の中に在り[九]。丁卯、鎭星 輿鬼の中に在り[一〇]。辛巳、太白 左執法を犯す。永初五年より永寧に到るまで、十年の中、太白 一たび晝に見はれて天を經、再び輿鬼に入り、一たび畢に守し、再び左執法を犯し、南斗に入り、鉞星を犯す。熒惑 五たび輿鬼に入る。鎭星 一たび東井の鉞星に入り、一たび輿鬼に入る。歳星・辰星 再び輿鬼に入る。凡そ五星 輿鬼の中に入るは、皆 死喪と爲す。熒惑・太白 甚だ鉞・質星を犯すは誅戮と爲す。斗は貴將と爲り。執法は近臣と爲り。客星 虚・危に在るは喪と爲し、哭泣と爲す[一二]。昴・畢は邊兵と爲し、又 獄事と爲す。建光元年三月癸巳に至りて、鄧太后 崩ず。五月庚辰、太后の兄たる車騎將軍の騭ら七侯 皆 官を免ぜられ、自殺するは、是れ其の應なり。

[劉昭注]
[一] 春秋漢含孳(一)に曰く、「陽 弱く、辰 逆なれば、太白 天を經る」と。注に云ふ、「陽 弱ければ、君 柔にして堪へず」と。鉤命決に曰く、「天 仁を失へば、太白 天を經る」と。
[二] 黄帝占に曰く、「火攻は、近きは十五日を期し、遠きは四十日を期す」と。又 曰く、「大臣 之に當たれば、國を亂し主を易ふ」と。
[三] 郗萌曰く、「客星 虚に入るは、大人 之に當たる」と。又 曰く、「客星 危に守すれば、強臣 國命を執ること、后族に在り。又 且つ大風あれば、危敗すること有り」と。黄帝星經に曰く、「客星 入り守して若し危に出づれば、大いに飢ゑ、民の食 貴し」と。
[四] 石氏經に曰く、「歳星 入りて輿鬼に留まること五十日 下らざれば、民に大喪有り。百日 下らざれば、民 半ば死す」と。黄帝經に曰く、「鬼に守すること十日なれば、金錢 諸侯に散ず」と。郗萌曰く、「五穀 多く傷つき、民の以て飢死する者は數ふる無し」と。
[五] 石氏占に、「太白 鬼に入るは、一に曰く、病 女主に在り、一に曰く、將 戮死せらる」と。
[六] 郗萌曰く、「罪を以て大臣を誅す。一に曰く、后に疾あり。一に曰く、大人憂ふ」と。
[七] 黄帝經に曰く、「大人 之に當たり、國 政を易ふ」と。
[八] 郗萌曰く、「太白 輿鬼を守すれば、疾 女主に在り」と。

[九] 黄帝經に曰く、「熒惑 鬼を犯し守すれば、國に大喪有り、女喪有り、大將の死する者有り」と。荊州星占に曰く、「熒惑 鬼を犯せば、忠臣 戮死すること、一年を出づして中る」と。
[一〇] 黄帝經に曰く、「鎭 鬼の中に入れば、大臣 誅せらる」と。海中に、「石氏に曰く、「大人 憂ふ」と」と。
[一一] 星占に曰く、「一年ならず、遠きは二年を期す」と。

(補注)
(一)『春秋漢含孳』は、書名。春秋緯の一つ。中村璋八（編）『重修 緯書集成』巻四下 春秋下（前掲）に輯本。

[現代語訳]
(永初)五（一一一）年六月辛丑、太白が昼に現れ、天を横切った。元初元（一一四）年三月癸酉、熒惑が輿鬼に入った。(元初)二（一一五）年九月辛酉、熒惑が輿鬼の中に入った。(元初)三（一一六）年三月、熒惑が輿鬼の中に入った。五月丙寅、太白が畢宿の口に入った。七月甲寅、歳星が輿鬼に入った。閏月己未、太白が太微の左執法を犯した。十一月甲午、客星が西方より現れ、己亥、虚宿・危宿にあり、南の胃宿・昴宿に至った。(元初)四（一一七）年正月丙戌、歳星が輿鬼の中に留まった。乙未、太白が昼に丙の上に現れた。四月壬戌、太白が輿鬼の中に入った。己巳、辰星が輿鬼の中に入った。五月己卯、辰星が歳星を犯した。六月丙申、熒惑が輿鬼の中に入り、戊戌、輿鬼の大星を犯した。九月辛巳、太白が南斗の口中に入った。(元初)五（一一八）年三月丙申、鎭星が東井の鉞星を犯した。五月庚午、辰星が輿鬼の質星を犯した。丙戌、太白が鉞星を犯した。(元初)六（一一九）年四月癸丑、太白が輿鬼に入った。六月丙戌、熒惑が輿鬼の中にあった。丁卯、鎭星が輿鬼の中にあった。辛巳、太白が左執法を犯した。永初五（一一一）年より永寧《えいねい》年間（一二〇〜一二一）に到るまでの十年間に、太白は一度昼に現れて天を横切り、再び輿鬼に入り、一度畢宿に留まり、再び左執法を犯し、南斗に入り、鉞星を犯した。熒惑は五度輿鬼に入った。鎭星は一度東井の鉞星に入り、一度輿鬼に入った。歳星・辰星は再び輿鬼に入った。およそ五星が輿鬼の中に入るときは、いずれも死喪がある（象である）。熒惑・太白が頻繁に鉞星・質星を犯すときは誅戮が起こる（象である）。斗は貴將である。執法は近臣である。客星が虚宿・危宿にあるときは喪事が起こり、哭泣が起こる（象である）。昴宿・畢宿は辺境の兵乱（の象）であり、また裁判沙汰が起こる（象である）。建光《けんこう》元（一二一）年三月癸巳に至って、鄧太后が崩じた（のはその事應である）。五月庚辰、鄧太后の兄である車騎將軍の鄧騭たち七侯がみな免官となり、自殺したのは、その事應である。

[劉昭注]
[一]『春秋漢含孳《しゅんじゅうかんがんじ》』に、「陽が弱く、辰星が逆行すれば、太白は天を横切る」とある。注に、「陽が弱ければ、君は柔和で堪えられない（象である）」とある。『(孝經《こうきょう》) 鉤命決《こうめいけつ》』に、「天が仁を失えば、太白が天を横切る」とある。
[二]『黄帝占』に、「火攻は、近きときは十五日を時日として定め、遠きときは四十日を定める」とある。また、「大臣がこれに当たれば、国を乱し主君を代える（象）である」とある。
[三] 郗萌は、「客星が虚宿に入るときは、大人がこれに当たる（象である）」とある。また、「客星が危宿に留まるときは、権勢の盛んな臣によって一国の政治を執ることが、皇后の一族にある（象

である)。かつさらに大風が起これば、危敗することがある（象である)」とある。『黄帝星經』に、「客星が入り留まって危宿のに出現すれば、大いに飢饉が起こり、人民の食べ物は高騰する（象である)」とある。

［四］『石氏經』に、「歳星が入って輿鬼に留まることが五十日を下回らなければ、人民に大喪が起こる（象である)。百日を下回らなければ、人民が半数が死ぬ（象である)」とある。『黄帝經』に、「(歳星が）鬼宿に留まることが十日であれば、金銭が諸侯に分け与えられる（象である)」とある。郗萌は、「五穀が多く傷つき、人民で飢死する者は数え切れない（象である)」と言っている。

［五］『石氏占』に、「太白が鬼宿に入るときは、一説によれば、女主が病気にかか（る象であ）り、別の一説によれば、將が死罪に処せられる（象である)」とある。

［六］郗萌は、「罪により大臣を誅する（象である)。一説によれば、皇后が病気となる（象である)。また一説によれば、大人に不幸がある（象である)」と言っている。

［七］『黄帝經』に、「大人がこれに相当し、国は政治を改める（象である)」とある。

［八］郗萌は、「太白が輿鬼に留まるときは、女主が病気にかかる（象である)」と言っている。

［九］『黄帝經』に、「熒惑が鬼宿を犯して留まるときは、国に大喪が起こり、女の喪事が起こり、大將で死ぬ者が現れる(象である)」とある。『荊州星占』に、「熒惑が鬼宿を犯すときは、忠臣が死刑に処せられることが、一年以内に起こる（象である)」とある。

［一〇］『黄帝經』に、「鎭星が鬼宿の中に入るときは、大臣が誅殺される（象である)」とある。『海中（占)』に、「石氏は、「大人に不幸がある（象である)」と言っている」とある。

［一一］『星占《せいせん》』に、「一年以内ではなく、遠ければ二年を時日として定める」とある。

【原文】

延光［一］二年八月己亥、熒惑出太微端門。三年二月辛未、太白犯昴［二］。五月癸丑、太白入畢［三］。九月壬寅、鎭星犯左執法。四年、太白入輿鬼中［四］。六月壬辰、太白出太微。九月甲子、太白入斗口中。十一月、客星見天市。熒惑出太微、爲亂臣。太白犯昴・畢、爲[1]（近）〔邊〕兵、一曰大人當之。鎭星犯左執法、有誅臣。太白入輿鬼中、爲大喪。太白出太微、爲中宮有兵。入斗口、爲貴將相有誅者。客星見天市中、爲貴喪。是時大將軍耿寶・中常侍江京・樊豐・小黄門劉安與阿母王聖・聖子女永等幷構譖太子保、幷惡太子乳母男・廚監邴吉。三年九月丁酉、廢太子爲濟陰王、以北鄕侯懿代。殺男・吉、徙其父母妻子日南。四年三月丁卯、安帝巡狩、從南陽還、道寢疾、至葉崩。閻后與兄衞尉顯・中常侍江京等共隱匿、不令羣臣知上崩、遣司徒劉喜等分詣郊廟、告天請命、載入北宮。庚午夕發喪、尊閻氏爲太后。北鄕侯懿病薨、京等又不欲立保、白太后、更徵諸王子擇所立。中黄門孫程・王國・王康等十九人、共合謀誅顯・京等、立保爲天子、是爲孝順皇帝。皆姦人強臣狂亂王室、其於死亡誅戮、兵起宮中、是其應［五］。

〔劉昭注〕

〔一〕古今注曰、元年四月丙午、太白晝見。

〔二〕石氏星占、太白守昴、兵從門闕入、主人走。郗萌曰、不有亡國、必有謀主。又云、入昴、大赦。

〔三〕郗萌曰、太白入畢口、馬馳人走。又曰、有中喪。

〔四〕古今注曰、四月甲辰入。

〔五〕古今注曰、永建元年二月甲午、客星入太微。五月甲子、月入斗。李氏家書曰、時天有變氣、李郃上書諫曰、臣聞天不言、縣象以示吉凶、挺災變異、以爲譴誡。昔齊桓公、遭虹貫牛・斗之變、納管仲之謀。令齊去婦、無近妃宮。桓公聽用、齊以大安。趙有尹史、見月生齒、齕畢大星、占有兵變。趙君曰、天下共一畢、知爲何國也。下史於獄。其後、公子牙謀弑君、血書端門。如史所言。乃月十三日、有客星氣象彗孛、歷天市・梗河・招搖・槍・棓、十六日入紫宮、迫北辰。十七日復過文昌・泰陵、至天船・積水閒、稍微不見。客星一占曰、魯星歷天市者爲穀貴。梗河三星備非常、泰陵八星爲凶喪、紫宮・北辰爲至尊。如占、恐宮廬之內有兵喪之變、千里之外有非常暴逆之憂。魯星不得過歷尊宿、行度從疾、應非一端、恐復有如王阿母母子賤妾之欲居帝旁耗亂政事者。誠令有之、宜當抑遠、饒足以財。王者權柄及爵祿、人天所重愼、誠非阿妾所宜干豫。天故挺變、明以示人。如不承愼、禍至變成、悔之靡及也。

〔校勘〕

1．上杉本は「近」につくるが、中華書局本により「邊」に改める。

《訓読》

延光〔一〕二年八月己亥、熒惑 太微の端門に出づ。三年二月辛未、鎭星 太白 昴を犯す〔二〕。五月癸丑、太白 畢に入る〔三〕。九月壬寅、鎭星 左執法を犯す。四年、太白 輿鬼の中に入る〔四〕。六月壬辰、太白 太微より出づ。九月甲子、太白 斗の口中に入る。十一月、客星 天市より見はる。熒惑 太微に見はるるは、亂臣と爲す。太白 昴・畢を犯すは、邊兵と爲し、一に曰く、「大人 之に當たる」と。鎭星 左執法を犯すは、臣を誅すること有り。太白 輿鬼の中に入るは、大喪と爲す。太白 太微に出づるは、中宮に兵有りと爲す。斗の口に入るは、貴將相の誅せらるる者有りと爲す。客星 天市の中に見はるるは、貴喪と爲す。是の時、大將軍の耿寶(一)・中常侍の江京(二)・樊豐(三)・小黃門(四)の劉安(五)・阿母の王聖(六)・聖の子女の永(七)らと與に幷はせ構へて太子保(八)を譖り、幷はせて太子の乳母の男(九)・廚監(一〇)の邴吉(一一)を惡《にく》む。三年九月丁酉、太子を廢して濟陰王と爲し、北鄕侯の懿(一二)を以て代ふ。男・吉を殺し、其の父母妻子を日南に徙す。四年三月丁卯、安帝 巡狩し、南陽より還るも、道に疾に寢ね、葉に至りて崩ず。閻后(一三) 兄たる衞尉の顯(一四)・中常侍の江京らと共に隱匿し、羣臣をして上の崩ぜしを知らしめず、司徒の劉喜(一五)らを遣はして分ちて郊廟に詣り、天に告げて命を請はしめ、載せて北宮に入る。庚午、夕に喪を發し、閻氏を尊びて太后と爲す。北鄕侯の懿病みて薨ずるも、京ら又 保を立つるを欲せず、太后に白《まう》し、更めて諸王子を徵して立つる所を擇《えら》ばんとす。中黃門(一六)の孫程(一七)・王國(一八)・王康(一九)ら十九人、共に謀を合せて顯・京らを誅し、保を立てて天子と爲す。是れ孝順皇帝爲り。皆 姦人強臣 王室を狂亂し、其の死亡誅戮に於て、兵 宮中に起こるは、是れ其の應なり〔五〕。

〔劉昭注〕

〔一〕古今注に曰く、「元年四月丙午、太白 晝に見はる」と。

[二] 石氏星占に、「太白 昴を守すれば、兵 門闕より入り、主人走る」と。郗萌曰く、「國を亡《うしな》ふに有らざれば、必ず主を謀ること有り」と。又 云へらく、「昴に入るは、大赦あり」と。

[三] 郗萌曰く、「太白 畢の口に入れば、馬は馳せ人は走る」と。
又 曰く、「中喪有り」と。

[四] 古今注に曰く、「四月甲辰、入る」と。

[五] 古今注に曰く、「永建元年二月甲午、客星 太微に入る。五月甲子、月 斗に入る」と。李氏家書(二〇)に曰く、「時に天 變氣有り、李部(二一)上書して諫めて曰く、「臣聞くならく、天は言《ものい》はず、象を縣けて以て吉凶を示し、災を挺して變異して、以て譴誡と爲す。昔 齊の桓公(二二)、虹の牛・斗を貫くの變に遭ふや、管仲(二三)の謀を納る。「齊より婦を去らしめ、妃宮に近づくこと無かれ」と。桓公 聽用し、齊 以て大いに安らかなり。趙に尹史(二四)有り、月の齒を生じ、畢の大星を齕《か》むを見て、兵變有るを占ふ。趙君曰く、「天下は一畢を共にすれば、何れの國と爲すを知るや」と。史を獄に下す。其の後、公子牙(二五) 君を弑せんことを謀り、端門に血書す。史の言ふ所の如し。乃ち月の十三日、客星有りて氣 彗孛に象り、天市・梗河・招搖(二六)・槍(二七)・棓を歷、十六日に紫宮に入り、北辰に迫る。十七日に復た文昌・泰陵(二八)を過《よぎ》り、天船・積水(二九)の閒に至り、稍く微《かす》かにして見えず。客星の一占に曰く、「魯星の天市を歷る者は穀貴しと爲す。梗河の三星は非常に備へ、泰陵の八星は凶喪と爲し、紫宮・北辰は至尊と爲す」と。占の如くんば、宮廬の內に兵喪の變有り、千里の外に非常暴逆の憂ひ有らんことを恐る。魯星の尊宿を過り歷るを得ず、行度 疾きに從へば、應に一端に非ざるべし。復た王阿母母子の如き賤妾の帝の旁らに居りて政事を耗亂せんと欲する者有らんことを恐る。誠に之を有らしむには、宜しく當に遠きを抑へ、饒足するに財を以てすべし。王者の權柄及び爵祿は、人天の重愼する所にして、誠に阿妾の宜しく干豫すべき所に非ず。天は故に變を挺し、明らかにして以て人に示す。如し承愼せざれば、禍至り變成り、之を悔ゆとも及ぶこと靡《な》きなり」と」と。

(補注)

(一) 耿寶は、安帝の舅。建国の功臣である耿弇の弟耿舒の孫であり、妹が清河孝王の妃であった。ただし、安帝は清河孝王の妾妻左姫の子であるから、耿寶は正確には安帝の父の嫡妻の兄にあたる。安帝の親政下で大將軍として権力を振るった。(『後漢書』列傳九 耿弇傳)。

(二) 江京は、安帝・北郷侯期の宦官。小黄門から中常侍に昇進、大長秋を兼任して都郷侯に封ぜられる。安帝の乳母である王聖らと結び、皇太子の劉保を讒言して廃位して、濟陰王に降格させた。安帝の崩御後は、長樂太僕に任官して閻太后・閻顯らと結び、北郷侯を擁立した。北郷侯が崩御すると、濟陰王の劉保を擁する孫程ら宦官に誅殺された(『後漢書』列傳六十八 宦者傳)。

(三) 樊豐は、宦官。中常侍として、大長秋の江京と共に外戚の閻氏と結託して皇太子劉保(のちの順帝)を濟陰王に廃位するなどの専横を行った(『後漢書』本紀十下 安思閻皇后紀)。

(四) 小黄門は、官名。宦官が任じられ、皇帝の左右に侍り小間使いとして働く。定員は無く、少府に属し、秩祿は六百石(『後漢書』志二十六 百官三)。

(五) 劉安は、宦官。閻氏に組して皇太子劉保を放逐し、北郷侯を即位させた功績により、黄門令(『後漢書』志十一 天文中では小黄門)から中常侍に任ぜられた。北郷侯の死後も別に後継を立てるべく謀ったが、孫程らのクーデターによって斬られた（『後漢書』列傳六十八 宦者傳）。

（六）王聖は、安帝の乳母。宦官の李閏・樊豐らと結んで、臨朝していた鄧太后に対抗、鄧太后の死後、鄧氏の打倒に成功した。その後、野王君と尊称され、大將軍の耿寶や侍中の謝惲らとともに朝政を壟断したが、安帝の崩御後、北郷侯の即位にともなって失脚し、鴈門郡に流された（『後漢書』列傳六十八 宦者 孫程傳）。

（七）永は、王永。安帝の乳母である王聖の娘。母とともに専横の限りを尽くしたが、安帝の崩御後に失脚した（『後漢書』列傳六十八 宦者 孫程傳）。

（八）太子保は、劉保。のちの順帝。後漢の第八代皇帝（在位、一二五～四四年）。安帝の皇太子であったが、一度は宦官の江京・樊豐のために廃される。のち同じく宦官の孫程らによって擁立されて帝位についた。したがって治世中、宦官の台頭が見られた（『後漢書』本紀六 順帝紀）。

（九）男は、王男。順帝の乳母。安帝の乳母である王聖らとの政争に敗れ、獄死した。家族は比景に流刑となったが、順帝の即位に伴い呼び返されている（『後漢書』列傳五 來歙傳附來歷傳）。

（一〇）廚監は、官名。二十五史中に邴吉以外の就官例は無い。名称をみる限り廚房の長のように思われるが、事件の性質と、乳母らと併記されていることからすれば、皇太子の食事係か。

（一一）邴吉は、順帝の廚監。安帝の乳母である王聖らとの政争に敗れ、殺害された（『後漢書』本紀六 順帝紀）。

（一二）懿は、北郷侯の劉懿。章帝の子である濟北惠王の劉壽の子。閻皇太后の兄である閻顯により皇帝に擁立されたが、孫程らのクーデターにより、順帝に代わられた（『後漢書』卷五 安帝紀）。

（一三）閻后は、閻姬。河南郡滎陽縣の人。元初二（一一五）年、安帝の皇后となった。延光四（一二五）年、安帝が崩御すると、皇太后として臨朝称制して、長らく政権を維持するため、幼少の北郷侯を皇帝に立てた。しかし、北郷侯がまもなく崩御したことで、宦官の孫程たちはクーデターを起こし、廃太子の劉保を順帝として即位させた。閻皇后は幽閉され、翌年崩御した（『後漢書』本紀十下 閻皇后紀）。

（一四）顯は、閻顯。閻皇后の兄。閻后が皇太后となるに伴い車騎將軍に任ぜられ、宦官の江京らと組んで朝政を壟断した。順帝派の宦官である孫程らのクーデターに敗れ、誅殺された（『後漢書』列傳六十八 官者傳）。

（一五）劉喜は、劉熹のこと。字は季明、東萊郡長廣縣の人。安帝期に光祿勳から太尉となり、順帝が車騎將軍の閻顯の一族を誅滅して即位した後も、その職に留まった。司空の陶敦や中常侍の李閏らとともに、司隷校尉の虞詡に不正を告発されたが、これに反発し、逆に三公の連名で虞詡の苛刻さを弾劾した。後に、閻顯の与党とみなされ、罷免された（『後漢書』本紀六 順帝紀の李賢注引『東觀漢記』、同本紀十 皇后紀下、同列傳四十八 虞詡傳）。

（一六）中黃門とは、官名。少府の属官で秩祿は比百石。のちに加増されて比三百石。宦官が任じられ、宮中の雑務に従事した（『後漢書』志二十六 百官三）。

（一七）孫程は、涿郡新城縣の人、字は稚卿。宦官。太子の位を追われた劉保を戴いてクーデターを起こし、順帝として即位させた功績により、浮陽侯一萬戶に封建された。陽嘉元（一三二）年に卒すると、車騎將軍・剛侯を授けられた（『後漢書』列傳六十八 宦者 孫程傳）。孫程らのクーデターについては、狩野直禎「後漢中期の政治と社会―順帝の即位をめぐって」（『東洋史研究』二三―三、一九六四年、『後漢政治史の研究』同朋舎出版、一九九三年に所収）を参照。

（一八）王國は、京兆尹の人、宦官として長樂太官丞となった。孫程とともに蜂起して順帝の擁立に活躍し、酈侯に封ぜられた。十九侯の一人（『後漢書』列傳六十八 宦者 孫程傳）。

（一九）王康は、南陽の人、宦官として中黄門となった。孫程とともに蜂起して順帝の擁立に活躍し、華容侯に封ぜられた。十九侯の一人（『後漢書』列傳六十八 宦者 孫程傳）。

（二〇）李氏家書は、書名。『隋書』巻三十五 經籍志四に、「李氏家書八巻 撰者未詳」とある。

（二一）李郃は、漢中郡南鄭縣の人。五經に通じ、河洛風星をよくした。孫程らとは別に、順帝の擁立を謀っていたが、孫程らに先んじられ功績に顕れなかった（『後漢書』列傳七十二上 方術 李郃傳）。

（二二）桓公は、春秋時代の齊の君主（位、前六八五年～前六四三年）。名は小伯。僖公の子、襄公の弟。襄公の死後、異母兄の糾と位を争い、勝って即位すると、糾の臣管仲を宰相に迎え、その富国強兵策を実施して齊を強国にした。また対外的には諸侯と同盟を結んでその盟主となり、周王をたすけて夷狄の侵入を退けるなど強い政治力を発揮し、春秋最初の覇者の地位を確立した（『史記』巻三十二 齊太公世家）。

（二三）管仲は、春秋時代の齊の名宰相。名は夷吾、仲は字。はじめ齊の公子糾に仕えたが、親友の鮑叔牙のつよい推挙によって桓公に用いられ宰相となった。内政では商業を重視して国を富ませるとともに、民を軍国主義的に編成して兵力の強大化につとめ、対外的には諸侯の信頼を得ることを第一とした。その結果、齊は強国に発展し、桓公は春秋時代最初の覇者となった（『史記』巻三十二 齊太公世家、巻六十二 管晏列傳）。

（二四）尹史は、趙の人。月が歯を生じ、畢宿の大星を噛むさまを見て兵変を予測した（『後漢書』志十一 天文志中）。

（二五）公子牙は、趙の公子。君主の弑殺を謀り、端門に血で文書を著した（『後漢書』志十一 天文志中）。

（二六）招搖は、星官の名。亢宿に属する。橋本敬造『中国占星術の世界』（前掲）によれば、距星は、うしかい座γ星。

（二七）槍は、天槍。星官の名。紫微垣に属する。橋本敬造『中国占星術の世界』（前掲）によれば、距星は、うしかい座θ星。

（二八）泰陵は、星官の名。大陵あるいは太陵ともいう。胃宿に属する。橋本敬造『中国占星術の世界』（前掲）によれば、距星は、ペルセウス座β星。

（二九）積水は、星官の名。昴宿に属する。橋本敬造『中国占星術の世界』（前掲）によれば、距星は、ペルセウス座λ星。

［現代語訳］

延光《えんこう》二（一二三）年八月己亥、熒惑が太微垣の端門に出現した。（延光）三（一二四）年二月辛未、太白が昴宿を犯した。五月癸丑、太白が畢宿に入った。九月壬寅、鎭星が左執法を犯した。（延光）四（一二五）年、太白が輿鬼の中に入った。六月壬辰、太白が太微垣に出現した。九月甲子、太白が北斗の口中に入った。十一月、客星が天市垣に現れた。熒惑が太微に現れるときは、乱臣がいる（象である）。太白が昴宿・畢宿を犯すときは、辺境で兵乱が起こ（る象であ）り、一説によれば、大人がこれに相当する（象である）という。鎭星が左執法を犯すときは、臣下を誅することがある（象である）。太白が輿鬼の中に入るときは、大きな喪事が起こる（象である）。太白が太微に出現するときは、中宮で兵乱が起こる（象である）。北斗の口に入るときは、身分の高い將相で誅殺される者がいる（象である）。客星が天市垣の中に現れるときは、貴人の喪事が起こる（象である）。この時、大將軍の耿寶《こうほう》・中常侍の江京《こうけい》・樊豐《はんぽう》・小黄門《しょうこうもん》の劉安《りゅうあん》は阿母《あぼ》の王聖《おうせい》・王聖の娘の王永《おうえい》らとともに陥れようとして太子保《ほう》を譖り、あわせて太子の乳母の王男《おうだん》・廚監《ちゅうかん》の邴吉《へいきつ》を憎んだ。（延光）三（一二五）年九月丁酉、太子を廃して濟陰王《せいいんおう》とし、北郷侯《ほくきょうこう》の劉懿《りゅうい》を代わりに立てた。王男・邴吉を殺し、その父母妻子を日南《にちなん》郡（ベトナム平治天省広治《クアンチ》河と甘露河が合流する所）に流罪とした。（延光）四（一二六）年三月丁卯、安帝は巡狩して、南陽《なんよう》郡（河南省南陽市）より帰還するも、道中にて病を発して臥せ、葉《しょう》縣（河南省葉県の南西の旧県）に着いたところで崩御した。閻皇后《えんこうごう》は兄で衞尉の閻顯《えんけん》・中常侍の江京らとともに（この事実を）隠匿し、羣臣たちには安帝の崩御を知らせず、司徒の劉《りゅう》喜《き》らを派遣して別々に郊廟に赴かせ、天に告げて（安帝の）延命を請わせつつ、（安帝の遺骸を）載せて北宮に入った。庚午、夕方に喪を発し、閻氏を尊んで皇太后とした。北郷侯の劉懿が病気で薨去したが、江京らはまた劉保を擁立したがらず、閻皇太后に言上し、あらためて諸王子を召し寄せて擁立する者を選ぼうとした。中黄門《ちゅうこうもん》の孫程《そんてい》・王國《おうこく》・王康《おうこう》ら十九人は、共謀して閻顯・江京らを誅殺し、劉保を擁立して天子とした。これが孝順皇帝《こうじゅんこうてい》である。みな姦悪な人間や権勢の盛んな臣下が王室を狂わせ乱し、死亡や誅戮のときに、兵乱が宮中で起こったのは、これがその事應である。

［劉昭注］

［一］『古今注』に、「（延光）元（一二二）年四月丙午、太白が昼に現れた」とある。

［二］『石氏星占』に、「太白が昴宿に留まるときは、（および）兵が宮城の門から入るときは、君主が逃げる（象である）」とある。郗萌は、「国を失わなければ、必ず反逆する（象である）」とある。また、「昴宿に入るときは、大赦がある（象である）」とある。

［三］郗萌は、「太白が畢宿の口に入るときは、馬が馳せ人が走る（象である）」と言っている。また、「中喪がある（象である）」と言っている。

［四］『古今注』に、「四月甲辰、（太白が輿鬼に）入った」とある。

［五］『古今注』に、「永建《えんけん》元（一二六）年二月甲午、客星が太微垣に入った。五月甲子、月が斗に入った」とある。『李氏家書《りしかしょ》』に、「時に天には気節の変化があったため、李郃が上書して諫めていうには、「臣《わたくし》が聞き及びますに、天は何もしゃべらず、（天に）懸かる万象によって吉凶を示し、災いを招いて変異を表し、それによって譴誡としました。むかし齊《せい》の桓公《かんこう》は虹が牛宿・斗宿を貫くという変事に遭遇したところ、管仲《かんちゅう》の謀を納れました。（それは）「齊から婦人を追い出し、妃宮に近づかない」と（いう謀でした）。桓公は（管仲の策を）聞き入れて用いたことで、齊は大いに落ち着きました。趙に尹史《いんし》がおりましたが、月が歯を生じ、畢宿の大星を噛むさまを見て、兵による変事が起きることを占いました。趙君は、「天下は一つの畢宿を共用しており、どこの国（の出来事）とすることが分かろうか」と言いました。（そして）尹史を獄に下したのです。その後、公子牙《こうしが》が君主の弑殺を謀り、端門に血で文書を著しました。尹史の言うとおりでした。その月の十三日、客星があって（その）氣は彗孛の形をしており、天市・

梗河・招揺《しょうよう》・天槍《てんそう》・天棓《てんぽう》をめぐり、十六日に紫宮に入り、北辰に迫りました。十七日にまた文昌・泰陵《たいりょう》を通過し、天船・積水《せきすい》の間に至り、次第に消えて見えなくなりました。客星の一占によれば、「天市垣を通過する魯星《ろせい》があるときは穀物の値段が高騰する（象である）。梗河の三星は非常事態に備え、泰陵の八星は凶喪であり、紫宮・北辰は至尊である（象である）」とあります。占のとおりであれば、宮殿内で兵が損なわれる変事が起こり、千里の外で異常な暴逆という形の不幸が起こることを恐れます。魯星が尊宿を通過できず、運行が速ければ、おそらく一端ではないでしょう。また王阿母母子のような賤妾が帝のそばにいて政事を損ない乱そうとする者があることを恐れます。これを保持させるためには、遠方を抑え、財を充足すべきであります。王者の權柄と爵祿は、人と天とが慎み重んずるものであり、まことに阿妄などがあずかるべきものではありません。天はだからこそ変異を下して、明確に人に示すのです。もし慎まねば、災禍が訪れ異変が起こり、これを後悔しても及びません」とある。

【原文】

順二十三

孝順永建二年二月癸未、太白晝見三十九日〔一〕。閏月乙酉、太白晝見東南維四十一日。八月乙巳、熒惑入輿鬼。太白晝見、爲強臣。熒惑爲凶。輿鬼爲死喪。質星爲誅戮。是時、中常侍高梵・張防・將作大匠翟酺・尚書令高堂芝・僕射張敦・尚書尹就・郎姜述・楊鳳等、及兗州刺史鮑就・使匈奴中郎[1]〔將〕張國・金城太守張篤・敦煌太守張朗相與交通、漏泄、就・述棄市、梵・防・酺・芝・敦・鳳・就・國皆抵罪。又定遠侯班始尚陰城公主堅得、鬭爭殺堅得、坐要斬馬市、同產皆棄市〔二〕。

〔劉昭注〕

〔一〕古今注曰、丁巳、月犯心、七月丁酉、犯昴。

〔二〕古今注曰、其年九月戊寅、有白氣、廣三尺、長十餘丈、從北落師門南至斗。三年二月癸未、月犯心後星。六月甲子、太白晝見。四年二月癸丑、月犯心後星。五年閏月庚子、太白晝見。六年、彗星出於斗・牽牛、滅於虛・危。虛・危爲齊、牽牛吳越、故海賊浮於會稽、山賊捷於濟南。五年夏、熒惑守氐、諸侯有斬者。是冬、班始胥斬馬市。

〔校勘〕

1. 中華書局本により「將」を補う。

《訓読》

順二十三

孝順の永建二年二月癸未、太白 晝に見はるること三十九日〔一〕。閏月乙酉、太白 晝に東南の維に見はるること四十一日。八月乙巳、熒惑 輿鬼に入る。太白 晝に見はるるは、強臣と爲す。熒惑は凶と爲り。輿鬼は死喪爲り。質星は誅戮爲り。是の時、中常侍の高梵(一)・張防(二)・將作大匠(三)の翟酺(四)・尚書令(五)の高堂芝(六)・僕射(七)の張敦(八)・尚書(九)の尹就(一〇)・郎(一一)の姜述(一二)・楊鳳(一三)ら、兗州刺史の鮑就(一四)・使匈奴中郎將(一五)の張國(一六)・金城太守の張篤(一七)・敦煌太守の張朗(一八)らと相 與に交通するも、漏泄して、就・述は棄市せられ、梵・防・酺・芝・敦・鳳・就・國は皆 罪に抵《あ》てらる。又 定遠侯の班始(一九) 陰城公主の堅得(二〇)を尙《めと》るも、鬭爭して堅得を殺し、坐して馬市に要斬せられ、同產は皆 棄市せらる[二]。

[劉昭注]

[一] 古今注に曰く、「丁巳、月 心を犯し、七月丁酉、昴を犯す」と。

[二] 古今注に曰く、「其の年九月戊寅、白氣有り、廣さ三尺、長さ十餘丈、北落師門(二一)より南のかた斗に至る。三年二月癸未、月 心の後星を犯す。六月甲子、太白 晝に見はる。四年二月癸丑、月 心の後星を犯す。五年閏月庚子、太白 晝に見はる。六年、彗星 斗・牽牛より出で、虛・危に滅す。虛・危は齊爲り。牽牛は吳越たり、故に海賊 會稽に浮き、山賊 濟南に捷る。五年夏、熒惑 氏に守するは、諸侯に斬らるる者有り。是の冬、班始 馬市に胥斬せらる」と。

(補注)

(一) 高梵は、安帝から順帝期の宦官。はじめ中傅となり、皇太子の劉保(のちの順帝)に仕えていたが、皇太子が廃位されると、無罪にも拘らず、朔方郡に配流される。北郷侯の崩御後、中黄門の孫程らが順帝を擁立すると、中常侍に任命された。のちに中常侍の張防や將作大匠の翟酺、兗州刺史の鮑就らと贈収賄を行った罪に問われたが、死罪一等を減じられた(『後漢書』志十一 天文中、列傳五 來歷傳、列傳六十八 宦者 孫程傳)。

(二) 張防は、順帝期の宦官。中常侍となり、權勢を振るう。これを憎んだ司隸校尉の虞詡に不正を告発されるが、かえって虞詡を無実の罪に陥れようと画策する。しかし、中常侍の孫程・張賢らが、順帝の御前で張防を叱責し、虞詡の潔白と張防の不正を申し述べ、さらに、中常侍の高梵も、虞詡の子である虞顗の直訴に基づいて冤罪を訴えたため、罪に問われて流刑に処された(『後漢書』列傳四十八 虞詡傳)。

(三) 將作大匠は、官名。定員は一人で、秩祿は二千石。宗廟・宮室・陵園の造営・修築から幹線道路の街路樹を植えることまで、土木工事の全般を職掌とする(『後漢書』志二十七 百官四)。

(四) 翟酺は、字を子超といい、廣漢郡雒縣の人。四代にわたり『詩經』を伝え、圖讖・天文・曆算に通じた。對策で一位となり、安帝に外戚の寵用を控えるよう上言した。順帝の將作大匠となったが、讒言で失脚した(『後漢書』列傳三十八 翟酺傳)。

(五) 尙書令は、官名。少府の属僚で秩千石。前漢では皇帝の秘書官であったが、後漢に入ると、上奏関係のほか、重要な業務の全般をも取り仕切るようになった(『後漢書』志二十六 百官三、『通典』卷二十二 職官四)。

(六) 高堂芝は、尙書令。翟酺とともに宦官と対決した(『後漢書』志十一 天文中)。

(七) 僕射は、尙書僕射。尙書の次官。秩六百石。尙書は、秦・前漢時代は少府に属し、宮中で文章の発布を掌っていたが、後漢時代には行政の執行機関となった。獻帝の時には、左右僕射も置かれている(『後漢書』志二十六 百官三)。

(八) 張敦は、尙書僕射。ここ以外に記録が見えず、詳細は不明である(『後漢書』志十一 天文中)。

(九) 尙書とは、官名、秩六百石。後漢では「曹」(部門)ごとに分担して、国家行政を担当した。三公曹（尚書二名・財政）、吏曹（尚書一名・人事）、二千石曹（尚書一名・刑獄）、民曹（尚書一名・建築・土木）、客曹（尚書一名・外交）の五曹六名とする説（『通典』巻二十二 職官四）と、三公曹・吏曹・二千石曹・民曹・南主客曹・北主客曹（客曹が分離した）の六曹六名とする説（『後漢書』志二十六 百官三）、さらには、客曹はそのままで、二千石曹から中都官曹が分離・独立して六曹六名となったという説（『晉書』巻二十四 職官）がある。

（一〇）尹就は、中郎將。西羌および南蠻夷と戦ったが成果は出せず、益州では、「虜の来襲はまだ生き残る可能性はあるが、尹就が来たらば我々を殺すだろう」という諺ができるほど、その軍の評判は低かった（『後漢書』列傳七十六 南蠻傳）。

（一一）郎は、ここでは尚書郎のこと。官名。尚書の下僚で官秩は四百石。後漢では、孝廉に挙げられた者のうち、五十歳未満で能力のある者を選び、尚書臺に属させたが、任官一年の者を尚書郎、三年を経過した者を侍郎と呼びならわした（『後漢書』志二十六 百官三、『通典』巻二十 職官二）。

（一二）姜述は、人名。ここ以外に記録がなく、詳細は不明である（『後漢書』志十一 天文中）。

（一三）楊鳳は、人名。ここ以外に記録がなく、詳細は不明である（『後漢書』志十一 天文中）。

（一四）鮑就は、人名。ここ以外に記録がなく、詳細は不明である（『後漢書』志十一 天文中）。

（一五）使匈奴中郎將は、官名。一人、秩祿は二千石。南單于を護ることを職掌とする（『後漢書』志二十八 百官五）。

（一六）張國は、使匈奴中郎將。順帝の永建元（一二六）年、鮮卑の其志鞬が代郡に侵攻すると、翌年、從事を使わして南單于の兵一万人余を率き、これを破った（『後漢書』列傳八十 鮮卑傳）。

（一七）張篤は、金城太守。ここ以外に記録がなく、詳細は不明である（『後漢書』志十一 天文中）。

（一八）張朗は、敦煌太守。班勇と共同して焉耆國討伐を行うはずが、中常侍の高梵らと与党を成していたことから逮捕令を出されたため、約束を違えて先行。結果的に焉耆國を服属させたことにより罪を免れた（『後漢書』列傳三十七 班超傳附班勇傳、列傳八十八 西域傳、志十一 天文中）。

（一九）班始は、班超の孫。定遠侯を継ぎ、陰城公主を娶った。公主の貴驕淫亂に耐えかね、ついに斬り殺してしまい、腰斬の刑となった（『後漢書』列傳三十九 班超傳、志十一 天文中）。

（二〇）堅得は、陰城公主。清河孝王の子、順帝のおば。夫である班始を呼びつけ、自分の愛人に平伏させるなど、傲慢な振る舞いを繰り返したため、ついに班始に斬り殺された（『後漢書』列傳三十九 班超傳、志十一 天文中）。

（二一）北落師門は、星官の名。橋本敬造『中国古星術の世界』（前掲）によれば、距星は、みなみのうお座α星。フォーマルハウト。

［現代語訳］

順二十三

孝順帝の永建《えいけん》二（一二七）年二月癸未、太白が昼に現れること三十九日であった。閏月乙酉、太白が昼に東南の維に現れること四十一日であった。八月乙巳、熒惑が輿鬼に入った。太白が昼に現れるときは、強力な臣下がある（象である）。熒惑は凶事（の象）である。輿鬼は死喪（の象）である。質星は誅戮（の象）である。このとき、中常侍の高梵《こうぼん》・張防《ちょうぼう》、將作大匠《しょうさくだいしょう》の翟酺《てきほ》、尙書令《しょうしょれい》の高堂芝《こうどうし》、（尙書）僕射《ぼくや》の張敦《ちょうとん》、尙書《しょうしょ》の尹就《いんしゅう》、（尙書）郎《ろう》の姜述《きょうじゅつ》・楊鳳《ようほう》らは、兗州刺史《えんしゅうしし》の鮑就《ほうしゅう》、使匈奴中郎將《しきょうどちゅうろうしょう》の張國《ちょうこく》、金城《きんじょう》太守の張篤《ちょうとく》、敦煌《とんこう》太守の張朗《ちょうろう》らと交際したが、（それが）漏洩して、尹就・姜述は公開処刑となって死体をさらされ、高梵・張防・翟酺・高堂芝・張敦・楊鳳・鮑就・張國はみな罪に触れた（のはその事應である）。また定遠侯《ていえんこう》の班始《はんし》は陰城公主《いんじょうこうしゅ》の堅得《けんとく》を娶ったが、争いの末に堅得を殺したことで、罪に問われて馬市にて腰斬（の刑）に処せられ、兄弟はみな市中で処刑となり死体をさらされた（のはその事應である）。

［劉昭注］

［一］『古今注』に、「丁巳、月が心宿を犯し、七月丁酉、昴宿を犯した」とある。

［二］『古今注』に、「その年の九月戊寅、白氣があり、広さは三尺、長さは十余丈で、北落師門《ほくらくしもん》から南の斗宿のところに至った。（永建）三（一二八）年二月癸未、月が心宿の後星を犯した。六月甲子、太白が昼に現れた。（永建）四（一二九）年二月癸丑、月が心宿の後星を犯した。（永建）五（一三〇）年閏月庚子、太白が昼に現れた。（永建）六（一三一）年、彗星が斗宿・牽牛のところに出現し、虚宿・危宿のあたりで消滅した。虚宿・危宿は齊であり、牽牛は呉・越であるため、海賊が會稽《かいけい》郡（浙江省紹興市）に現れ、山賊は濟南《せいなん》郡（山東省章丘の西）で猛威を振るう（象である）。（永建）五（一三二）年夏、熒惑が氐宿に留まるのは、諸侯に斬られる者がいる（象である）。この年の冬、班始が馬市にて腰斬に処された（のはその事應である）」とある。

【原文】

六年四月、熒惑入太微中、犯左・右執法西北方六寸所。十月乙卯、太白晝見。十二月壬申、客星芒氣長二尺餘、西南指、色蒼白、在牽牛六度。客星芒氣白爲兵。牽牛爲吳越。後一年、會稽海賊曾於等千餘人、燒句章、殺長吏、又殺鄞・鄮長、取官兵、拘殺吏民、攻東部都尉。揚州六郡逆賊章何等、稱將軍、犯四十九縣、大攻略吏民。

《訓読》

六年四月、熒惑 太微の中に入り、左・右の執法の西北の方六寸所《ばか》りを犯す。十月乙卯、太白 晝に見はる。十二月壬申、客星の芒氣 長さ二尺餘、西南に指し、色は蒼白、牽牛の六度に在り。客星の芒氣の白きは兵と爲す。牽牛は吳越爲り。後一年にして、會稽の海賊の曾於[一]ら千餘人、句章を燒き、長吏を殺し、又 鄞・鄮長を殺し、官兵を取らへ、吏民を拘殺し、東部都尉[二]を攻む。揚州六郡の逆賊の章何[三]ら、將軍を稱し、四十九縣を犯し、大いに吏民を攻略す。

（補注）

（一）曾於は、海賊。『後漢書』本紀六 順帝紀は、「曾旌」につくる。會稽郡に侵寇して句章・鄞・鄮の三縣の縣長を殺害した（『後漢書』本紀六 順帝紀）。

（二）東部都尉は、會稽東部都尉のこと。會稽郡の東部地域を管理する都尉（『後漢書』志二十八 百官五）。

（三）章何は、揚州の賊。『後漢書』本紀六 順帝紀は「章河」につくる。揚州の四十九県に侵寇し、長吏を殺害した（『後漢書』本紀六 順帝紀、志十一 天文中）。

［現代語訳］

（永建）六（一三一）年四月、熒惑が太微垣の中に入り、左・右の執法星の西北の方角六寸ばかりのところを犯した。十月乙卯、太白が昼に現れた。十二月壬申、客星の芒氣が二尺余りの長さで、西南の方向を指し、色は蒼白で、牽牛の六度のところにあった。客星の芒氣が白いものは兵（の象）である。牽牛は呉越のことである。一年後、會稽《かいけい》郡（浙江省紹興市）の海賊の曾於《そうお》ら千余人が句章《こうしょう》縣（浙江省余姚の南）を焼き、長吏を殺し、さらに鄞《ぎん》縣（浙江省奉化市の東）・鄮《ぼう》縣（浙江省寧波市の東）の長を殺して、官兵を捕らえ、吏民を拘殺し、會稽《かいけい》東部都尉《とうぶとい》を攻撃した（のはその事應である）。揚州六郡の逆賊の章何《しょうか》たちは將軍を自称し、四十九縣を侵犯し、大いに吏民を攻撃して掠奪した（のはその事應である）。

《参校》

○　永建六年十二月の条（『後漢書』本紀六 順帝紀）（永建六年十二月）壬申、客星出牽牛。

・同一の天文現象が記録されている。

【原文】

陽嘉元年閏月戊子［一］、客星氣白、廣二尺、長五丈、起天苑西南。主馬牛、爲外軍、色白爲兵。是時、敦煌太守徐白使疏勒王盤等兵二萬人入于窴界、虜掠斬首三百餘級。烏桓校尉耿曄、使烏桓親漢都尉戎末瘣等出塞、鈔鮮卑、斬首、獲生口財物。鮮卑怨恨、鈔遼東・代郡、殺傷吏民。是後、西戎・北狄爲寇害、以馬牛起兵、馬牛亦死傷於兵中、至十餘年乃息［二］。

［劉昭注］

［一］臣昭案、郎顗表云十七日己丑。

［二］臣昭案、郎顗傳、陽嘉元年、太白與歳星合於房・心。二年、熒惑失度、盈縮往來、涉歷輿鬼、環繞軒轅。古今注曰、二年四月壬寅、太白晝見、五月癸巳、又晝見、十一月辛未、又晝見。十二月壬寅、月犯太白。三年十二月辛未、太白晝見。四月乙卯、太白・熒惑入輿鬼。永和元年正月丁卯、太白犯牽牛大星。

《訓読》

陽嘉元年閏月戊子［一］、客星の氣 白く、廣さ二尺、長さ五丈、天苑の西南より起く。馬牛を主り、外軍と爲し、色白きを兵と爲す。是の時、敦煌太守の徐白(一) 疏勒(二)王の盤(三)らの兵二萬人をして于窴の界に入らしめ、虜掠し斬首すること三百餘級。烏桓校尉の耿曄(四)、烏桓の親漢都尉(五)の戎末瘣(六)らをして塞を出でしめ、鮮卑を鈔め、斬首し、生口財物を獲る。鮮卑 怨恨し、遼東・代郡を鈔め、吏民を殺傷す。是の後、西戎・北狄 寇害を爲し、馬牛を以て兵を起こし、馬牛も亦た兵中に死傷し、十餘年に至りて乃ち息《や》む［二］。

［劉昭注］

［一］臣昭 案ずるに、郎顗(七)の表は「十七日己丑」と云ふ。

［二］臣昭 案ずるに、郎顗傳は、「陽嘉元年、太白と歳星 房・心に合す。二年、熒惑 度を失ひ、盈縮 往來して、輿鬼を渉歴し、軒轅を環繞す」と。古今注に曰く、「二年四月壬寅、太白 晝に見はれ、五月癸巳、又 晝に見はれ、十一月辛未、又 晝に見はる。十二月壬寅、月 太白を犯す。三年十二月辛未、太白 晝に見はる。四月乙卯、太白・熒惑 輿鬼に入る。永和元年正月丁卯、太白 牽牛の大星を犯す」と。

（補注）

（一）徐白は、敦煌太守。『後漢書』列傳七十八 西域傳では「徐由」につくる。疏勒王の盤を従えて于寘を討った（『後漢書』列傳七十八 西域傳、志十一 天文中）。

（二）疏勒は、西域の国名。疎勒ともいう。現在のカシュガルにあたる。タリム盆地の北西隅をしめ、パミール高原を超えてアム川・シル川地方に赴く基地となり、重要な市場として繁栄した（『後漢書』列傳七十八 西域傳）。

（三）盤は、西域傳では槃、または磐。追放先の月氏國で王に気に入られ、その後見により疎勒王を継ぐ。永建二年、漢に奉獻して漢大都尉に任じられ、陽嘉元年、敦煌太守の徐白に従い兵二万を率いて于寘國を討った（『後漢書』列傳七十八 西域 疎勒傳）。

（四）耿曄は、字を季遇。『後漢書』列傳九 耿弇傳附耿曄傳では「耿曅」につくる。順帝の初年に護烏桓校尉となり、烏桓兵らを率いて鮮卑を撃退、北辺に威名を振るわせる。陽嘉二（一三三）年、度遼將軍に転任し、永和元（一三六）年、病をもって罷免された（『後漢書』列傳九 耿弇傳附耿曄傳、列傳七十九 南匈奴傳、列傳八十 烏桓鮮卑傳）。

（五）親漢都尉は、官名。烏桓族の戎末瘣が就任した。

（六）戎末瘣は、烏桓族の大人。親漢都尉となり、耿曄とともに烏桓兵を率いて鮮卑を撃退した。烏桓傳と鮮卑傳では、「戎朱廆」につくる（『後漢書』列傳八十 烏桓鮮卑列傳）。

（七）郎顗は、北海郡安丘縣の人、字は雅光。經典に明るく、災異を説き、黃瓊と李固を進めた（『後漢書』列傳二十下 郎顗傳）。

［現代語訳］

陽嘉《ようか》元（一三二）年閏月戊子［一］、客星の氣が白く、広さは二尺、長さは五丈、天苑の西南に発生した。（客星の氣は）馬や牛をつかさどり、外敵（の襲来）であり、色が白いときは兵乱が起こる（象である）。この時、敦煌太守の徐白《じょはく》は疏勒王《そろくおう》の盤《ばん》らの兵二万人を于寘國《うてんこく》（新疆維吾爾《ウイグル》自治区和田《ホーテン》の南）の国境に侵入させ、三百人余りを捕虜にし斬首した。護烏桓校尉の耿曄《こうか》は烏桓族で親漢都尉《しんかんとい》の戎末瘣《じゅうばつかい》らを出塞させ、鮮卑を攻撃して斬首し、捕虜と財物を獲得した。鮮卑はこれを怨み、遼東郡（遼寧省遼陽市）・代郡（山西省陽高の北西）を侵略し、吏民を殺傷した。この後、西戎・北狄が侵寇して害を加え、馬や牛を率いて兵を起こすと、馬や牛もまた戦いの中で死傷し、十余年に至ってようやく止んだ（のはその事應である）。

［劉昭注］

［一］わたくし劉昭が思うに、郎顗《ろうぎ》の上表には、「十七日己丑」とある。

［二］わたくし劉昭が思うに、『後漢書』列傳二十下）郎顗傳では、「陽嘉元（一三二）年、太白と歳星が房宿・心宿に集まった。陽嘉二（一三三）年、熒惑が軌道を失い、前進したり後退したり往

来しつつ、輿鬼をめぐり、軒轅を回っている」とある。『古今注』に、「（陽嘉）二（一三三）年四月壬寅、太白が昼に現れ、五月癸巳、また昼に現れ、十一月辛未、また昼に現れた。十二月壬寅、月が太白を犯した。（陽嘉）三（一三四）年十二月辛未、太白が昼に現れた。四月乙卯、太白・熒惑が輿鬼に入った。永和元（一三六）年正月丁卯、太白が牽牛の大星を犯した」とある。

《参校》

○ 陽嘉元年閏月の条（『後漢書』本紀六 順帝紀）

（陽嘉元年閏月）戊子、客星出天苑。

・同一の天文現象が記録されている。

【原文】

永和二年五月戊申、太白晝見。八月庚子、熒惑犯南斗。斗爲呉〔一〕。明年五月、呉郡太守行丞事羊珍、與越兵弟葉・吏民呉銅等二百餘人、起兵反、殺吏民、燒官亭民舍、攻太守府。太守王衡距守、吏兵格殺珍等。又[1]〔九〕江賊蔡伯流等數百人、攻廣陵・九江、燒城郭、殺[2]〔江〕都長。

〔劉昭注〕

〔一〕黄帝經曰、不朞年、國有亂、有憂。海中占、爲多火災。一曰旱。古今注曰、九月壬午、月入畢口中。

〔校勘〕

1．中華書局本により「九」を補う。

2．中華書局本により「江」を補う。

《訓読》

永和二年五月戊申、太白 晝に見はる。八月庚子、熒惑 南斗を犯す。斗は呉爲り〔一〕。明年五月、呉郡太守行丞事の羊珍（一）、越兵の弟の葉（二）・吏民の呉銅（三）ら二百餘人と與に、兵を起こして反し、吏民を殺し、官亭民舍を燒き、太守の府を攻む。太守の王衡（四） 距《ふせ》ぎ守り、吏兵 珍らを格殺す。又 九江の賊の蔡伯流（五）ら數百人、廣陵・九江を攻め、城郭を燒き、江都長を殺す。

〔劉昭注〕

〔一〕黄帝經に曰く、「年を朞せずして、國に亂有り、憂ひ有り」と。海中占に、「火災多しと爲す。一に曰く、旱あり」と。古今注に曰く、「九月壬午、月 畢の口中に入る」と。

〈補注〉

（一）羊珍は、呉郡太守行丞事。弟の羊葉、吏の呉銅ら二百数十名で反乱を起こし、太守府を攻めたが、太守の王衡に敗れ、殺された（『後漢書』本紀六 順帝紀、志十一 天文中）。なお順帝紀では、官名を呉郡の丞とし、殴り殺されたのではなく斬られたとするなど、細部が異なる。

（二）葉は、羊葉。兄の羊珍、吏の呉銅とともに反乱を起こし、太守府を攻めたが、太守の王衡に敗れ、殺された（『後漢書』志十一 天文中）。

（三）呉銅は、呉郡の吏。羊珍・羊葉兄弟とともに反乱を起こしたが、吳郡太守の王衡に敗れ、殺された（『後漢書』志十一 天文中）。
（四）王衡は、吳郡太守。羊珍による太守府への攻撃を防ぎきり、これを討伐した（『後漢書』本紀六 順帝紀、志十一 天文中）。
（五）蔡伯流は、九江の賊。數百人を率いて九江郡・廣陵郡を脅かし、城郭を焼き、江都縣の縣長を斬るなどしたが、数ヵ月して徐州刺史の應志に降った（『後漢書』志十一 天文中）。

〔現代語訳〕
永和《えいわ》二（一三七）年五月戊申、太白が昼に現れた。八月庚子、熒惑が南斗を犯した。（南）斗は吳である。翌年五月、吳郡太守行丞事《ごぐんたいしゅこうじょうじ》の羊珍《ようちん》は越兵の弟の羊葉《ようしょう》・吏民の吳銅《ごどう》ら二百余人とともに兵を起こして反乱し、吏民を殺害して、官舎や人民の家を焼き、太守の役所を攻撃した。（吳郡）太守の王衡《おうこう》はこれを防ぎ、吏兵は羊珍らを打ち殺した。また九江《きゅうこう》郡（安徽省定遠の北西）の賊の蔡伯流《さいはくりゅう》ら数百人が廣陵《こうりょう》郡（江蘇省揚州市北西の蜀網の側）・九江郡を攻め、城郭を焼き、江都長《こうとちょう》を殺した（のは、その事應である）。

〔劉昭注〕
〔一〕『黃帝經』に、「二年も経たないうちに、国に乱が起こり、不幸がある（象である）」とある。『海中占』に、「火災が多い。一説には、旱が起こる（象である）」とある。『古今注』に、「九月壬午、月が畢宿の口中に入った」とある。

《參校》
○ 永和二年八月の条（『後漢書』本紀六 順帝紀）
（永和二年）八月庚子、熒惑犯南斗。
・同一の天文現象が記録されている。

【原文】
三年二月辛巳、太白晝見、戊子、在熒惑西南、光芒相犯。辛丑、有流星大如斗、從西北東行、長八九尺、色赤黃、有聲隆隆如雷。三月壬子、太白晝見。六月丙午、太白晝見。八月〔一〕乙卯、太白晝見。閏月甲寅、辰星入輿鬼。己酉、熒惑入太微。乙卯、太白晝見〔二〕。太白者、將軍之官、又爲西州。晝見、陰盛、與君爭明。熒惑與太白相犯、爲兵喪。流星爲使、聲隆隆、怒之象也。辰星入輿鬼、爲大臣有死者。熒惑入太微、亂臣在廷中。是時、大將軍梁商父子秉勢、故太白常晝見也。其四年正月、祀南郊、夕牲。中常侍張逵・蘧政・[1]（陽）〔楊〕定・內者令石光・尚方令傅福等與中常侍曹騰・孟賁爭權、白帝言騰・賁與商謀反、矯詔命收騰・賁、賁自解說、順帝寤、解騰・賁縛。逵等自知事不從、各奔走、或自刺、解貂蟬投草中逃亡、皆得免。其六年、征西將軍馬賢、擊西羌於北地[2]（謝）〔射〕姑山下、父子爲羌所沒殺、是其應也。

〔劉昭注〕
〔一〕古今注曰、己酉、熒惑入太微。
〔二〕古今注曰、十二月丁卯、月犯軒轅大星。

〔校勘〕

1. 上杉本は「陽」につくるが、中華書局本により「楊」に改める。
2. 上杉本は「謝」につくるが、中華書局本により「射」に改める。

《訓読》

三年二月辛巳、太白 晝に見はれ、戊子、熒惑の西南に在り、光芒相 犯す。辛丑、流星有りて大なること斗の如く、西北より東に行き、長さ八九尺、色は赤黃、聲有りて隆隆たること雷の如し。三月壬子、太白 晝に見はる。六月丙午、太白 晝に見はる。八月[一]乙卯、太白晝に見はる。閏月甲寅、辰星 輿鬼に入る。己酉、熒惑 太微に入る。乙卯、太白 晝に見はる[二]。太白なる者は、將軍の官にして、又 西州爲り。晝に見はるるは、陰 盛んにして、君と明を爭ふ。熒惑 太白と相 犯すは、兵喪と爲す。流星は使爲り、聲の隆隆たるは、怒の象なり。辰星 輿鬼に入るは、大臣の死する者有りと爲す。熒惑 太微に入るは、亂臣 廷中に在り。是の時、大將軍の梁商(一)父子 勢を秉り、故に太白 常に晝に見はるるなり。其の四年正月、南郊に祀り、夕牲(二)す。中常侍の張逵(三)・蘧政(四)・楊定(五)・內者令(六)の石光(七)・尚方令(八)の傅福(九)ら 中常侍の曹騰(一〇)・孟賁(一一)と權を爭ひ、帝に白《まう》して言へらく、「騰・賁は商と與に謀反す」と。詔命と矯りて騰・賁を收《とら》ふるや、賁 自ら解說す。順帝 寤《さと》りて、騰・賁の縛を解く。逵ら自ら事の從はれざるを知り、各〻奔走し、或ひは自ら刺し、貂蟬(一二)を解きて草中に投じて逃亡し、皆 免かるるを得たり。其の六年、征西將軍の馬賢、西羌を北地の射姑山の下に擊つも、父子 羌の沒殺する所と爲るは、是れ其の應なり。

［劉昭注］
［一］古今注に曰く、「己酉、熒惑 太微に入る」と。
［二］古今注に曰く、「十二月丁卯、月 軒轅の大星を犯す」と。

（補注）
（一）梁商は、後漢の外戚。字は伯夏。子は梁冀。娘二人が順帝の皇后・貴人になったことにより、大將軍に任命され、絶大な信頼を得た。李固・周擧らを推挙して「良輔」と賞賛された。諡は忠侯（『後漢書』列傳二十四 梁商傳）。
（二）夕牲とは、祭祀に捧げる犠牲を準備すること。
（三）張逵は、宦官。蘧政らとともに梁皇后の父である大將軍の梁商と対立し、商が中常侍曹騰らと謀反をたくらんでいると誣告したが、商と騰とを信頼する順帝の怒りに触れ、逆に誣告罪に問われた（『後漢書』卷三十上 楊厚傳）。
（四）蘧政は、宦官。張逵らとともに梁皇后の父である大將軍の梁商と対立し、商が中常侍曹騰らと謀反をたくらんでいると誣告したが、商と騰とを信頼する順帝の怒りに触れ、逆に誣告罪に問われた（『後漢書』卷三十上 楊厚傳）。
（五）楊定は、宦官。張逵らとともに梁皇后の父である大將軍の梁商と対立し、商が中常侍曹騰らと謀反をたくらんでいると誣告したが、商と騰とを信頼する順帝の怒りに触れ、逆に誣告罪に問われた。（『後漢書』列傳二十四 梁統傳）。なお、『後漢書』志十一天文中は、張逵・蘧政らはみな逃亡し、自殺したり官位を捨てて市井に潜るなどしたため、誅殺を免れたとする。
（六）內者令は、官名。宮中の衣服を掌る、官秩は六百石（『後漢書』志二十六 百官三）。
（七）石光は、人名。內者令を務めた。中常侍の張逵・蘧政らと結託して大將軍梁商を誣告したが、逆に誣告罪に問われた（『後漢書』卷三十四 梁統傳）。

（八）尚方令は、官名。官秩は六百石。少府の属官で、皇帝の御刀のほか諸々の器物の作成をつかさどった（『後漢書』志二十六 百官三）。安作璋・熊鉄基『秦漢官制史稿』（斉魯書社、一九八四年）を参照。

（九）傅福は、人名。尚方令を務めた。中常侍の張逵・蘧政らと結託して大將軍の梁商を誣告したが、逆に誣告罪に問われた（『後漢書』巻三十上 梁統傳）。

（一〇）曹騰は、宦官。沛國譙縣の人、字は季興。曹操の祖父。順帝に仕え、桓帝を擁立するのに功があり、費亭侯に封ぜられた。种暠を評価するなど、曹操活躍の基礎を築いた（『後漢書』列傳六十八 宦者 曹騰傳）。

（一一）孟賁は、中常侍。曹騰とともに順帝の信頼が厚かった。張逵・蘧政らの誣告を受けて捕縛されるも、順帝の命令によりただちに釈放された（『後漢書』列傳二十四 梁統傳附梁商傳）。

（一二）貂蟬とは、てんの尾と、蟬をかたどった金属製の徽章。冠の飾りとした（『後漢書』志三十 輿服下）。

［現代語訳］

（永和）三（一三八）年二月辛巳、太白が昼に現れ、戊子、熒惑の西南にあり、光芒が互いに犯した。辛丑、斗のような大きさの流星があり、西北より東に行き、長さは八から九尺、色は赤黄で、雷が轟くような音を立てた。三月壬子、太白が昼に現れた。六月丙午、太白が昼に現れた。八月乙卯、太白が昼に現れた。閏月甲寅、辰星が輿鬼に入った。己酉、熒惑が太微垣に入った。乙卯、太白が昼に現れた。太白というものは、将軍の官であり、また西州（の象）である。昼に現れるときは、陰が盛んであり、君主と明るさを争い合う（象である）。熒惑が太白と犯し合うときは、兵が失われる（象である）。流星は使者であり、音を轟かせるのは、怒りの象である。辰星が輿鬼に入るときは、死ぬ大臣がいる（象である）。熒惑が太微に入るときは、乱臣が朝廷内にいる（象である）。この時、大將軍の梁商《りょうしょう》父子が権勢を握っていたため、太白は常に昼に現れたのである。（永和）四（一三九）年正月、南郊で祭祀を行い、夕牲《せきせい》した。中常侍の張逵《ちょうき》・蘧政《きょせい》・楊定《ようてい》・内者令《ないしゃれい》の石光《せきこう》・尚方令《しょうほうれい》の傅福《ふふく》たちは中常侍の曹騰《そうとう》・孟賁《もうほん》と権勢を争い、順帝に、「曹騰・孟賁は梁商とともに謀反しています」と言上した。そして詔命と偽って曹騰・孟賁を捕らえたところ、孟賁は自ら弁明した。順帝は気が付き、曹騰・孟賁のいましめを解いた。張逵たちは事が従われなかったことを知り、各々逃げ出し、ある者は自らを刺し（て自害を図り）、貂蟬《ちょうせん》を解いて草中に投げ捨てて逃亡し、みな免れ得た。（永和）六（一四一）年、征西將軍の馬賢は西羌を北地の射姑山《えきこざん》（甘粛省慶陽の北）のふもとで撃ったが、父子ともども羌に殺された。これはその事應である。

［劉昭注］

［一］『古今注』に、「己酉、熒惑が太微垣に入った」とある。

［二］『古今注』に、「十二月丁卯、月が軒轅の大星を犯した」とある。

《參校》

○ 永和三年二月の条（『後漢書』本紀六 順帝紀）

（永和三年二月）戊子、太白犯熒惑。

・同一の天文現象が記録されている。

## 【原文】

四年七月壬午、熒惑入南斗犯第三星。五年四月戊午、太白晝見。八月己酉、熒惑入太微。斗爲貴相、爲揚州、熒惑犯入之爲兵喪。其六年、大將軍商薨。九江・丹陽賊周生・馬勉等、起兵攻沒郡縣。梁氏又專權於天廷中。

《訓読》

四年七月壬午、熒惑 南斗に入りて第三星を犯す。五年四月戊午、太白 晝に見はる。八月己酉、熒惑 太微に入る。斗は貴相爲り、揚州爲り、熒惑 之に犯し入るを兵喪と爲す。其の六年、大將軍の商 薨ず。九江・丹陽の賊たる周生(一)・馬勉(二)ら、兵を起こして郡縣を攻沒す。梁氏は又 權を天廷の中に專らにす。

(補注)

(一)周生は、揚州・徐州の盜賊。九江都尉の滕撫に討伐された(『後漢書』本紀六 順帝紀、列傳二十八 滕撫傳)。

(二)馬勉は、九江郡の盜賊。黄帝を称したが、九江都尉の滕撫に斬られた(『後漢書』本紀六 順帝紀、列傳二十八 滕撫傳)。

[現代語訳]

(永和)四(一三九)年七月壬午、熒惑が南斗に入って第三星を犯した。(永和)五(一四〇)年四月戊午、太白が昼に現れた。八月己酉、熒惑が太微に入った。斗は貴相であり、また揚州であり、熒惑がこれに犯し入るときは兵が失われる(象である)。(永和)六(一四一)年、大將軍の梁商が薨じた。九江郡・丹陽郡《たんよう》(安徽省宣城市)の賊の周生《しゅうせい》・馬勉《ばべん》らが兵を起こして郡縣を攻め落とした(のは、その事應である)。梁氏はまた天子の庭の中にて專権を振るった。

## 【原文】

六年二月丁巳、彗星見東方、長六七尺、色青白、西南指營室及墳墓星[一]。丁丑、彗星在奎一度、長六尺。癸未、昏見[二]、西北歷昴・畢。甲申、在東井、遂歷輿鬼・柳・七星・張、光炎及三臺、至軒轅中滅[三]。營室者、天子常宮。墳墓主死。彗星起而在營室・墳墓、不出五年、天下有大喪。後四年、孝順帝崩。昴爲邊兵、又爲趙。羌周馬父子後遂爲寇。又劉文刦淸河相射暠、欲立王蒜爲天子、暠不聽、殺暠。王閉門距文、官兵捕誅文。蒜以惡人所刦、廢爲尉氏侯、又徙爲犍陽都鄉侯。薨、國絕。歷東井・輿鬼爲秦、皆羌所攻鈔。炎及三臺、爲三公。是時、太尉杜喬及故太尉李固爲梁翼所陷入、坐文書死。及至注・張爲周、滅於軒轅中爲後宮。其後、懿獻后以憂死、梁氏被誅、是其應也。

[劉昭注]

[一] 郗萌占曰、彗星出而中營室、天下亂。易政、以五色占之吉凶。

[二] 河圖曰、彗星出貫奎、庫兵悉出、禍在強侯・外夷、胡應逆首謀也。

[三] 古今注曰、五月庚寅、太白晝見。十一月甲午、太白晝見。

《訓読》

六年二月丁巳、彗星 東方より見はれ、長さ六七尺、色は青白、西南のかた營室及び墳墓星(一)を指す[一]。丁丑、彗星 奎の一度に在り、長さ六尺。癸未、昏《くれ》に見はれ[二]、西北のかた昴・畢を歷たり。甲申、東井に在り、遂に輿鬼・柳・七星・張を歷て、光炎は三臺(二)に及び、軒轅の中に至りて滅す[三]。營室なる者は、天子の常宮なり。墳墓は死を主る。彗星 起きて營室・墳墓に在るは、五年を出でずして、天下に大喪有り。後四年にして、孝順帝 崩ず。昴は邊兵爲り、又 趙爲り。羌の周馬(三)父子 後に遂に寇を爲す。又 劉文(四) 清河相の射暠(五)を刦《おびや》かし、王の蒜(六)を立てて天子と爲さんと欲するも、暠 聽かず、暠を殺す。王 門を閉ざして文を距《こば》み、官兵もて捕らへて之を誅す。蒜 惡人の刦かす所なるを以て、廢されて尉氏侯と爲り、又 徙されて犍陽都鄉侯と爲る。薨ずるや、國 絕ゆ。東井・輿鬼を歷るは秦爲り、皆 羌の攻鈔する所なり。炎 三臺に及ぶは、三公と爲す。是の時、太尉の杜喬(七)及び故の太尉の李固(八) 梁冀(九)の陷入する所と爲り、文書に坐して死す。及びて注・張に至るは周と爲し、軒轅の中に滅するは後宮と爲す。其の後、懿獻后(一〇) 憂ひを以て死し、梁氏 誅せらるるは、是れ其の應なり。

[劉昭注]

[一] 郗萌占に曰く、「彗星 出でて營室に中《あた》れば、天下 亂る。政を易へ、五色を以て之が吉凶を占ふ」と。

[二] 河圖に曰く、「彗星 出でて奎を貫けば、庫兵 悉く出で、禍は強侯・外夷に在り、胡は逆に應じて首謀するなり」と。

[三] 古今注に曰く、「五月庚寅、太白 晝に見はる。十一月甲午、太白 晝に見はる」と。

(補注)

(一) 墳墓星は、星官の名。危宿に屬する。橋本敬造『中国占星術の世界』(前掲)によれば、距星は、みずがめ座ζ星。

(二) 三臺は、星官の名。上臺・中臺・下臺の総称であり、太微垣に属する。橋本敬造『中国占星術の世界』(前掲)によれば、距星はそれぞれ、おおぐま座ι星・λ星・ν星。

(三) 周馬は、羌族の人。ここ以外に記録がなく、詳細は不明である(『後漢書』志十一 天文中)。

(四) 劉文は、清河國の人。妖賊の劉鮪と結んで清河王の劉蒜を帝位に擁立しようと謀り、清河相の謝暠に計画に加担するよう説くが、拒否されたため、これを殺害する。結局、擁立計画は失敗し、劉文は捕らえられ誅殺された(『後漢書』列傳四十五 章帝八王傳)。

(五) 射暠は、清河相。清河國の劉文、南郡の妖賊劉鮪が清河王の劉蒜の擁立を計画した際、協力するよう説かれたが、拒否したため刺殺された(『後漢書』本紀七 桓帝紀、列傳四十五 章帝八王傳)。なお、章帝八王傳では、名を「謝暠」につくる。

(六) 蒜は、劉蒜。章帝の子である清河孝王劉慶の曾孫。帝位に即くために洛陽に召されたが、梁冀が国政を恣意的に運用するために、幼少の皇帝を即位させることを望み、李固らが推したにもかかわらず、皇帝に即位できなかった(『後漢書』列傳四十五 章帝八王 清河孝王慶傳)。

(七) 杜喬は、字を叔榮、河内郡林慮縣の人。順帝期に八使の一人として巡行した際、泰山太守の李固を天下第一として推薦、その一方で、外戚の梁冀と関係のある地方官を次々と弾劾した。以後も梁冀の専横を激しく批判し、質帝の崩御後、李固とともに清河王の劉蒜を擁して、蠡吾侯の劉志(桓帝)を推す梁冀に対抗するが、敗れて殺害された(『後漢書』列傳五十三 杜喬傳)。

（八）李固は、字を子堅といい、漢中郡南鄭縣の人。父は李郃。大將軍の梁商に辟召され、のちに太尉に昇進する。梁商の死後、その子である梁冀と対立した。質帝が梁冀に毒害されると、蠡吾侯の劉志（桓帝）を擁立せんとする梁冀に対抗し、清河王の劉蒜を推したが、冤罪により投獄、殺害された（『後漢書』列傳五十三 李固傳）。狩野直禎『後漢政治史の研究』（同朋舎出版、一九九三年）を参照。

（九）梁冀は、順帝の梁皇后の兄。自分を批判した質帝を殺害するなど、後漢史上、最も国政を私物化した外戚である（『後漢書』列傳二十四 梁統傳附梁冀傳）。渡邉義浩「外戚」（『後漢国家の支配と儒教』雄山閣出版、一九九五年）を参照。

（一〇）懿獻后は、梁皇后。諱を女瑩、懿獻は謚。順帝の梁皇后の妹。梁冀の専横期のため寵愛を独占したが、延熹二（一一五九）年、梁冀の失脚前に憂死した（『後漢書』本紀十下 懿獻梁皇后紀）。

［現代語訳］

（永和）六（一四一）年二月丁巳、彗星が東方に現れ、長さは六から七尺、色は青白で、西南の營室《えいしつ》および墳墓星《ふんぼせい》の方角を向いた。丁丑、彗星が奎宿の一度のところにあり、長さは六尺であった。癸未、夕方に（彗星が）現れ、西北の昴宿・畢宿をめぐった。甲申、東井にあり、そして輿鬼・柳宿・七星・張宿をめぐり、かがやく炎は三臺《さんだい》にまで及び、軒轅の中に至って消滅した。營室というものは、天子の常におわす宮殿である。墳墓星は死をつかさどる。彗星が出現して營室・墳墓星にあるときは、五年と経たぬうちに、天下に大喪がある（象である）。四年後、孝順帝が崩御した（のはその事應である）。昴は辺境の兵であり、また趙である。羌の周馬《しゅうば》父子が後に侵寇してきた。また劉文《りゅうぶん》が清河相《せいがしょう》の射暠《しゃこう》を脅迫して、（清河）王の劉蒜《りゅうさん》を天子に立てようとしたが、射暠が聞き入れなかったため、射暠を殺した。（清河）王は門を閉ざして劉文を拒み、官兵に（劉文を）捕えさせてこれを誅殺した。劉蒜は悪人に脅迫され、（王位を）廃されて尉氏侯《いしこう》となり、また左遷されて犍陽都郷侯《けんようときょうこう》となった。（劉蒜が）薨ずると、侯國が絶えた（のはその事應である）。東井・輿鬼をめぐるときは秦に（事件が）起こり、いずれも羌に攻められ掠奪される（象である）。炎が三臺に及ぶときは、三公に（事件が）起こる（象である）。この時、太尉の杜喬《ときょう》およびかつての太尉の李固《りこ》は梁冀《りょうき》に陥れられ、（誣告の上奏による）文書によって罪に問われ死んだ（のはその事應である）。（彗星が）注（柳宿）・張宿に至ったときは周に起こり、軒轅の中に消滅するときは後宮に起こる（象である）。その後、懿獻后《いけんこう》は憂悶のあまり息絶え、梁氏は誅殺されたが、これはその事應である。

［劉昭注］

［一］『郗萌占』に、「彗星が出現して營室に当たるときは、天下が乱れる（象である）。政治（の仕方）を改め、五色によりこの吉凶を占う」とある。

［二］『河圖』に、「彗星が出現して奎宿を貫くときは、武器庫の武器がことごとく出て、災禍は強侯・外夷にあり、胡は反逆に応じて首謀する（象である）」とある。

［三］『古今注』に、「五月庚寅、太白が昼に現れた。十一月甲午、太白が昼に現れた」とある。

《参校》

○ 永和六年二月の条（『後漢書』本紀六 順帝紀）

（永和六年）二月丁巳、有星孛于營室。

・同一の天文現象が記録されている。

【原文】

漢安[一]二年、正月己亥、太白晝見。五月丁亥、辰星犯輿鬼[二]。六月乙丑、熒惑光芒犯鎭星。七月甲申、太白晝見。辰星犯輿鬼爲大喪。熒惑犯鎭星爲大人忌。明年八月、孝順帝崩、孝沖[三]明年正月又崩。

[劉昭注]

[一] 古今注曰、元年二月壬午、歳星在太微中。八月癸丑、月犯南斗、入魁中。

[二] 古今注曰、丙辰、月入斗中。

[三] 古今注曰、建康元年九月己亥、太白晝見。韓揚占曰、天下有喪。一曰、有白衣之會。

《訓読》

漢安[一]二年、正月己亥、太白 晝に見はる。五月丁亥、辰星 輿鬼を犯す[二]。六月乙丑、熒惑の光芒 鎭星を犯す。七月甲申、太白 晝に見はる。辰星 輿鬼を犯すは大喪と爲す。熒惑 鎭星を犯すは大人の忌と爲す。明年八月、孝順帝 崩じ、孝沖（一）[三] 明年正月に又 崩ず。

[劉昭注]

[一] 古今注に曰く、「元年二月壬午、歳星 太微の中に在り。八月癸丑、月 南斗を犯し、魁の中に入る」と。

[二] 古今注に曰く、「丙辰、月 斗の中に入る」と。

[三] 古今注に曰く、「建康元年九月己亥、太白 晝に見はる」と。韓揚占に曰く、「天下に喪有り。一に曰く、白衣の會有り」と。

（補注）

（一）孝沖は、沖帝のこと。沖帝は、劉炳、後漢の第九代皇帝（在位、一四四～四五年）。外戚の梁冀により擁立されたが、翌年死去した（『後漢書』本紀四 沖帝紀）。

[現代語訳]

漢安《かんあん》二（一四三）年、正月己亥、太白が昼に現れた。五月丁亥、辰星が輿鬼を犯した。六月乙丑、熒惑の光芒が鎭星を犯した。七月甲申、太白が昼に現れた。辰星が輿鬼を犯すときは大喪がある（象である）。熒惑が鎭星を犯すときは大人の不幸がある（象である）。翌（一四四）年八月、孝順帝が崩御し、孝沖帝《こうちゅうてい》が翌（一四五）年正月にまた崩御した（のはその事應である）。

[劉昭注]

[一]『古今注』に、「（漢安）元（一四二）年二月壬午、歳星が太微の中にあった。八月癸丑、月が南斗を犯し、魁の中に入った」とある。

[二]『古今注』に、「丙辰、月が斗の中に入った」とある。

[三]『古今注』に、「建康元（一四四）年九月己亥、太白が昼に現れた」とある。『韓揚占』に、「天下に喪事がある（象である）。一説によれば、（凶事により）白い素服で朝会することがある（象である）」とある。

《参校》

○ 漢安二年六月の条（『後漢書』本紀六 順帝紀）

（漢安二年）六月乙丑、熒惑犯鎮星。

・同一の天文現象が記録されている。

## 【原文】

質三

孝質本初元年［一］、三月癸丑、熒惑入輿鬼、四月辛巳、太白入輿鬼。皆爲大喪。五月庚戌、太白犯熒惑。爲逆謀。閏月一日、孝質帝爲梁冀所鴆、崩。

［劉昭注］

［一］古今注曰、(1)〔三〕〔二〕月丁丑、月入南斗。

〔校勘〕

1．上杉本は「三」につくるが、中華書局本により「二」に改める。

《訓読》

質三

孝質（一）の本初元年［一］、三月癸丑、熒惑 輿鬼に入り、四月辛巳、太白 輿鬼に入る。皆 大喪と爲す。五月庚戌、太白 熒惑を犯す。逆謀と爲す。閏月一日、孝質帝 梁冀の鴆する所と爲り、崩ず。

［劉昭注］

［一］古今注に曰く、「二月丁丑、月 南斗に入る」と。

（補注）

（一）孝質は、質帝のこと。劉纘、後漢の第十代皇帝（位、一四五～一四六年）。外戚の梁冀に擁立されたが、梁冀を「跋扈將軍」と呼び、その専横を批判したため毒殺された（『後漢書』本紀六 質帝紀）。

［現代語訳］

質三

孝質帝《こうしってい》の本初《ほんしょ》元（一四六）年、三月癸丑、熒惑が輿鬼に入り、四月辛巳、太白が輿鬼に入った。いずれも大喪がある（象である）。五月庚戌、太白が熒惑を犯した。逆謀がある（象である）。閏月一日、質帝は梁冀《りょうき》に鴆殺され、崩御した（のはその事應である）。

［劉昭注］

［一］『古今注』に、「二月丁丑、月が南斗に入った」とある。

《参校》

○ 本初元年五月の条（『後漢書』本紀六 質帝紀）

（本初元年五月）庚戌、太白犯熒惑。

・同一の天文現象が記録されている。

## 【原文】

後漢書志第十二　劉昭注補

天文下　桓三十八　靈二十　獻九　隕石

桓三十八

孝桓建和元年八月壬寅、熒惑犯輿鬼質星。二年二月辛卯、熒惑行在輿鬼中。三年五月己丑、太白行入太微右掖門、留十五日、出端門。丙申、熒惑入東井。八月己亥、鎭星犯輿鬼中南星。乙丑、彗星芒長五尺、見天市中、東南指、色黄白、九月戊辰不見。熒惑犯輿鬼爲死喪、質星爲戮臣、入太微爲亂臣。鎭星犯輿鬼爲喪。彗星見天市中[1]（質）爲貴人。至和平元年[2]（十）二月甲寅、梁太后崩、梁冀益驕亂矣。

〔校勘〕

1．中華書局本により「質」を刪る。
2．中華書局本により「十」を刪る。

《訓読》

後漢書志第十二　劉昭注補

天文下　桓三十八　靈二十　獻九　隕石

桓三十八

孝桓（一）の建和元年八月壬寅、熒惑 輿鬼の質星を犯す。二年二月辛卯、熒惑 行《めぐ》りて輿鬼の中に在り。三年五月己丑、太白 行りて太微の右掖門より入り、留まること十五日、端門より出づ。丙申、熒惑 東井に入る。八月己亥、鎭星 輿鬼の中南星を犯す。乙丑、彗星の芒の長さ五尺あり、天市中に見はれ、東南に指し、色は黄白、九月戊辰に見えず。熒惑 輿鬼を犯すは死喪と爲し、質星は戮臣爲り、太微に入るは亂臣と爲す。鎭星 輿鬼を犯すは喪と爲す。彗星 天市中に見はるは貴人と爲す。和平元年二月甲寅に至りて、梁太后（二）崩じ、梁冀 益〻驕亂なり。

〔補注〕

（一）孝桓は、桓帝。桓帝は、劉志、後漢の第十一代皇帝（在位、一四六〜一六七年）。十五歳で即位したが、梁太后が臨朝し、外戚の梁冀が専横を極めた。のち、宦官の協力により梁氏を族誅したが、以後は宦官が横暴となり、李膺・陳蕃らを領袖とする黨人と激しく対立し、黨錮の禁を惹起した。浮圖（佛陀）と老子を尊崇し、儒教独尊の風潮に新しい気運を開き、また音楽を愛好して、琴瑟をよくしたという（『後漢書』本紀七 桓帝紀）。

（二）梁太后は、順烈梁皇后。大將軍梁商の娘。十三歳で掖庭に入り、皇后に立てられた後も、驕慢なところがなかったという（『後漢書』本紀十下 順烈梁皇后紀）。

〔現代語訳〕

後漢書志第十二　劉昭注補

天文下　桓三十八　靈二十　獻九　隕石

桓三十八

孝桓帝《こうかんてい》の建和《けんわ》元（一四七）年八月壬寅、熒惑《けいわく》（火星）が輿鬼《よき》の質星《しっせい》を犯した。（建和）二（一四八）年二月辛卯、熒惑が巡行して輿鬼の中にあった。（建和）三（一四九）年五月己丑、太白《たいはく》（金星）が巡行して太微垣《たいびえん》の右掖門《ゆうえきもん》より入り、十五日間留まり、端門《たんもん》から出た。丙申、熒惑が東井《とうせい》に入った。八月己亥、鎮星《ちんせい》（土星）が輿鬼の中南星を犯した。乙丑、光芒の長さ五尺の彗星が、天市垣《てんしえん》の中に現れ、東南の方角を向き、色は黄白で、九月戊辰に見えなくなった。熒惑が輿鬼を犯すときは死喪があり、質星のときは誅戮される臣下がおり、太微垣に入るときは乱臣が現れる（象である）。鎮星が輿鬼を犯すときは喪事が起こる（象である）。彗星が天市垣の中に現れるときは貴人（の喪事）がある（象である）。和平《わへい》元（一五〇）年二月甲寅に至って、梁太后《りょうたいこう》が崩じ、梁冀《りょうき》はますます驕慢かつ乱暴な振る舞いをするようになった（のはその事應である）。

《参校》
○　建和三年八月の条（『後漢書』本紀七　桓帝期）
（建和三年）八月乙丑、有星孛于天市。
・同一の天文現象が記録されている。

【原文】
元嘉元年二月戊子、太白晝見。永興二年閏月丁酉、太白晝見。時上幸後宮采女鄧猛、明年、封猛兄演爲南頓侯。後四歲、梁皇后崩、梁冀被誅、猛立爲皇后、恩寵甚盛。

《訓読》
元嘉元年二月戊子、太白　晝に見はる。永興二年閏月丁酉、太白　晝に見はる。時に上　後宮に幸して鄧猛（一）を采女とし、明年、猛の兄の演（二）を封じて南頓侯と爲す。後四歲にして、梁皇后　崩じ、梁冀　誅せらるるや、猛　立てられて皇后と爲り、恩寵　甚だ盛んなり。

（補注）
（一）鄧猛は、桓帝の皇后。本傳では諱を「猛女」につくる。和熹鄧皇后（和帝の皇后）のいとこである鄧香の娘。外戚の梁冀が誅殺されたのち、皇后に立てられた。驕慢な性格であり、桓帝の寵愛する郭貴人と誹謗し合ったことで廃され、憂死した（『後漢書』本紀十下　鄧皇后紀）。
（二）鄧演は、桓帝の鄧皇后の兄。妹が寵愛されたことにより、南頓侯となり、特進に至った（『後漢書』本紀十下　鄧皇后紀）。

［現代語訳］
元嘉《げんか》元（一五一）年二月戊子、太白が昼に現れた。永興《えいこう》二（一五四）年閏月丁酉、太白が昼に現れた。時に桓帝は後宮に幸して鄧猛《とうもう》を采女《さいじょ》とし（て夜伽の相手に選び）、翌（一五二）年、鄧猛の兄の鄧演《とうえん》を南頓侯《なんとんこう》に封じた。四年後（の一五六年）、梁皇后が崩じ、梁冀が誅殺されると、鄧猛は皇后に立てられ、はなはだ恩寵を受けた（のはその事應である）。

【原文】
永壽元年三月丙申、鎮星逆行入太微中、七十四日去左掖門。七月己未、辰星入太微中、八十日去左掖門。八月己巳、熒惑入太微、二十一日出端門。太微、天子廷也。鎮星爲貴臣・妃后、逆行爲匿謀。辰星入太微爲大水、一曰後宮有憂。是歲、雒水溢至津門、南陽大水。

熒惑留入太微中、又爲亂臣。是時、梁氏專政。九月己酉、晝有流星長二尺所、色黃白。癸巳、熒惑犯歳星、爲姦臣謀、大將戮。

《訓読》

永壽元年三月丙申、鎭星 逆行して太微中に入り、七十四日にして左掖門より去る。七月己未、辰星 太微中に入り、八十日にして左掖門より去る。八月己巳、熒惑 太微に入り、二十一日にして端門より出づ。太微は、天子の廷なり。鎭星は貴臣・妃后爲り、逆行するは匿謀爲り。辰星 太微に入るは大水と爲し、一に後宮に憂ひ有りと曰ふ。是の歳、雒水 溢れて津門に至り、南陽に大水あり。熒惑 留まりて太微中に入るは、又 亂臣と爲す。是の時、梁氏 政を專らにす。九月己酉、晝に流星有りて長さ二尺所《ばか》り、色は黃白なり。癸巳、熒惑 歳星を犯すは、姦臣 謀り、大將 戮せらると爲す。

［現代語訳］

永壽元《えいじゅ》（一五五）年三月丙申、鎭星が逆行して太微垣の中に入り、七十四日経って左掖門《さえきもん》より去った。七月己未、辰星《しんせい》（水星）が太微垣の中に入り、八十日経って左掖門より去った。八月己巳、熒惑が太微垣に入り、二十一日経って端門より出た。太微垣は、天子の宮廷である。鎭星は貴臣・妃后であり、それが逆行するときは密かな謀略が起こる（象である）。辰星が太微垣に入るときは大水が起こり、一説には後宮に不幸がある（象である）という。この年、雒水《らくすい》が溢れて津陽《しんよう》城門《じょうもん》（洛陽城南面の西端の門）にまで至り、南陽《なんよう》郡（河南省南陽市）にて大水が発生した（のはその事應である）。熒惑が留まって太微垣の中に入るときは、また乱臣がいる（象である）。この時、梁氏は政治をほしいままにしていた（のはその事應である）。九月己酉、昼に長さ二尺ほどの流星があり、色は黄白であった。癸巳、熒惑が歳星を犯したのは、姦臣が謀略を練り、大將が殺される（象である）。

【原文】

二年六月甲寅、辰星入太微、遂伏不見。辰星爲水、爲兵、爲妃后。八月戊午、太白犯軒轅大星、爲皇后。其三年四月戊寅、熒惑入東井口中、爲大臣有誅者。其七月丁丑、太白犯心前星、爲大臣。後二年[1]［四］〔七〕月、懿獻皇后以憂死。大將軍梁冀、使太倉令秦宮、刺殺議郎邴尊、又欲殺鄧后母宣、事覺、桓帝收冀及妻壽襄城君印綬、皆自殺。誅諸梁及孫氏宗族、或徙邊。是其應也。

〔校勘〕

1．上杉本は「四」につくるが、中華書局本により「七」に改める。

《訓読》

二年六月甲寅、辰星 太微に入り、遂に伏して見えず。辰星は水爲り、兵爲り、妃后爲り。八月戊午、太白 軒轅大星を犯すは、皇后と爲す。其の三年四月戊寅、熒惑 東井の口中に入るは、大臣の誅せらるる者有りと爲す。其の七月丁丑、太白 心の前星を犯すを、大臣と爲す。後二年七月、懿獻皇后 憂ひを以て死す。大將軍の梁冀、太倉令（一）の秦宮（二）をして、議郎（三）の邴尊（四）を刺殺せしめ、又 鄧后の母の宣（五）を殺さんと欲するも、事覺られ、桓帝 冀及び妻の壽の(六)襄城君の印綬を收め、皆 自殺せしむ。諸梁及び孫氏の宗族を誅し、或ひは邊に徙す。是れ其の應なり。

（補注）

（一）太倉令は、官名。大司農に屬し、郡國より上納される穀物の管理を職掌とする。官秩は六百石（『後漢書』卷三十四 梁統傳附梁冀傳、志二十六 百官三）。

（二）秦宮は、人名。梁冀の奴隷頭であったが、梁冀とその妻の孫壽より寵愛を受けて權勢を振るった。また、梁冀の命により議郎の邴尊を殺害した（『後漢書』志十二 天文下）。

（三）議郎は、官名。光祿勳に屬し、皇帝の諮問に對して意見を述べることを職掌とする（『後漢書』志二十五 百官二）。

（四）邴尊は、議郎。鄧香の娘の猛の姉婿。梁冀の刺客により殺害された（『後漢書』列傳二十四 梁統傳附梁冀傳）。

（五）宣は、鄧猛の娘（鄧皇后）の母。鄧香に嫁いで娘を生み、のちに孫壽の舅の梁紀に嫁いだ。鄧皇后が桓帝に寵愛されたことで、長安君に封ぜられ、大縣に転封されて昆陽君となった。卒した際、葬礼は皇后の母の儀禮に依拠する扱いを受けた（『後漢書』本紀十下 鄧皇后紀）。

（六）壽は、孫壽。梁冀の妻で、梁胤の母。襄城君に封ぜられた。梁冀をよく操ったという。「愁眉」の語源としても知られている（『後漢書』列傳二十四 梁統傳附梁冀傳）。

［現代語訳］

永壽二（一五六）年六月甲寅、辰星が太微垣に入り、そのまま隠れて見えなくなった。辰星は水であり、兵であり、妃后である。八月戊午、太白が軒轅大星《けんえんたいせい》を犯したのは、皇后（の変事の象）である。（永壽）三（一五七）年四月戊寅、熒惑が東井の口中に入ったのは、誅殺される大臣がいる（象である）。その年の七月丁丑、太白が心《しん》宿の前星を犯したのは、大臣（に関する変事の象）である。二年後（一五九年）の七月、懿獻皇后《いけんこうごう》は憂悶のうちに死んだ。大將軍《だいしょうぐん》の梁冀は太倉令《たいそうれい》の秦宮《しんきゅう》に議郎《ぎろう》の邴尊《へいそん》を刺殺させ、また鄧皇后の母の宣《せん》を殺そうとしたが、事が発覚し、桓帝は梁冀および妻の孫壽《そんじゅ》が持つ襄城君《じょうじょうくん》の印綬を回収させ、みな自殺させた。梁氏一族と孫氏の宗族を誅殺し、ある者は辺境に移住させた。これらはその事應である。

## 【原文】

延熹四年三月甲寅、熒惑犯輿鬼質星。五月辛酉、客星在營室、稍順行、生芒長五尺所、至心一度、轉爲彗。熒惑犯輿鬼質星、大臣有戮死者。五年十月、南郡太守李肅、坐蠻夷賊攻盜郡縣、取財一億以上、入府取銅虎符、肅背敵走、不救城郭。又監黎陽謁者燕喬坐贓、重泉令彭良殺無辜、皆棄市。京兆虎牙都尉宋謙坐贓、下獄死。客星在營室、至心作彗、爲大喪。後四年、鄧后以憂死。

《訓讀》

延熹四年三月甲寅、熒惑 輿鬼の質星を犯す。五月辛酉、客星 營室に在り、稍く順行して、芒を生じて長さ五尺所り、心の一度に至り、轉じて彗と爲る。熒惑 輿鬼の質星を犯すは、大臣の戮死する者有り。

五年十月、南郡太守の李肅[一]、蠻夷の賊の郡縣を攻盜し、財を取ること一億以上、府に入りて銅虎符[二]を取るも、肅 敵に背きて走《のが》れ、城郭を救はざるに坐す。又 黎陽を監する謁者[三]の燕喬[四] 贓に坐し、重泉令の彭艮[五] 辜無きを殺し、皆 棄市せらる。京兆虎牙都尉[六]の宋謙[七] 贓に坐し、獄に下されて死す。客星 營室に在り、心に至りて彗と作るは、大喪と爲す。後四年にして、鄧后 憂ひを以て死す。

(補注)

(一) 李肅は、南郡太守。武陵蠻に襲撃を受けると、押し止める主簿の胡爽を斬り殺し、城を捨てて逃亡。桓帝の怒りを買い、処刑された(『後漢書』列傳七十六 南蠻傳)。

(二) 銅虎符は、郡太守が兵を発するときに使用された符信。特に、京師から督軍使者が派遣され、督軍使者が徵兵を太守に要求する際に必要とされた(『後漢書』志六 禮儀下 大喪引注)。

(三) 謁者は、官名。光祿勳の屬官。謁者の長官は謁者僕射である。比三百石から六百石。官職の任命、百官の序列、顧問応対・取り次ぎなどを掌った(『後漢書』志二十五 百官二)。

(四) 燕喬は、謁者。無辜の人間を殺したことで棄市された。ここ以外に記録がなく、他の詳細は不明である(『後漢書』志十二 天文下)。

(五) 彭艮は、重泉令。無辜の人間を殺したことで棄市された。ここ以外に記録がなく、他の詳細は不明である(『後漢書』志十二 天文下)。

(六) 京兆虎牙都尉は、官名。右扶風都尉とならんで、長安・雍二營都尉と称することもある。三輔にある陵園の防衛を職掌とする(『後漢書』志二十八 百官五)。

(七) 宋謙は、京兆虎牙都尉。桓帝紀では「宗謙」につくる。収賄の罪で下獄死した(『後漢書』本紀七 桓帝紀、志十二 天文下)。

[現代語訳]

延熹《えんき》四(一六一)年三月甲寅、熒惑が輿鬼の質星を犯した。五月辛酉、客星が營室にあり、やや巡行して、長さ五尺ほどの光芒を生じ、心宿の一度のところに至り、変転して彗星となった。熒惑が輿鬼の質星を犯すときは、大臣の中で誅戮されて死ぬ者が現れる(象である)。(延熹)五(一六二)年十月、南郡太守《なんぐんたいしゅ》の李肅《りしゅく》は、蠻夷の賊が郡縣を攻撃して一億以上の財を奪い、太守府に入って銅虎符《どうこふ》を奪った(ことに遭遇した)が、李肅は敵に背を向けて逃走し、城郭を救出しなかったことで罪に問われた。また黎陽《れいよう》縣(河南省浚県の北東)を監察する謁者《えっしゃ》の燕喬《えんきょう》は収賄罪によって罪に問われ、重泉《じゅうせん》令の彭艮《ほうりょう》は罪なき者を殺害したことで、いずれも棄市された。京兆虎牙都尉《けいちょうこがとい》の宋謙《そうけん》は収賄罪により罪に問われ、獄に下されて死んだ(のはその事應である)。客星が營室にあり、心宿に至って彗星になるときは、大喪がある(象である)。四年後(の一六五年)、鄧皇后は憂死した(のはその事應である)。

《参校》

○ 延熹四年五月の条(『後漢書』本紀七 桓帝紀)
(延熹四年)五月辛酉、有星孛于心。
・同一の天文現象が記録されている。

【原文】

六年十一月丁亥、太白晝見。是時、鄧后家貴盛。

《訓読》

六年十一月丁亥、太白 晝に見はる。是の時、鄧后の家 貴盛なり。

〔現代語訳〕

（延熹）六（一六三）年十一月丁亥、太白が昼に現れた。この時、鄧皇后の家が尊貴なうえに隆盛していた（のはその事應である）。

【原文】

七年七月戊辰、辰星犯歳星。八月庚戌、熒惑犯輿鬼質星。庚申、歳星犯軒轅大星。

《訓読》

七年七月戊辰、辰星 歳星を犯す。八月庚戌、熒惑 輿鬼の質星を犯す。庚申、歳星 軒轅大星を犯す。

〔現代語訳〕

（延熹）七（一六四）年七月戊辰、辰星が歳星を犯した。八月庚戌、熒惑が輿鬼の質星を犯した。庚申、歳星が軒轅大星を犯した。

【原文】

十月丙辰、太白犯房北星。丁卯、辰星犯太白。十二月乙丑、熒惑犯軒轅第二星。辰星犯歳星爲兵。熒惑犯質星有戮臣。歳星犯軒轅爲女主憂。太白犯房北星爲後宮。其八年二月、太僕・南鄉侯左勝以罪賜死、勝弟中常侍・上蔡侯愃、北鄉侯黨皆自殺。癸亥、皇后鄧氏坐執左道廢、遷于[1]（祠）〔桐〕宮死、宗親侍中・沘陽侯鄧康、河南尹鄧萬、越騎校尉鄧弼、虎賁中郎將・安[2]（鄉）〔陽〕侯鄧[3]（魯）〔會〕、侍中・監羽林左騎鄧德、右騎鄧壽、昆陽侯鄧統、淯陽侯鄧秉、議郎鄧循皆繫暴室、萬・[4]（魯）〔會〕死、康等免官。又荊州刺史芝、交阯刺史葛祗皆爲賊所拘略、桂陽太守任胤背敵走、皆弃市。熒惑犯輿鬼質星之應也。

〔校勘〕

1．上杉本は「祠」につくるが、中華書局本により「桐」に改める。
2．上杉本は「鄉」につくるが、中華書局本により「陽」に改める。
3．上杉本は「魯」につくるが、中華書局本により「會」に改める。
4．上杉本は「魯」につくるが、中華書局本により「會」に改める。

《訓読》

十月丙辰、太白 房の北星を犯す。丁卯、辰星 太白を犯す。十二月乙丑、熒惑 軒轅の第二星を犯す。辰星 歳星を犯すは兵と爲す。熒惑 質星を犯すは戮臣有り。歳星 軒轅を犯すは女主の憂ひと爲す。太白 房の北星を犯すは後宮と爲す。其の八年二月、太僕・南鄉侯の左勝（一）罪を以て死を賜はり、勝の弟たる中常侍・上蔡侯の愃（二）、北鄉侯の黨 皆 自殺す。癸亥、皇后鄧氏 左道を執るに坐して廢せられ、桐宮に遷されて死し、宗親たる侍中・沘陽侯の鄧康（三）、河南尹の鄧萬（四）、越騎校尉の鄧弼(五)、虎賁中郎將(六)・安陽侯の鄧會(七)、侍中・監羽林左騎(八)の鄧德、右騎(九)の鄧壽(一〇)、昆陽侯の鄧統(一一)、淯陽侯の鄧秉(一二)、議郎の鄧循(一三) 皆 暴室(一四)に繫がれ、萬・會 死し、康ら官を免ぜらる。又 荊州刺史の芝(一五)、交阯刺史の葛祗(一六)は皆 賊の拘略する所と爲り、桂陽太守の任胤(一七)は敵に背きて走れ、皆 弃市せらる。熒惑 輿鬼の質星を犯すの應なり。

（補注）

（一）左勝は、中常侍として専権を振るった左悺の兄。官爵は、太僕・南郷侯に至ったが誅殺された（『後漢書』志十二 天文下）。

（二）左悺は、河南尹平陰縣の人。梁一族に恨みを抱いていたことから、帝により梁冀誅殺を命じられた。誅殺成功後は功績により上蔡侯一万三千戸に封ぜられた。帝の信頼を盾に専横の行いが多く、「左回天（政治を壟断）」と揶揄された（『後漢書』列傳六十八 宦者 單超傳）。

（三）鄧康は、侍中・沘陽侯。鄧皇后が廃されると、暴室に送られて死んだ（『後漢書』志十二 天文下）。

（四）鄧萬は、『後漢書』本紀七 桓帝紀ほかでは、鄧萬世。鄧皇后の叔父。河南尹となったが、鄧皇后の憂死により下獄死した（『後漢書』本紀十下 鄧皇后紀）。

（五）鄧弼は、越騎校尉。鄧皇后が廃されると、免官となった（『後漢書』志十二 天文下）。

（六）虎賁中郎將は、官名。光祿勳の屬官。官秩は比二千石。天子の衛兵である虎賁士を統率した（『後漢書』志二十五 百官二）。安作璋・熊鉄基『秦漢官制史稿』（斉魯書社、一九八四年）を参照。

（七）鄧會は、虎賁中郎將。鄧皇后の兄の子。鄧皇后が廃されたことで失脚し、下獄死した（『後漢書』本紀七 桓帝紀）。

（八）監羽林左騎は、羽林左監のこと。

（九）鄧德は、監羽林左騎。鄧皇后が廃されると、暴室に送られ、免官となった（『後漢書』志十二 天文下）。

（一〇）鄧壽は、監羽林右騎。鄧皇后が廃されると、暴室に送られ、免官となった（『後漢書』志十二 天文下）。

（一一）鄧統は、鄧康の弟。昆陽侯を継いだ。暴室におくられ萬と會は卒したが、統らは生き延びた（『後漢書』本紀十下 鄧皇后紀、志十二 天文下）。

（一二）鄧秉は、鄧統の弟で、淯陽侯。鄧皇后の憂死に伴い、免官された（『後漢書』志十二 天文下）。

（一三）鄧循は、議郎。鄧皇后が廃されると、暴室に送られ、免官となった（『後漢書』志十二 天文下）。

（一四）暴室は、官署名。掖庭令に属し、病気に罹った宮女を治療し、皇后・貴人が罪を犯した場合にはこれを収容した。この官署を統括する暴室丞は、宦官専任の官である。安作璋・熊鉄基『秦漢官制史稿』（斉魯書社、一九八四年）を参照。

（一五）芝は、荊州刺史。姓は不詳。賊に捕らえられた罪で処刑された（『後漢書』志十二 天文下）。

（一六）葛祗は、交阯刺史。賊に捕らえられた罪で処刑された（『後漢書』志十二 天文下）。

（一七）任胤は、桂陽太守。胡蘭・朱蓋の賊勢に対し、城を捨て逃亡した罪により、処刑された（『後漢書』列傳二十八 度尚傳、志十二 天文下）。なお恵棟『後漢書補注』は、「成皐令任君碑」により、南郡編縣の人、字を伯嗣と指摘する。

[現代語訳]

十月丙辰、太白が房《ぼう》宿の北星を犯した。丁卯、辰星が太白を犯した。十二月乙丑、熒惑が軒轅の第二星を犯した。辰星が歳星を犯すときは戦争が起こる（象である）。熒惑が質星を犯すときは誅戮される臣下がいる（象である）。歳星が軒轅を犯すときは女主の不幸がある（象である）。太白が房宿の北星を犯すときは後宮（の変事）がある（象である）。（延熹）八（一六五）年二月、太僕《たいぼく》・南郷侯《なんきょうこう》の左勝《さしょう》は罪を受けて死を賜わり、左勝の弟で中常侍《ちゅうじょうじ》・上蔡侯《じょうさいこう》の左悺《さわん》と、北郷侯《こくきょうこう》（劉懿《りゅうい》）の与党はみな自殺した。癸亥、皇后の鄧氏は邪な手段をとったことで罪に問われて（皇后を）廃され、桐宮《とうきゅう》に遷されて死去し、宗親である侍中《じちゅう》・沘陽侯《ひようこう》の鄧康《とうこう》、河南尹《かなんいん》の鄧萬《とうまん》、越騎校尉《えっきこうい》の鄧弼《とうひつ》、虎賁中郎將《こほんちゅうろうしょう》・安陽侯《あんようこう》の鄧會《とうかい》、侍中・監羽林左騎《かんうりんさき》の鄧德《とうとく》、右騎《うき》の鄧壽《とうじゅ》、昆陽侯《こんようこう》の鄧統《とうとう》、淯陽侯《いくようこう》の鄧秉《とうへい》、議郎《ぎろう》の鄧循《とうじゅん》はいずれも暴室《ぼうしつ》に繋がれ、鄧萬・鄧會は死し、鄧康らは免官となった。また荊州刺史の芝《し》・交阯《こうし》刺史の葛祇《かっし》はいずれも賊に捕らわれ、桂陽《けいよう》太守の任胤《じんいん》は敵に背を向けて逃走したことで、みな棄市された。（これらは）熒惑が輿鬼の質星を犯したことの事應である。

【原文】

八年五月癸酉、太白犯輿鬼質星。壬午、熒惑入太微右執法。閏月己未、太白犯心前星。十月癸酉、歲星犯左執法。十一月戊午、歲星入太微、犯左執法。九年正月壬辰、歲星入太微中、五十八日出端門。六月壬戌、太白行入輿鬼。七月乙未、熒惑行輿鬼中、犯質星。九月辛亥、熒惑入太微西門、積五十八日。永康元年正月庚寅、熒惑逆行入太微東門、留太微中、百一日出端門。七月丙戌、太白晝見經天。太白犯心前星、太白犯輿鬼質星有戮臣。熒惑入太微爲賊臣。太白犯心前星爲兵喪。歲星入太微犯左執法、將相有誅者。歲星入守太微五十日、占爲人主。太白・熒惑入輿鬼、皆爲死喪、又犯質星爲戮臣。熒惑留太微中百一日、占爲人主。太白晝見經天爲兵、憂在大人。其九年十一月、太原太守劉瓆・南陽太守成瑨皆坐殺無辜、荊州刺史李隗爲賊所拘、尚書郎孟瑠坐受金漏言、皆弃市。永康元年十二月丁丑、桓帝崩、太傅陳蕃・大將軍竇武・尚書令尹勳・黃門令山冰等皆枉死。太白犯心、熒惑留守太微之應也。

《訓読》

八年五月癸酉、太白 輿鬼の質星を犯す。壬午、熒惑 太微の右執法より入る。閏月己未、太白 心の前星を犯す。十月癸酉、歲星 左執法を犯す。十一月戊午、歲星 太微に入り、左執法を犯す。九年正月壬辰、歲星 太微の中に入り、五十八日にして端門より出づ。六月壬戌、太白 行《めぐ》りて輿鬼に入る。七月乙未、熒惑 輿鬼の中を行り、質星を犯す。九月辛亥、熒惑 太微の西門より入り、積ぬること五十八日。永康元年正月庚寅、熒惑 逆行して太微の東門より入り、太微の中に留まり、百一日にして端門より出づ。七月丙戌、太白 晝に見はれて天を經たり。太白 心の前星を犯し、太白 輿鬼の質星を犯すは戮臣有り。熒惑 太微に入るは賊臣と爲す。太白 心の前星を犯すは兵喪と爲す。歲星 太微に入りて左執法を犯すは、將相の誅せらるる者有り。歲星 入りて太微に守すること五十日なれば、占は人主と爲す。太白・熒惑 輿鬼に入るは、皆 死喪と爲し、又 質星を犯すは戮臣と爲す。熒惑太微の中に留まること百一日なれば、占は人主と爲す。太白 晝に見はれて天を經るは兵と爲し、憂ひは大人に在り。其の九年十一月、太原太守の劉瓆（一）・南陽太守の成瑨（二）皆 辜無きを殺すに坐し、荊州刺史の李隗（三）賊の拘する所と爲り、尚書郎の孟琯（四）金を受けて言を漏らすに坐し、皆 弃市せらる。永康元年十二月丁丑、桓帝 崩じ、太傅（五）の陳蕃（六）・大將軍の竇武（七）・尚書令の尹勳（八）・黃門令（九）の山冰（一〇）ら皆 枉死す。太白 心を犯し、熒惑 太微に留守するの應なり。

（補注）

（一）劉瓆は、桓帝紀では「劉質」、王允傳などでは「劉瑟」につくる。平原國高唐縣の人、字を文理。太原太守。小黃門の趙津を刑死させたことから宦官に誣告され、刑死した（『後漢書』本紀七 桓帝紀、列傳五十六 王允傳）。なお、王允傳などでは獄死、列傳二十下 襄楷傳注引謝承書では、宗室の故に自殺を命じられたことになっており、「棄市」ではない。

（二）成瑨は、弘農郡陝縣の人、字を幼平。南陽太守となると、功曹の岑晊に政務を任せ、「但だ坐して嘯するのみ」と評された。宦官と結託していた南陽の張汜を、赦令を無視してまで刑死させたことにより、宦官に劾奏され刑死した（『後漢書』列傳五十六 陳蕃傳）。なお、陳蕃傳などでは獄死であって「棄市」ではない。

（三）李隗は、荊州刺史。賊に捕らわれたことで罪に問われ、棄市された（『後漢書』志十二 天文下）。

（四）孟琯は、尚書郎。金を受け取って機密を漏洩させたことにより罪に問われ、棄市された（『後漢書』志十二 天文下）。

（五）太傅とは、官名、もと、周の成王の時に設置されたとする「古官」で、漢代においては、「位は三公の上に在る」極官。非常置の官であり、皇帝以下を道徳的に「善導」することを職掌とする。後漢にあっては錄尚書事を兼ね、輔政にあたることが多かった（『後漢書』志二十四 百官一、『通典』卷二十 職官二）。

（六）陳蕃は、汝南郡平輿縣の人、字を仲擧。黨人の指導者で「三君」の一人。靈帝即位後は太傅・錄尚書事を務めた。竇武らと宦官誅殺を議し、逆に中常侍の曹節らに謀られ、獄死した（『後漢書』列傳五十六 陳蕃傳）。

（七）竇武は、右扶風平陵縣の人、字を游平。竇皇后の父。黨人の指導者である「三君」の筆頭。外戚の有力者として、李膺と共に黨人を庇護し、宦官と対立した。のち、宦官誅殺を計画したが、逆に宦官側より靈帝廃位を目論んだ逆賊として包囲され、自殺した（『後漢書』列傳五十九 竇武傳）。

（八）尹勳は、河南尹鞏縣の人、字を伯元。司徒尹頌の弟。尚書令として梁冀をたびたび弾劾しており、その誅殺にあたっては部下を指揮し桓帝の護衛を務め、功績により都鄕侯に封ぜられた。のち大司農に至り、竇武らと宦官誅殺を謀るも失敗、獄死した（『後漢書』列傳三十八 霍諝傳、五十七 黨錮傳）。

（九）黃門令とは、官名、少府の屬官で秩六百石。宦官が任じられ、宮中に仕える多数の宦官を監督した（『後漢書』志二十六 百官三）。

（一〇）山冰は、黃門令。竇武が宦官の誅殺を謀った際に、自らに親しい宦官として黃門令に任命した。竇武たちが敗れると、王甫により格殺された（『後漢書』列傳五十九 竇武傳）。

［現代語訳］

（延熹）八（一六五）年五月癸酉、太白が輿鬼の質星を犯した。壬午、熒惑が太微垣の右執法《ゆうしっぽう》より入った。閏月己未、太白が心宿の前星を犯した。十月癸酉、歳星が左執法《さしっぽう》を犯した。十一月戊午、歳星が太微垣に入り、左執法を犯した。(延熹)九(一六六)年正月壬辰、歳星が太微垣の中に入り、五十八日経って端門より出た。六月壬戌、太白が巡行して輿鬼に入った。七月乙未、熒惑が輿鬼の中をめぐり、質星を犯した。九月辛亥、熒惑が太微垣の西門に入り、五十八日を経過した。永康《えいこう》元(一六七)年正月庚寅、熒惑が逆行して太微垣の東門より入り、太微垣の中に留まり、百一日経って端門より出た。七月丙戌、太白が昼に現れて天をめぐった。太白が心の前星を犯し、太白が輿鬼の質星を犯すときは誅戮される臣下がいる(象である)。熒惑が太微垣に入るときは賊臣が現れる(象である)。太白が心宿の前星を犯すときは兵が損なわれる(象である)。歳星が太微垣に入って左執法を犯すときは、將相の中で誅される者が現れる(象である)。歳星が太微垣に入って守ること五十日を経たときは、占いによれば君主(の変事)である。太白・熒惑が輿鬼に入るときは、いずれも死喪があり、また質星を犯すときは臣下を誅戮する(象である)。熒惑が太微垣の中に百一日留まるときは、占いによれば君主(の変事)である。太白が昼に現れて天をめぐるときは戦いが起こり、不幸が大人に起こる(象である)。(延熹)九(一六六)年十一月、太原《たいげん》太守の劉瓆《りゅうしつ》・南陽太守の成瑨《せいしん》はどちらも無辜の人間を殺したことで罪に問われ、荊州刺史の李隗《りかい》は賊に捕らわれ、尚書郎《しょうしょろう》の孟瑠《もうとう》は金銭を受け取って機密を漏らしたことで罪に問われ、みな棄市された(のはその事應である)。永康元(一六七)年十二月丁丑、桓帝が崩御し、太傅《たいふ》の陳蕃《ちんばん》・大將軍の竇武《とうぶ》・尚書令《しょうしょれい》の尹勳《いんくん》・黄門令《こうもんれい》の山冰《さんひょう》らはみな非業の死を遂げた。(これらは)太白が心宿を犯し、熒惑が太微垣に留まったことの事應である。

【原文】

靈二十

孝靈帝建寧元年六月、太白在西方、入太微、犯西蕃南頭星。太微、天廷也。太白行其中、宮門當閉、大將被甲兵、大臣伏誅。其八月、太傅陳蕃・大將軍竇武謀欲盡誅諸宦者。其九月辛亥、中常侍曹節・長樂五官史朱瑀覺之、矯制殺蕃・武等、家屬徙日南比景。

《訓讀》

靈二十

孝靈帝(一)の建寧元年六月、太白 西方に在り、太微に入り、西蕃の南頭星を犯す。太微は、天廷なり。太白 其の中を行《めぐ》るは、宮門 當に閉ざすべきにして、大將 甲兵を被り、大臣 誅に伏す。其の八月、太傅の陳蕃・大將軍の竇武 謀りて盡く諸宦を誅せんと欲す。其の九月辛亥、中常侍の曹節(二)・長樂五官史(三)の朱瑀(四) 之を覺り、制を矯《いつわ》りて蕃・武らを殺し、家屬は日南の比景に徙さる。

(補注)

(一)孝靈帝は、劉宏、後漢の第十二代皇帝(在位、一六八～一八九年)。桓帝に実子がないため、竇皇太后が解瀆亭侯家より迎えて擁立した。一時、外戚竇武のもと、陳蕃らが要職に就いたが、宦官の反撃に遭い、黨錮の禁により、実権は宦官に奪われた。また光和六(一八四)年には失政から黄巾の亂を惹起し、政局は混迷を極めた(『後漢書』本紀八 靈帝紀)。

（二）曹節は、南陽郡新野縣の人、字を漢豐。順帝の時に出仕し、靈帝即位時に護衛を務め、その信頼を受ける。竇武らが宦官一掃を謀ると、逆にこれを誅殺して政治の実権を握り、その後も黨人を弾圧して政争を勝ち抜いた。光和四（一八一）年、病没。大長秋・車騎將軍、育陽侯（『後漢書』列傳六十八 宦者 曹節傳）。

（三）長樂五官史は、官名。長樂宮の五官史である。『後漢書』では朱瑀以外の就官例は見られない。

（四）朱瑀は、長樂五官史。宦官誅滅の上奏を勝手に開き、これを曹節に伝えた（『後漢書』列傳五十九 竇武傳）。

［現代語訳］

靈二十

孝靈帝《こうれいてい》の建寧《けんねい》元（一六八）年六月、太白が西方にあり、太微垣に入り、西蕃《せいばん》（西の城壁）の南頭星を犯した。太微垣は、天の宮廷である。太白がその中をめぐるときは、宮門は閉ざすべきであり、大將は鎧と武器を身に着け、大臣は誅殺される（象である）。その（年の）八月、太傅の陳蕃と大將軍の竇武は謀略をめぐらせて宦官たちを全滅しようとした。九月辛亥、中常侍の曹節《そうせつ》・長樂五官史《ちょうらくごかんし》の朱瑀《しゅう》はこれを察知し、制詔を偽造して陳蕃・竇武らを殺害すると、（彼らの）家族は日南《にちなん》郡比景《ひけい》縣（ベトナム高平《カオバン》省宋河下流の高牢下村）に移住させられた（のはその事應である）。

【原文】

熹平元年十月、熒惑入南斗中。占曰、熒惑所守爲兵亂。斗爲吳。其十一月、會稽賊許昭、聚衆自稱大將軍、昭父生、爲越王、攻破郡縣。

《訓読》

熹平元年十月、熒惑 南斗の中に入る。占に曰く、「熒惑 守る所は兵亂と爲す。斗は吳爲り」と。其の十一月、會稽の賊の許昭（一）、衆を聚めて自ら大將軍と稱し、昭の父の生（二）、越王と爲り、郡縣を攻め破る。

（補注）

（一）許昭は、會稽の人。許生の子。靈帝期に會稽郡句章縣で挙兵、父を擁立して「越王」とし、自らは大將軍を自称する。挙兵当初、會稽太守の尹端を破ったが、後に揚州刺史の臧旻と戦って敗北した。その後も抵抗を続けるが、再び臧旻に敗れ、鎮圧された（『後漢書』列傳四十八 臧洪傳、同列傳六十一 朱儁傳、『三國志』巻四十六 孫破虜傳）。ちなみに、『三國志』巻四十六 孫破虜傳では、司馬昭の諱を避けて、その名を「許詔」に作る。

（二）生は、許生。會稽郡の人。許昭の父。靈帝期に會稽郡句章縣で挙兵し、「越王」を自称する。揚州刺史の臧旻に敗北した後も抵抗を続けるが、やがて鎮圧された（『後漢書』本紀八 靈帝紀、同臧洪傳、『三國志』巻四十六 孫破虜傳）。ちなみに、『三國志』巻四十六 孫破虜傳では、その名を「許昌」に作り、「陽明皇帝」を自称したとされている。

［現代語訳］

熹平元（一七二）年十月、熒惑が南斗の中に入った。『占』に、「熒惑が守る所には兵乱が起こる（象である）。南斗は吳である」とある。その（年の）十一月、會稽《かいけい》郡（浙江省紹興市）の賊の許昭《きょしょう》は衆を集めて大將軍と自称し、許昭の父の許生《きょせい》は越王《えつおう》となり、郡縣を攻め破った（のはその事應である）。

【原文】

二年四月、有星出文昌、入紫宮、蛇行、有首尾無身、赤色、有光炤垣牆。八月丙寅、太白犯心前星。辛未、白氣如一匹練、衝北斗第四星。占曰、文昌爲上將貴相。太白犯心前星、爲大臣。後六年、司徒劉[1]（羣）〔郃〕爲中常侍曹節所譖、下獄死。白氣衝北斗爲大戰。明年冬、揚州刺史臧旻・丹陽太守陳寅、攻盜賊苴康、斬首數千級。

〔校勘〕

1．上杉本は「羣」につくるが、中華書局本により「郃」に改める。

《訓読》

二年四月、星有りて文昌より出で、紫宮に入り、蛇行し、首尾有りて身無く、赤色にして、光有りて垣牆を炤《て》らす。八月丙寅、太白 心の前星を犯す。辛未、白氣ありて一匹の練の如く、北斗の第四星を衝く。占に曰く、「文昌は上將・貴相爲り。太白 心の前星を犯すは、大臣と爲す」と。後六年にして、司徒の劉郃（一） 中常侍の曹節の譖る所と爲り、獄に下されて死す。白氣 北斗を衝くは大戰と爲す。明年冬、揚州刺史の臧旻（二）・丹陽太守の陳寅（三）、盜賊の苴康（四）を攻め、斬首すること數千級。

（補注）

（一）劉郃は、字を季承。大鴻臚より司徒となった。のち中常侍の曹節に讒言され、下獄死した（『後漢書』本紀八 靈帝紀、志十二 天文下）。

（二）臧旻は、廣陵郡射陽縣の人。循吏として知られ、徐州從事の時には宦官の單超に貶められ亡命中の第五種の減刑を訴えた。許生討伐の功により、使匈奴中郎將に任じられると、西域を良く治めてその風俗に精通した。熹平六（一七七）年、破鮮卑中郎將の田晏・護烏桓校尉の夏育らとともに、鮮卑討伐に向かうも大敗し、庶人に落とされた（『後漢書』列傳四十八 臧洪傳）。

（三）陳寅は、靈帝期の丹陽太守。揚州刺史の臧旻に從って、妖賊の許昭や盜賊の苴康を討伐した（『後漢書』本紀八 靈帝紀、列傳四十八 臧洪傳、志十二 天文下）。ちなみに、『後漢書』靈帝紀の一部、および臧洪傳では、その名を「陳夤」につくる。

（四）苴康は、揚州の盜賊。臧旻と陳寅に攻められて敗れた（『後漢書』志十二 天文下）。

〔現代語訳〕

（熹平）二（一七三）年四月、星が文昌《ぶんしょう》より出現し、紫宮《しきゅう》（紫微垣《しびえん》）に入り、蛇行して、頭と尾があって身が無く、赤色をして、光を放って（紫宮の）垣牆を照らした。八月丙寅、太白が心宿の前星を犯した。辛未、一匹の練《ねりぎぬ》のような白氣があり、北斗の第四星を衝いた。『占』に、「文昌は上將・貴相である。太白が心宿の前星を犯すときは、大臣が相当する（象である）」とある。六年後（の一七九年）、司徒《しと》の劉郃《りゅうこう》は中常侍の曹節《そうせつ》に讒言され、獄に下されて死んだ（のはその事應である）。白氣が北斗を衝くときは大戰が起こる。翌（一七四）年冬、揚州《ようしゅう》刺史の臧旻《ぞうびん》と丹陽《たんよう》太守の陳寅《ちんいん》は、盗賊の苴康《しょこう》を攻め、数千級を斬首した（のはその事應である）。

【原文】

光和元年四月癸丑、流星犯軒轅第二星、東北行入北斗魁中。八月、彗星出亢北、入天市中。長數尺、稍長至五六丈、赤色、經歷十餘宿、八十餘日、乃消於天苑中。流星爲貴使、軒轅爲內宮、北斗魁主殺。流星從軒轅出抵北斗魁、是天子大使將出、有伐殺也。至中平元年、黃巾賊起、上遣中郎將皇甫嵩・朱儁等征之、斬首十餘萬級。彗除天市、天帝將徙、帝將易都。至初平元年、獻帝遷都長安。

《訓読》

光和元年四月癸丑、流星 軒轅の第二星を犯し、東北のかた行きて北斗の魁中に入る。八月、彗星 亢の北に出で、天市中に入る。長さ數尺、稍く長じて五六丈に至り、赤色にして、十餘宿を經歷し、八十餘日にして、乃ち天苑中に消ゆ。流星は貴使爲り、軒轅は內宮爲り、北斗の魁は殺を主る。流星 軒轅より出でて北斗の魁に抵《いた》るは、是れ天子の大使 將に出でて、伐殺すること有らんとするなり。中平元年に至りて、黃巾賊（一） 起こるや、上 中郎將の皇甫嵩（二）・朱儁（三）らを遣はして之を征せしめ、斬首すること十餘萬級。彗の天市を除《はら》ふは、天帝 將に徙らんとし、帝 將に都を易へんとす。初平元年に至りて、獻帝 長安に遷都す。

（補注）

（一）黃巾賊は、後漢末期の光和七（一八四）年に、太平道の張角が起こした農民反乱。目印として黄色い頭巾を頭に巻いたことから、黄巾と呼ばれる。やがて張角が病死したこともあり、朱儁・皇甫嵩などにより平定されたが、群雄が割拠する契機となった。大淵忍爾「中国における民族的宗教の成立」（『歴史学研究』一七九、一八一、一九五五年）を参照。

（二）皇甫嵩は、安定郡朝那縣の人、字を義眞。黃巾の亂では、張角の弟である張梁・張寶を撃破。初平三（一九二）年、董卓の誅殺と並行して、兵を率い董旻らを斬り、族滅を指揮。その功績から驃騎將軍に任ぜられ、また太尉に転じたが、年内に罷免。しばらくして卒した（『後漢書』列傳六十一 皇甫嵩傳、六十二 董卓傳）。

（三）朱儁は、會稽郡上虞縣の人、字を公偉。交阯の賊である梁龍を斬って名を挙げ、黃巾の亂にあたっては右中郎將に就任、皇甫嵩とともにこれを鎮圧した。その武名から董卓政権下でも一目置かれた。初平四（一九三）年、太尉・錄尚書事となるも、明年に罷免。のち、帝の使者として李傕・郭汜の争いを調停するが、郭汜に監禁され、病死した（『後漢書』列傳六十一 朱儁傳）。

［現代語訳］

光和《こうわ》元（一七八）年四月癸丑、流星が軒轅の第二星を犯し、東北に進んで北斗の魁の中に入った。八月、彗星が亢宿の北に出て、天市垣の中に入った。長さは数尺であったが、次第に伸びて五から六丈に至り、赤色で、十余りの星宿をめぐり、八十余日にして、天苑《てんえん》の中に消えた。流星は（天からの）貴い使者であり、軒轅は内宮であり、北斗の魁は殺すことをつかさどる。流星が軒轅より出現して北斗の魁に至るときは、これこそ天子の大使が出立して、殺伐することがあるであろう（象である）。中平《ちゅうへい》元（一八四）年に至って、黄巾賊《こうきんぞく》が蜂起すると、天子は中郎將《ちゅうろうしょう》の皇甫嵩《こうほすう》・朱儁《しゅしゅん》らを派遣してこれを征伐させ、十余万級を斬首した（のはその事應である）。彗星が天市垣を掃き清めるときは、天帝が移動しようとし、皇帝が遷都を行おうとしている（象である）。初平《しょへい》元（一九〇）年に至って、獻帝《けんてい》は長安《ちょうあん》（陝西省西安市の北西）に遷都した（のはその事應である）。

《参校》

○ 光和元年八月の条（『後漢書』本紀八 靈帝紀）

（光和元年）八月、有星孛于天市。

・同一の天文現象が記録されている。

## 【原文】

三年冬、彗星出狼・弧、東行至于張乃去。張爲周地、彗星犯之爲兵亂。後四年、京都大發兵擊黄巾賊。

《訓読》

三年冬、彗星 狼（一）・弧（二）より出で、東のかた行きて張に至りて乃ち去る。張は周の地爲り、彗星 之を犯すは兵亂と爲す。後四年にして、京都 大いに兵を發して黄巾賊を擊つ。

〈補注〉

（一）狼は、天狼。星官の名。井宿に属する。橋本敬造『中国占星術の世界』（前掲）によれば、距星は、おおいぬ座 α 星。シリウス。

（二）弧は、弧矢。星官の名。井宿に属する。橋本敬造『中国占星術の世界』（前掲）によれば、距星は、とも座 π 星。

［現代語訳］

（光和）三（一八〇）年冬、彗星が天狼《てんろう》と弧矢《こし》（の所）より出て、東に進み張宿に至ってようやく去った。張宿は周《しゅう》の地であり、彗星がここを犯すときは兵乱が起こる（象である）。四年後（の一八四年）、京都《みやこ》は大軍を出発させて黄巾賊を撃った（のはその事應である）。

《参校》

○ 光和三年閏月の条（『後漢書』本紀八 靈帝紀）

（光和三年）冬閏月、有星孛于狼・弧。

・同一の天文現象が記録されている。

## 【原文】

五年四月、熒惑在太微中、守屏。七月、彗星出三臺下、東行入太微、至太子・幸臣、二十餘日而消。十月、歳星・熒惑・太白、三合於虛、相去各五六寸、如連珠。占曰、熒惑在太微爲亂臣。是時、中常侍趙忠・張讓・郭勝・孫璋等、並爲姦亂。彗星入太微、天下易主。至中平六年、宮車晏駕。歳星・熒惑・太白三合於虛爲喪。虛、齊地。明年、琅邪王據薨。

《訓読》

五年四月、熒惑 太微中に在り、屏（一）に守する。七月、彗星 三臺の下より出で、東のかた行きて太微に入り、太子(二)・幸臣(三)に至り、二十餘日にして消ゆ。十月、歳星・熒惑・太白、虚に三合し、相 去ること各ゝ五六寸にして、連珠の如し。占に曰く、「熒惑 太微に在るは亂臣と爲す」と。是の時、中常侍の趙忠(四)・張讓(五)・郭勝(六)・孫璋(七)ら、並びに姦亂を爲す。彗星 太微に入るは、天下 主を易ふ。中平六年に至りて、宮車 晏駕す。歳星・熒惑・太白 虚に三合するは喪と爲す。虚は、齊の地なり。明年、琅邪王の據(八) 薨ず。

（補注）

（一）屛は、星宿の名。參宿に属する。橋本敬造『中国占星術の世界』（前掲）によれば、距星は、うさぎ座 ε 星。

（二）太子は、星宿の名。太微垣に属する。橋本敬造『中国占星術の世界』（前掲）によれば、かみのけ座第52星。

（三）幸臣は、星宿の名。太微垣に属する。橋本敬造『中国占星術の世界』（前掲）によれば、しし座第93星。

（四）趙忠は、安平の人。宦官として若いころより省中に給事し、桓帝の時に小黄門となった。梁冀を打倒することに功績があり、都郷侯に封ぜられ、車騎將軍に至った（『後漢書』列傳六十八 宦者 張讓傳）。

（五）張讓は、潁川郡の人。宦官。靈帝のときに中常侍となり、帝から絶大な信頼を受けた。袁紹が宦官誅滅の兵を興すと、少帝を連れて逃亡したが、逃げ切れず、川に飛び込み自殺した（『後漢書』列傳六十八 宦者 張讓傳）。

（六）郭勝は、南陽の人。宦官ではあるが同郷のため何進と親しく、何進を誅滅しようとする蹇碩の手紙を何進に見せた（『後漢書』列傳五十九 何進傳）。

（七）孫璋は、宦官。中常侍となり、列侯に封ぜられた（『後漢書』列傳六十八 宦者 張讓傳）。

（八）據は、劉據。琅邪安王。琅邪貞王の劉尊の子。劉尊の薨去により、琅邪王を嗣いだ（『後漢書』列傳三十二 琅邪孝王京傳）。なお、天文志では光和六（一八三）年の薨去となっているが、本紀八 靈帝紀では中平二（一八五）年となっている。

［現代語訳］

（光和）五（一八二）年四月、熒惑が太微垣の中にあり、屛《へい》に留まった。七月、彗星が三臺《さんだい》の下から出現し、東に向かって進んで太微垣に入り、太子《たいし》・幸臣《こうしん》に至り、二十余日経って消えた。十月、歳星・熒惑・太白が虚宿に三つとも集まり、それぞれ五から六寸離れ、まるで連ねた珠のようであった。『占』に、「熒惑が太微垣にあるときは亂臣がいる（象である）」とある。この時、中常侍の趙忠《ちょうちゅう》・張讓《ちょうじょう》・郭《かく》勝《しょう》・孫璋《そんしょう》らが、いずれも悪事や反乱を起こした（のはその事應である）。彗星が太微垣に入るときは、天下の主が交替する（象である）。中平六（一八九）年に至って、天子（靈帝）が崩御した（のはその事應である）。歳星・熒惑・太白が虚宿に三つとも集まるときは喪事がある（象である）。虚宿は、齊《せい》の地である。翌（一八三）年、琅邪王《ろうやおう》の劉據《りゅうきょ》が薨去した（のはその事應である）。

《参校》

○ 光和五年七月の条（『後漢書』本紀八 靈帝紀）
（光和五年）秋七月、有星孛于太微。
・同一の天文現象が記録されている。

【原文】

光和中、國皇星東南角去地一二丈、如炬火狀、十餘日不見。占曰、國皇星爲内亂、外内有兵喪。其後、黃巾賊張角燒州郡、朝廷遣將討平、斬首十餘萬級。中平六年、宮車晏駕、大將軍何進令司隸校尉袁紹私募兵千餘人、陰跱雒陽城外。竊呼幷州牧董卓使將兵至京都、共誅中官。對戰南北宮闕下、死者數千人、燔燒宮室、遷都西京。及司徒王允與將軍呂布誅卓、卓部曲將郭汜・李傕旋兵攻長安、公卿・百官・吏民戰死者且萬人。天下之亂、皆自内發。

《訓読》

光和中、國皇星（一）の東南角 地を去ること一二丈、炬火の狀の如くして、十餘日にして見えず。占に曰く、「國皇星は内亂爲り、外内に兵喪有り」と。其の後、黃巾賊の張角（二） 州郡を燒き、朝廷 將を遣はして討ち平げしめ、斬首すること十餘萬級なり。中平六年、宮車 晏駕するや、大將軍の何進（三） 司隸校尉（四）の袁紹（五）をして私《ひそ》かに兵を千餘人募り、陰かに雒陽の城外に跱《とど》めしむ。竊《ひそ》かに幷州牧（六）の董卓（七）を呼びて兵を將ゐて京都に至らしめ、共に中官を誅せんとす。南北宮の闕下に對戰し、死者數千人、宮室を燔燒し、西京に遷都す。司徒の王允（八） 將軍の呂布（九）と與に卓を誅するに及びて、卓の部曲の將たる郭汜（一〇）・李傕（一一） 兵を旋《めぐ》らせて長安を攻め、公卿・百官・吏民の戰死する者は且に萬人にならんとす。天下の亂るるは、皆 内より發す。

（補注）

（一）國皇星は、オーロラ。斉藤国治・小沢賢二『中国古代の天文記録の検証』（前掲）によれば、このときのオーロラは朝鮮半島からも見え、『三國史記』に記録が残る。

（二）張角は、鉅鹿郡の人。靈帝期の宗教指導者。太平道の指導者として信徒数十万人を率い、大賢良師・天公將軍と自称して挙兵、黃巾の亂と呼ばれる大規模な叛乱を起こした。後漢の転覆を目指し、弟の張寶・張梁らとともに各地で政府軍に抵抗したが、乱の最中に病死した（『後漢書』列傳六十一 皇甫嵩傳）。

（三）何進は、字を遂高、南陽郡宛縣の人。靈帝の皇后である何氏の兄。妹が貴人になると郎中に任官し、虎賁中郎將・侍中・將作大匠・河南尹などを歴任した。黃巾の乱が起こると大將軍に就任し、その鎮圧にあたった。靈帝の崩御後、宦官である上軍校尉の蹇碩を誅殺して国政を掌握、袁紹・袁術たちと協力して宦官誅滅を謀ったが、事前に察知した中常侍の張讓たちに宮中におびきよせられ、殺害された（『後漢書』列傳五十九 何進傳）。

（四）司隸校尉は、もとは監察官。前漢の武帝が征和二（前八九）年に大逆事件の検挙のために臨時に設け、その決着後は三輔（京兆尹・左馮翊・右扶風）・三河（河東・河內・河南）・弘農郡の行政・監察を掌る要職となった。これらの地域を司隸校尉部といい、漢の首都圏を形成した（『後漢書』志二十七 百官四）。

（五）袁紹は、字を本初、汝南郡汝陽縣の人。「四世三公」と称される汝南袁氏の一族。靈帝の死後、宦官を誅滅するが、そのことが董卓の擡頭を招く。その後、董卓討伐に失敗するも、名家の経済基盤と、「名士」層の支持を背景に河北を制圧、強大な勢力を築きあげた。しかし、官渡の戦いで曹操に敗れ、間もなく病死した（『三國志』卷六 袁紹傳、『後漢書』列傳六十四上 袁紹傳）。渡邉義浩『三国政権の構造と「名士」』（汲古書院、二〇〇四年）を参照。

（六）州牧は、州の行政官。前漢成帝の綏和元（前八）年、郡國の監察官であった刺史を改めて州牧と名付け、州の行政官としたが、まもなく旧に復した。後漢では、州の監察官を刺史と呼び、州牧を設けなかったが、靈帝の時に州の行政官として州牧を置いた。石井仁「漢末州牧考」（『秋大史学』三八、一九九二年）を参照。

（七）董卓は、隴西郡臨洮縣の人、字を仲穎。朝廷を無視して幷州で私兵を蓄えていたが、袁紹らによる宦官誅滅の謀議に招かれ、混乱に乗じて少帝と陳留王（後の獻帝）を保護。董太后の同族と称し、太后の養子である陳留王の後見を務め、少帝を廃して獻帝を即位させた。初期こそ黨人の名誉を回復し、「名士」を招くなどしたものの、部下の掠奪を止められず、自身も私腹を肥やしたことから支持を失い、さらに反董の兵が蜂起すると、洛陽に放火して長安へ遷都。ついには王允らの謀略により、部下の呂布に殺された（『三國志』巻六 董卓傳、『後漢書』列傳六十二 董卓傳）。

（八）王允は、太原郡祁縣の人、字を子師。性格は剛毅で悪を憎み、黄巾と通じた張讓の部下を弾劾、宦官と対立する。長安遷都にあたっては、蘭臺・石室の貴重な書籍・文書の保存に務め、漢朝の儀礼典範を上奏。これにより董卓から信任され、司徒に昇進。のち呂布らと謀って董卓を誅殺したが、李傕らの乱により殺された（『後漢書』列傳五十六 王允傳）。

（九）呂布は、五原郡九原縣の人、字を奉先。董卓を誅殺し、功績により溫侯に任じられたが、李傕らに敗れる。以後各地を転々とし、ついに下邳を奪って徐州刺史を自称。建安三（一九八）年、曹操の征伐を受け降伏したが、縊殺された（『三國志』巻七 呂布傳、『後漢書』列傳六十五 呂布傳）。

（一〇）郭汜は、董卓配下の校尉。董卓の死後、李傕らと残兵を率いて長安を攻め政権を奪取、後將軍・美陽侯となったが、李傕と内紛を起こす。のち、郿縣で配下の五習（『後漢書』では伍習）に裏切られ、死んだ（『三國志』巻六 董卓傳附郭汜傳）。

（一一）李傕は、董卓配下の校尉。董卓の死後、郭汜らと残兵を率いて長安を攻め政権を奪取、車騎將軍・池陽侯、司隷校尉となったが、郭汜と内紛を起こし、獻帝にも逃げられる。建安二（一九七）年、謁者僕射である裴茂の討伐を受けて、誅殺された（『三國志』巻六 董卓傳附李傕傳）。

［現代語訳］

光和年間（一七八～一八四年）、國皇星《こくこうせい》の東南角は地から一から二丈離れ、炬火のような形状をしており、十余日経って見えなくなった。『占』に、「國皇星（が現れるとき）は内乱が起こり、国内外で兵が損なわれる（象である）」とある。その後、黄巾賊の張角《ちょうかく》は州郡を焼き、朝廷は將を派遣してこれを征討させ、十余万級を斬首した。中平六（一八九）年、天子が崩御すると、大將軍の何進《かしん》は司隷校尉《しれいこうい》の袁紹《えんしょう》に命じて密かに兵を千余人募り、こっそりと雒陽《らくよう》（河南省洛陽市の北東）の城外に駐屯させた。内密に幷州牧《へいしゅうぼく》の董卓《とうたく》を呼び寄せ、兵を率いて京都に来させ、ともに宦官を誅滅しようとした。南北の宮門で戦闘となり、死者は数千人に及び、宮室を焼き、（その後、董卓は）西京《せいけい》（長安）に遷都した。司徒の王允《おういん》は將軍の呂布《りょふ》とともに董卓を誅殺したところ、董卓の部曲將である郭汜《かくし》・李傕《りかく》は兵をめぐらせて長安を攻め、公卿・百官・吏民の戦死者は一万人に届かんばかりであった。天下の乱れは、みな（朝廷の）内部から発生した（のはその事應である）。

【原文】
中平二年十月癸亥、客星出南門中、大如半筵、五色喜怒稍小、至後年六月消。占曰、爲兵。至六年、司隷校尉袁紹誅滅中官、大將軍部曲將呉匡、攻殺車騎將軍何苗、死者數千人。

《訓読》
中平二年十月癸亥、客星 南門(一)の中より出で、大なること半筵の如く、五色にして喜怒は稍〻小さく、後年六月に至りて消ゆ。占に曰く、「兵と爲す」と。六年に至りて、司隷校尉の袁紹 中官を誅滅し、大將軍の部曲將たる呉匡(二)、車騎將軍の何苗(三)を攻め殺し、死する者は數千人なり。

(補注)
(一)南門は、星宿の名。角宿に属する。橋本敬造『中国占星術の世界』(前掲)によれば、距星は、ケンタウルス座ε星。
(二)呉匡は、何進の部曲將。何苗を破り、これを斬った。蜀漢に仕えた呉班の父にあたるので陳留の人(『三國志』巻四十五 楊戲傳附季漢輔臣贊)。
(三)何苗は、何進の弟。南陽郡宛縣の人。異母妹の何太后に引き立てられ、車騎將軍に就任。宦官誅滅を謀った際に、何進と心をあわせなかった何苗を恨んでいた何進の部将である呉匡に斬られた(『後漢書』列傳五十九 何進傳)。

[現代語訳]
中平二(一八五)年十月癸亥、客星が南門の中に出て、半筵のような大きさであり、五色で喜怒は次第に小さくなり、翌(一八六)年六月に至って消えた。『占』に、「戦いが起こる(象である)」とある。(中平)六(一八九)年に至って、司隷校尉の袁紹は宦官を誅滅すると、大將軍(何進)の部曲將であった呉匡《ごきょう》は車騎將軍《しゃきしょうぐん》の何苗《かびょう》を攻め殺し、死者は数千人に及んだ(のはその事應である)。

【原文】
三年四月、熒惑逆行守心後星。十月戊午、月食心後星。占曰、爲大喪。後三年而靈帝崩。

《訓読》
三年四月、熒惑 逆行して心の後星に守する。十月戊午、月 心の後星を食す。占に曰く、「大喪と爲す」と。後三年にして靈帝 崩ず。

[現代語訳]
(中平)三(一八六)年四月、熒惑が逆行して心宿の後星に留まった。十月戊午、月が心宿の後星を食した。『占』に、「大喪がある(象である)」とある。三年後(の一八九年)に靈帝が崩御した(のはその事應である)。

【原文】
五年二月、彗星出奎、逆行入紫宮。後三出、六十餘日乃消。六月丁卯、客星如三升椀、出貫索、西南行入天市、至尾而消。占曰、彗除紫宮、天下易主。客星入天市、爲貴人喪。明年四月、宮車晏駕。中平中夏、流星赤如火、長三丈、起河鼓、入天市。抵觸宦者星、色白、長二三丈、後尾再屈、食頃乃滅。狀似枉矢。占曰、枉矢流發、其宮射。所謂矢當直而枉者、操矢者邪枉人也。中平六年、大將軍何進謀盡誅中官、[1]〔中官覺〕、於省中殺進、倶兩破滅。天下由此遂大壞亂。

〔校勘〕

1．中華書局本により「中官覺」を補う。

《訓讀》

五年二月、彗星 奎より出で、逆行して紫宮に入る。後に三たび出で、六十餘日にして乃ち消ゆ。六月丁卯、客星 三升の椀の如くにして、貫索より出で、西南のかた行きて天市に入り、尾に至りて消ゆ。占に曰く、「彗 紫宮を除ふは、天下 主を易ふ。客星 天市に入るは、貴人の喪と爲す」と。明年四月、宮車 晏駕す。中平中の夏、流星の赤きこと火の如く、長さ三丈にして、河鼓（一）に起ち、天市に入る。宦者星（二）に抵觸し、色は白、長さ二三丈、後尾 再び屈し、食頃にして乃ち滅す。狀は枉矢の似し。占に曰く、「枉矢 流發して、其の宮をば射る。所謂 矢 當に直なるべくして枉る者は、矢を操る者 邪枉の人なればなり」と。中平六年、大將軍の何進 盡く中官を誅せんことを謀るも、中官 覺り、省中に於て進を殺し、倶に兩つながら破滅す。天下は此れ由り遂に大いに壞亂せり。

〔補注〕

（一）河鼓は、星宿の名。牛宿に属する。橋本敬造『中国占星術の世界』（前掲）によれば、距星は、わし座α星。

（二）宦者星は、星宿の名。天市垣に属する。橋本敬造『中国占星術の世界』（前掲）によれば、距星は、へびつかい座第37星。

〔現代語訳〕

（中平）五（一八八）年二月、彗星が奎宿《けい》より出現し、逆行して紫宮に入った。後に三度出現し、六十余日経過して消えた。六月丁卯、三升椀のような客星が、貫索《かんさく》より出現し、西南に向かって進んで天市垣に入り、尾宿のところに至って消えた。『占』に、「彗星が紫宮を掃き清めるときは、天下の主が交替する（象である）。客星が天市垣に入るときは、貴人の喪事がある（象である）」とある。翌（一八九）年四月、天子が崩御した（のはその事應である）。中平年間（一八四～一八九年）中の夏、火のように赤い流星があり、長さは三丈で、河鼓《かこ》より現れ、天市垣に入った。宦者星《かんじゃせい》に抵触し、色は白く、長さは二から三丈で、後部の尾が二度屈折し、しばらくして消滅した。その形状は曲がった矢のようであった。『占』に、「曲がった矢が流れ飛び、その宮を射た。いわゆる矢はまっすぐであるべきなのに曲がっているのは、矢を操る者がよこしまでねじけた人物だからである」とある。中平六（一八九）年、大將軍の何進は宦官をすべて誅殺しようと謀ったが、宦官は（その計画を）察知し、省中にて何進を殺害し、（その後、何氏と宦官は）ともにどちらも破滅した。天下はこれにより大いに壊乱した（のはその事應である）。

《参校》

○ 中平五年二月の条（『後漢書』本紀八 靈帝紀）
（中平五年）二月、有星孛于紫宮。
・同一の天文現象が記録されている。

【原文】
六年八月丙寅、太白犯心前星、戊辰、犯心中大星。其日未冥四刻、大將軍何進於省中爲諸黄門所殺。己巳、車騎將軍何苗、爲進部曲將吳匡所殺。

《訓読》
六年八月丙寅、太白 心の前星を犯し、戊辰、心中の大星を犯す。其の日 未だ四刻に冥ならずして、大將軍の何進 省中に於て諸黄門の殺す所と爲る。己巳、車騎將軍の何苗、進の部曲の將たる吳匡の殺す所と爲る。

［現代語訳］
（中平）六（一八九）年八月丙寅、太白が心宿の前星を犯し、戊辰、心宿の中の大星を犯した。その日の四刻（午前五時頃）にならぬうちに、大將軍の何進は省中で宦官たちに殺された（のはその事應である）。己巳、車騎將軍の何苗は、何進の部曲將であった吳匡に殺された（のはその事應である）。

【原文】
獻九
孝獻初平[1]（三）〔二〕年九月、蚩尤旗見、長十餘丈、色白、出角・亢之南。占曰、蚩尤旗見、則王征伐四方。其後、丞相曹公征討天下且三十年。

［校勘］
1．上杉本は「三」につくるが、中華書局本により「二」に改める。

《訓読》
獻九
孝獻の初平二年九月、蚩尤旗（一）見はれ、長さ十餘丈、色は白、角・亢の南より出づ。占に曰く、「蚩尤旗 見はるるは、則ち王 四方を征伐す」と。其の後、丞相（二）の曹公（三） 天下を征討すること且に三十年ならんとす。

（補注）
（一）蚩尤旗は、彗星の一つ。彗星の尾の先端が屈折して風にはためく軍旗のように見えるもの。
（二）丞相は、天子を輔弼する執政官。前漢哀帝期に名を大司徒と改められたが、王莽及び更始帝は丞相と大司徒を並置した（『漢書』巻十九上 百官公卿表上）。
（三）曹公は、曹操のこと。後漢末の群雄、三國曹魏の武帝（一五五～二二〇年）。字は孟德。政戦両面に優れた一代の英雄で、後漢の獻帝を許昌に迎えると、袁紹・袁術などの各地の群雄を討伐、華北を統一した。丞相から魏公・魏王と位を進めたが帝位には即かず、死後、子の曹丕が魏王朝を建てた後に武帝と追贈された（『三國志』巻一 武帝紀）。石井仁『曹操 魏の武帝』（新人物往来社、

二〇〇〇年）、堀敏一『曹操―三国志の真の主人公』（刀水書房、二〇〇一年）を参照。

［現代語訳］

獻九

孝献帝《こうけんてい》の初平《しょへい》二（一九一）年九月、蚩尤旗《しゆうき》が現れ、長さは十余丈で、色は白く、角宿・亢宿の南から出た。『占』に、「蚩尤旗が現れるときは、王が四方を征伐する（象である）」とある。その後、丞相《じょうしょう》の曹公《そうこう》（曹操《そうそう》）は三十年近い歳月をかけて天下を征討した（のはその事應である）。

《参校》

○ 初平二年九月の条（『後漢書』本紀九 獻帝紀）

（初平二年）九月、蚩尤旗見于角・亢。

・同一の天文現象が記録されている。

【原文】

四年十月、孛星出兩角閒、東北行入天市中而滅。占曰、彗除天市、天帝將徙、帝將易都。是時、上在長安、後二年東遷。明年七月、至雒陽、其八月、曹公迎上都許。

《訓読》

四年十月、孛星 兩角の閒に出で、東北のかた行きて天市中に入りて滅す。占に曰く、「彗 天市を除ふは、天帝 將に徙らんとし、帝 將に都を易へんとす」と。是の時、上 長安に在り、後二年にして東遷す。明年七月、雒陽に至り、其の八月、曹公 上を迎へて許に都す。

［現代語訳］

（初平）四（一九三）年十月、孛星《はいせい》が角宿の二星の間に出て、東北に向かって進んで天市垣の中に入って消滅した。『占』に、「彗星が天市垣を掃き清めるとき、天帝は（場所を）移ろうとし、皇帝は遷都を行おうとする（象である）」とある。この時、獻帝は長安にいたが、二年経って東方に移った。その翌（一九六）年七月、雒陽に至り、その（年の）八月、曹操は天子を迎えて許縣《きょ》（河南省許昌県の東）に都を置いた（のはその事應である）。

《参校》

○ 初平四年十月の条（『後漢書』本紀九 獻帝紀）

（初平四年冬十月）辛丑、京師地震。有星孛于天市。

・同一の天文現象が記録されている。

【原文】

建安五年十月辛亥、有星孛于大梁、冀州分也。時袁紹在冀州。其年十一月、紹軍爲曹公所破。七年夏、紹死、後曹公遂取冀州。

《訓読》

建安五年十月辛亥、星 大梁（一）に孛すること有り、冀州の分なり。時に袁紹 冀州に在り。其の年の十一月、紹の軍 曹公の破る所と爲る。

七年夏、紹 死し、後に曹公 遂に冀州を取る。

（補注）

（一）大梁は、十二次の一つ。胃の七度から畢の十一度までをいう。十二支では酉の方位にあり、趙の分野であり、冀州に属する（『晉書』巻十一 天文志上）。

［現代語訳］

建安五（二〇〇）年十月辛亥、孛星が大梁《たいりょう》（の方角）に現れ、（これは）冀州《きしゅう》の分野である。時に袁紹は冀州にいた。その年の十一月、袁紹の軍は曹操に敗れた。（建安）七（二〇二）年夏、袁紹が死亡し、後に曹操は遂に冀州を手に入れた（のはその事應である）。

《参校》

○ 建安五年冬十月の条（『後漢書』本紀九 獻帝紀）

（建安五年）冬十月辛亥、有星孛于大梁。

・同一の天文現象が記録されている。

【原文】

九年十一月、有星孛于東井・輿鬼、入軒轅・太微。十一年正月、星孛于北斗、首在斗中、尾貫紫宮、及北辰。占曰、彗星掃太微宮、人主易位。其後、魏文帝受禪。

《訓読》

九年十一月、星 東井・輿鬼に孛する有り、軒轅・太微に入る。十一年正月、星 北斗に孛し、首は斗中に在り、尾は紫宮を貫き、北辰に及ぶ。占に曰く、「彗星 太微宮を掃ふは、人主 位を易へん」と。其の後、魏の文帝（一） 禪を受く。

（補注）

（一）魏の文帝は、曹丕のこと。字を子桓。曹操の子。父の後を継ぎ魏王となり、さらに星宿を受けて魏を建国した。『典論』の著者としても有名。謚は文である（『三國志』巻二 文帝紀）。

［現代語訳］

（建安）九（二〇四）年十一月、孛星が東井・輿鬼より現れ、軒轅・太微垣に入った。（建安）十一（二〇六）年正月、孛星が北斗より現れ、頭は北斗の中にあり、尾は紫宮を貫き、北辰《ほくしん》に及んだ。『占』に、「彗星が太微宮を掃き清めるときは、君主が位を変えるであろう（象である）」とある。その後、魏《ぎ》の文帝《ぶんてい》（曹丕《そうひ》）は（獻帝から）禪讓を受けた。

《参校》

○ 建安九年十月の条（『後漢書』本紀九 獻帝紀）

（建安九年）冬十月、有星孛于東井。

・同一の天文現象が記録されているが、本紀と天文志とで出現した月が異なっている。

○ 建安十一年正月の条（『後漢書』本紀九 獻帝紀）

（建安）十一年春正月、有星孛于北斗。

・同一の天文現象が記録されている。

【原文】

十二年十月辛卯、有星孛于鶉尾、荊州分也。時荊州牧劉表據荊州、[1]（時）益州從事周羣以[2]〔爲〕、荊州牧將死而失土。明年秋、表卒、以小子琮自代。曹公將伐荊州、琮懼、擧軍詣公降。

〔校勘〕

1．中華書局本により「時」の一字を省く。
2．中華書局本により「爲」の一字を補う。

《訓読》

十二年十月辛卯、星 鶉尾(一)に孛する有り、荊州の分なり。時に荊州牧の劉表(二) 荊州に據り、益州從事(三)の周羣(四) 以《い》爲へらく、「荊州牧 將に死せんとして土を失はん」と。明年秋、表 卒し、小子の琮(五)を以て自ら代はる。曹公 將に荊州を伐たんとするや、琮 懼れ、軍を擧げて公に詣りて降る。

（補注）

（一）鶉尾は、十二次の一つ。張の十七度から軫の十一度までをいう。十二支では巳の方位にあり、楚の分野であり、荊州に属する（『晉書』巻十一 天文志上）。

（二）劉表は、山陽郡高平縣の人、字を景升。前漢景帝の末裔。黨人の一人。荊州刺史となり、天下の趨勢を日和見していたが、建安十三（二〇八）年、曹操の南征が開始されて間もなく、病死した（『三國志』巻六 劉表傳、『後漢書』列傳六十四下 劉表傳）。

（三）益州從事は、益州の屬吏の一つ。州郡の屬吏には、その地方の豪族が就任していることが多く、一屬吏にすぎなかった賈龍による馬相の平定は、かれらの勢力の強さを垣間見させる。

（四）周羣は、字を仲直、巴西閬中の人。讖緯の学に通じた周舒の子。父より学業を受け、自身も圖讖に通じた。劉璋に辟召されて師友從事となり、劉備が益州を平定したのちは、劉備に仕えた（『三國志』巻四十二 周羣傳）。

（五）琮は、劉琮。劉表の次子。表の死後、長子を差し置いて後を継いだ。曹操の南征を受け降伏、青州刺史・諫議大夫・參同軍事に任ぜられた（『三國志』巻六 劉表傳）。

［現代語訳］

（建安）十二（二〇七）年十月辛卯、孛星が鶉尾《じゅんび》より現れ、（これは）荊州の分野であった。時に荊州牧の劉表《りゅうひょう》は荊州を根拠地としていたが、益州從事《えきしゅうじゅうじ》の周羣《しゅうぐん》は、「荊州牧はもうすぐ死んで土地を失うだろう」と言った。翌（二〇八）年秋、劉表は卒し、小子の劉琮《りゅうそう》を自らの後継者とした（のはその事應である）。曹操がちょうど荊州を討伐しようとしたとき、劉琮は怖れ、軍を挙げて曹操のもとに出頭して降伏した。

《参校》

○ 建安十二年十月の条（『後漢書』本紀九 獻帝紀）
（建安十二年）冬十月辛卯、有星孛于鶉尾。
・同一の天文現象が記録されている。

【原文】

十七年十二月、有星孛于五諸侯。周羣以爲、西方專據土地者、皆將失土。是時、益州牧劉璋據益州、漢中太守張魯別據漢中、韓遂據涼州、[1](宋)[宗]建別據枹罕。明年冬、曹公遣偏將擊涼州。十九年、獲[2](宋)[宗]建。韓遂逃于羌中、病死。其年秋、璋失益州。二十年秋、[3][曹]公攻漢中、魯降。

〔校勘〕

1．上杉本は「宋」につくるが、中華書局本により「宗」に改める。
2．上杉本は「宋」につくるが、中華書局本により「宗」に改める。
3．中華書局本により「曹」の一字を補う。

《訓讀》

十七年十二月、星 五諸侯[一]に孛する有り。周羣 以爲へらく、「西方 專ら土地に據る者は、皆 將に土を失はんとす」と。是の時、益州牧の劉璋 益州に據り、漢中太守の張魯[二] 別に漢中に據り、韓遂[三] 涼州に據り、宗建[四] 別に枹罕に據る。明年冬、曹公 偏將を遣はして涼州を擊たしむ。十九年、宗建を獲る。韓遂 羌中に逃れ、病死す。其の年の秋、璋 益州を失ふ。二十年秋、曹公 漢中を攻め、魯 降る。

〔補注〕

（一）五諸侯は、星宿の名。太微垣に属する。橋本敬造『中国占星術の世界』（前掲）によれば、距星は、かみのけ座第6星。

（二）張魯は、沛國豐縣の人、字を公祺。いわゆる五斗米道の教祖。漢中で勢力を築き、朝廷より鎮民中郎將・漢寧太守に任じられた。建安二十（二一五）年、曹操の征伐を受け降伏、鎮南將軍・閬中侯となった（『三國志』卷八 張魯傳）。

（三）韓遂は、字を文約、金城郡の人。後漢末の群雄。靈帝期に、湟中義從胡の北宮伯玉や先零羌、同郡の邊章と結び、反乱を起こす。以後、三十年あまりにわたって、羌人や涼州の在地豪族と離合集散を繰り返しながら、後漢に反抗した。のちに曹操に討伐されて敗走し、羌族のもとに身を寄せるが、やがて曹操を恐れた金城郡の麴演・蔣石らに斬られた（『後漢書』列傳四十八 傅燮傳、同列傳六十二 董卓傳、『三國志』卷一 武帝紀）。

（四）宗建は、隴西郡枹罕縣の人。三十年に渡り涼州で独立、河首平漢王を自称していたが、夏侯淵が率いる征伐軍の前に一ヵ月あまりで降伏した（『三國志』卷九 夏侯淵傳）。

〔現代語訳〕

（建安）十七（二一二）年十二月、孛星が五諸侯《ごしょこう》に現れた。周羣は、「西方でもっぱら土地に割拠している者は、みなその領土を失おうとしている」と言った。この時、益州牧の劉璋《りゅうしょう》は益州を根拠地とし、漢中《かんちゅう》太守の張魯《ちょうろ》は（これとは）別に漢中郡（陝西省漢中市）を根拠地とし、韓遂《かんすい》は涼州《りょうしゅう》を根拠地とし、宗建《そうけん》は（またこれとは）別に枹罕《ふかん》縣（甘粛省臨夏の南西）を根拠地としていた。翌（二一三）年冬、曹操は一部隊の大将を派遣して涼州を攻撃させた。（建安）十九（二一四）年、宗建を捕虜にした。韓遂は羌《きょう》族の地に逃れ、病死した。その年の秋、劉璋は益州を失った。（建安）二十（二一五）年秋、曹操は漢中郡を攻め、張魯は降伏した（これらは、その事應である）。

《参校》
○　建安十七年十二月の条（『後漢書』本紀九　獻帝紀）
（建安）冬十二月、星孛于五諸侯。
・同一の天文現象が記録されている。

【原文】
十八年秋、歳星・鎭星・熒惑俱入太微、逆行留守帝坐百餘日。占曰、歳星入太微、人主改。

《訓読》
十八年秋、歳星・鎭星・熒惑 俱に太微に入り、逆行して帝坐に留守すること百餘日。占に曰く、「歳星 太微に入るは、人主が改まる」と。

［現代語訳］
（建安）十八（二一三）年秋、歳星・鎭星・熒惑がともに太微垣に入り、逆行して帝坐《ていざ》のところに百餘日も留まっていた。『占』に、「歳星が太微垣に入るときは、君主が改まる（象である）」とある。

《参校》
○　建安十八年の条（『後漢書』本紀九　獻帝紀）
（建安）十八年春正月庚寅、復禹貢九州。夏五月丙申、曹操自立爲魏公、加九錫。大雨水。徙趙王珪爲博陵王。是歳、歳星・鎭星・熒惑俱入太微。
・同一の天文現象が記録されている。

【原文】
二十三年三月、孛星晨見東方二十餘日、夕出西方、犯歴五車・東井・五諸侯・文昌・軒轅・后妃・太微、鋒炎指帝坐。占曰、除舊布新之象也。

《訓読》
二十三年三月、孛星 晨に東方に見はること二十餘日、夕に西方に出で、五車（一）・東井・五諸侯・文昌・軒轅・后妃（二）・太微を犯し歴て、鋒炎は帝坐を指す。占に曰く、「舊きを除《はら》ひ新しきを布くの象なり」と。

（補注）
（一）五車は、星宿の名。畢宿に属する。橋本敬造『中国占星術の世界』（前掲）によれば、距星は、ぎょしゃ座α星。
（二）后妃は、星宿の名。氐宿の別名。

［現代語訳］
（建安）二十三（二一八）年三月、孛星が明け方に東方に二十余日間現れ、夕方に西方に現れ、五車《ごしゃ》・東井・五諸侯・文昌・軒轅・后妃《こうひ》・太微を犯しめぐり、鋒炎は帝坐の方角を向いた。『占』に、「古いものを掃き清め、新しいものを布くことの象である」とある。

《参校》
○　建安二十三年三月の条（『後漢書』本紀九　獻帝紀）

（建安二十三年）三月、有星孛于東方。
・同一の天文現象が記録されている。

【原文】

隕石

殤帝延平元年九月乙亥、隕石陳留四。春秋僖公十六年、隕石于宋五。傳曰、隕星也。董仲舒以爲、從高反下之象。或以爲庶人。惟星隕、民困之象也。

《訓讀》

隕石

殤帝の延平元年九月乙亥、石 陳留に隕《お》つること四あり。春秋（一）の僖公（二）十六年に、「石 宋（三）に隕つること五あり」と。傳（四）に曰く、「隕星なり」と。董仲舒（五）以爲へらく、「高きより下《ひく》きに反るの象なり」と。或ひとは以爲へらく「庶人」と。惟れ星 隕つるは、民 困《くる》しむの象なり。

（補注）

（一）春秋とは、書名、儒教の經典。もと、魯において記された年代記を孔子が編纂したものといわれる。紀元前七二二年から前四八一年までの歴史的事実を簡潔に書きとめているが、その一言一句に、孔子自身の価値観が込められているとされている。後漢時代は儒教の中でも春秋學が盛況を呈した。なお、兩漢時代における思想状況に関しては、田中麻紗巳『両漢思想の研究』（研文出版、一九八六年）を参照。引用部分は、『春秋』僖公 經十六年に、「隕石于宋五」とあり、同文である。

（二）僖公は、春秋魯の第十八代の君侯。名は申。首止の盟に加わり、周王室を敬うことを誓い、齊國・宋國らとともに淮夷を討つ。一時強大となった。しかし、のちに小國とあなどっていた邾に大敗した（『史記』巻三十三 魯周公世家）。

（三）宋は、春秋時代の公國。殷の末裔である。襄公の時に覇者になろうとして勢力を蓄えたが、楚に敗れて潰えた。のち、齊の湣王に滅ぼされた（『史記』巻三十八 宋微子世家）。

（四）ここの傳とは、『春秋左氏傳』のこと。孔子が編纂したとされる『春秋』についての解釈書。「公羊傳」「穀梁傳」と並ぶ「三傳」の一つ。左丘明の作とされるが、異説も多い。三傳中唯一古文學に属し、前漢末に劉歆がその価値を強調して以後、後漢時代においては賈逵・服虔らが宣揚して次第に盛んになった。現存する注で最古のものは、西晉の杜預の『春秋左氏經傳集解』で、唐の孔穎達らが撰した『春秋左傳正義』は、主にこの杜注に基づき、さらに注釈を施している。津田左右吉『左傳の思想史的研究』（東洋史文庫論叢、一九三五年、のち『津田左右吉全集』第十五巻、岩波書店、一九六四年に所収）、鎌田正『左傳の成立と其の展開』（大修館書店、一九六三年）を参照。引用部分は、『春秋左氏傳』僖公 傳十六年に、「隕星也」とあり、同文である。

（五）董仲舒は、前漢の儒者。春秋公羊學を修め、武帝との對策で五經博士の設置を進言、國教化の道を開いた、とされるが、その著書『春秋繁露』ともども後世の虚飾、偽作である。渡邉義浩「日本における「儒教の国教化」をめぐる研究について」（『両漢の儒教と政治権力』汲古書院、二〇〇五年）を参照。ただし、皇帝による国家支配を正当化する「天人相關論」が、董仲舒により主張されたことは、儒教が国家支配の正当化にはじめて本格的な理論を提供した点において注目しなければならない。「天人相關說」については、『漢書』巻五十六 董仲舒傳などに記録がある。

［現代語訳］

隕石

殤帝《しょうてい》の延平《えんぺい》元（一〇六）年九月乙亥、石が陳留《ちんりゅう》郡（河南省開封県の南東の陳留鎮）に隕ちること四つであった。『春秋《しゅんじゅう》』の僖公《きこう》十六（前六四四）年に、「石が宋《そう》に隕ちること五つであった」とある。（またその）傳《でん》（『春秋左氏傳《しゅんじゅうさしでん》』）に、「隕星である」とある。董仲舒《とうちゅうじょ》は、「高きより低きに返ることの象である」と言った。あるひとは、「庶人の象である」と言った。星が隕ちることは、人民が困窮することの象である。

【原文】

桓帝延熹七年三月癸亥、隕石右扶風一、鄠又隕石二、皆有聲如雷。

《訓読》

桓帝の延熹七年三月癸亥、石 右扶風に隕つること一あり、鄠に又隕石二あり、皆 聲有りて雷の如し。

［現代語訳］

桓帝の延熹七（一六四）年三月癸亥、石が右扶風《ゆうふふう》（陝西省興平の南東）に隕ちること一つであり、鄠《こ》縣（陝西省盧県）にまた隕石が二つあり、いずれも雷のような音を発した。

《参校》

○ 延熹七年三月の条（『後漢書』本紀七 桓帝紀）

（延熹七年）三月癸亥、隕石于鄠。

・同一の天文現象が記録されている。

# 〔補注索引〕

## 1．人名

## 2．官爵

## ３．書名



## ４．語彙

## ５．参校

**編者略歴**

渡邉　義浩（わたなべ　よしひろ）1962年生。
早稲田大學文學學術院教授。

髙橋　康浩（たかはし　やすひろ）1975年生。
駒澤大學文學部講師。



全譯後漢書　第六册

二〇一五年十二月二十五日

編　者　渡邉義浩
　　　　髙橋康浩
題　字　河内利治
發行者　三井久人
印　刷　モリモト印刷株式會社

發　行　汲古書院
〒102-0072 東京都千代田區飯田橋二―五―四
電話　〇三（三二六五）九七六四
FAX　〇三（三二二二）一八四五

第十七回配本

ISBN978-4-7629-2709-6 C3322



KYUKO-SHOIN,CO.,LTD. TOKYO

# 全譯後漢書　全十八册別册一　總目錄